U0495078

中国金融四十人论坛
CHINA FINANCE 40 FORUM

致力于夯实中国金融学术基础,探究金融领域前沿课题,引领金融理念突破与创新,推动中国金融改革与发展。

探路

中国式现代化建设金融方略

蔡昉　主编

中信出版集团｜北京

图书在版编目（CIP）数据

探路：中国式现代化建设金融方略 / 蔡昉编 .--北京：中信出版社，2024.1
ISBN 978-7-5217-5617-3

Ⅰ.①探… Ⅱ.①蔡… Ⅲ.①金融体系－研究－中国 Ⅳ.① F832.1

中国国家版本馆 CIP 数据核字（2023）第 208016 号

探路：中国式现代化建设金融方略
编者：　　 蔡昉
出版发行：中信出版集团股份有限公司
　　　　　（北京市朝阳区东三环北路 27 号嘉铭中心　邮编　100020）
承印者：　北京通州皇家印刷厂

开本：787mm×1092mm 1/16　　印张：31.5　　字数：350 千字
版次：2024 年 1 月第 1 版　　　　印次：2024 年 1 月第 1 次印刷
书号：ISBN 978-7-5217-5617-3
定价：88.00 元

版权所有·侵权必究
如有印刷、装订问题，本公司负责调换。
服务热线：400-600-8099
投稿邮箱：author@citicpub.com

中国金融四十人论坛书系
CHINA FINANCE 40 FORUM BOOKS

"中国金融四十人论坛书系"专注于宏观经济和金融领域，着力金融政策研究，力图引领金融理念突破与创新，打造高端、权威、兼具学术品质与政策价值的智库书系品牌。

中国金融四十人论坛是一家非营利性金融专业智库平台，专注于经济金融领域的政策研究与交流。论坛正式成员由40位40岁上下的金融精锐组成。论坛致力于以前瞻视野和探索精神，夯实中国金融学术基础，研究金融领域前沿课题，推动中国金融业改革与发展。

自2009年以来，"中国金融四十人论坛书系"及旗下"新金融书系""浦山书系"已出版180余部专著。凭借深入、严谨、前沿的研究成果，该书系已经在金融业内积累了良好口碑，并形成了广泛的影响力。

目　录

序　言　金融支持中国式现代化　·V

第一章
中国式现代化

以经济高质量发展推进中国式现代化　·003

以金融超前发展支持中国式现代化建设　·044

第二章
超大规模人口与市场

充分发挥我国强大国内市场优势　·061

全门类超大规模单一市场是中国工业的独特优势　·074

人口负增长时代如何扩大居民消费　·084

第三章
共同富裕

金融促进经济高质量发展助力共同富裕 · 099

构建现代财税金融体制,为共同富裕铺路搭桥 · 114

健全资本市场,扩大中等收入群体 · 130

金融助力区域协调发展 · 143

第四章
高质量发展

完善金融支持科技创新体系 · 167

商业银行如何通过转型支持经济高质量发展 · 180

建设金融支持民营企业发展的长效机制 · 197

充分发挥金融功能,为增强经济韧性注入创新动力 · 215

构建房地产发展新模式 · 229

新发展阶段下全球产业链重塑和中国的选择 · 243

数字金融支持经济高质量发展 · 257

第五章
绿色低碳转型

金融业在应对气变和碳市场建设中的角色与潜能 ・275

金融体系在低碳转型中的作用与中国绿色金融实践 ・284

金融支持碳达峰、碳中和——国际经验与中国实践 ・295

金融支持绿色低碳转型的激励约束与风险防范 ・311

第六章
和平发展与全球治理

构建"一带一路"投融资新体系 ・329

"一带一路"倡议与全球金融治理 ・343

发展中国家的债务处理需加强各个债权人的协调 ・356

从人类命运共同体角度提出发展中国家债务解决方案 ・365

第七章
完善现代金融体系

完善现代金融体系与未来的金融改革 ・379

深化金融供给侧结构性改革 • 393

新时代背景下中国金融体系与国家治理体系现代化 • 413

第八章
防范金融风险

提升金融监管效能 • 429

金融稳定立法的目标定位和关键要素 • 444

资本项目开放和货币国际化的国际经验及教训 • 451

开放条件下防范金融风险的难点与对策 • 463

房地产金融发展的困境与破解 • 475

序　言

金融支持中国式现代化

习近平总书记在党的二十大报告中指出："中国式现代化，是中国共产党领导的社会主义现代化，既有各国现代化的共同特征，更有基于自己国情的中国特色。"中国式现代化包含着人口规模巨大的国情特点、全体人民共同富裕的本质要求，以及物质文明和精神文明相协调、人与自然和谐共生和走和平发展道路等根本要求。2019年2月22日，习近平总书记在主持中共中央政治局第十三次集体学习时强调："经济是肌体，金融是血脉，两者共生共荣。我们要深化对金融本质和规律的认识，立足中国实际，走出中国特色金融发展之路。"要推进中国式现代化，完成现代化的经济目标要求，我们需要深化对金融支持中国式现代化的本质要求、规律遵循和实现方式的认识。

人均 GDP（国内生产总值）迈上新的大台阶，达到中等发达国家水平，是党的二十大确立的一个重要发展目标。这首先是以定性和定量相结合的方式，确立了 2035 年的人均 GDP 目标。按照世界银行最新的分组标准，人均 GNI（国民总收入）在 1 135 美元及以下为低收入国家，1 136 ~ 4 465 美元为中等偏下收入国家，4 466～13 845 美元为中等偏上收入国家，13 846 美元及以上为高收入国家。① 在多数情况下，GNI 与 GDP 的差别不大，所以常常可以按照人均 GDP 作为分组的依据。从人均 GDP 的口径理解，把高收入国家进行三等分组，跨过其中较低收入组与中间收入组的门槛，便是成为"中等发达国家"的标志或最低标准，在 22 000～24 000 美元。观察近几年的数据可以发现，葡萄牙是一个相对稳定的参照系，可以充当进入中等发达国家的门槛标识。

基本实现现代化的发展目标还包括经济实力、科技实力、综合国力大幅跃升等要求。可见，设立经济总量和人均 GDP 目标，并不意味着以经济总量的增长和人均 GDP 的提高作为唯一的标准。全面准确刻画基本实现现代化任务目标的内涵和路径，需要基于以人民为中心的发展思想，体现新发展理念和新发展格局要求，立足当代中国国情及其在经济社会方面的表现。习近平总书记指出："金融活，经济活；金融稳，经济稳。经济兴，金融兴；经济强，金融强。"在多大程度上认识和理解经济发展预期的目标和面临的挑战，决定了我们能够多么有效地破解难题，抓住新的发展机遇。通过对这些发展的新要求进行概括，我们就能深切了解，金融可以从哪些关键方面支持中国式现代化。

首先，保持经济增长的合理速度。按照党的二十大部署，

---

① World Bank，World Bank Country and Lending Groups，世界银行官方网站，2023 年 10 月 21 日浏览。

2035年达到中等发达国家的人均GDP水平，就意味着在2022年的基础上，到2035年前的这段时间，年均GDP增长率需要达到4.66%。这要求供给侧和需求侧共同发力从而予以保障。随着2022年中国人口开始负增长，经济发展新常态与人口发展新常态相会合，中国经济进入了一个新新常态增长轨道。一方面，由于劳动年龄人口以更快的速度减少，出现的劳动力短缺、人力资本改善和生产率提高速度放慢、资本回报率下降等情况，都将进一步降低GDP的潜在增长能力。另一方面，人口负增长和老龄化，也使需求侧因素，特别是居民消费成为经济增长的常态制约。也就是说，如果不能稳定住潜在增长率，或者不能有效扩大消费需求，就会使GDP的实际增长速度向下偏离合理和合意的区间。金融对实体经济的支持，应该适应供需两侧的这种新常态，以应对由此产生的新挑战，特别是在支持对象上，从项目本位和企业本位转向居民家庭本位。

其次，追求高质量发展。实现中国式现代化的经济增长，不能再依靠不均衡、不协调和不可持续的发展方式。高质量发展至少需要符合以下两方面的标准。一方面，从供给侧来看，经济增长不再由生产要素投入驱动，而是越来越依靠创新驱动和生产率的提高。与此相适应，金融发展的基础功能应该从动员资源转向支持创新，从培育和积累产能到创造性破坏，从以间接融资为主到更加倚重直接投资，特别是风险投资，从重点支持大项目到更加包容、更加普惠的金融服务。① 另一方面，从需求侧来看，居民的消费需求对经济增长的拉动作用越来越重要，既需要宏观经济政策和社会政策予以保障，也要求金融转变功能和服务模式予以支持，特别是以创新向善的姿态，运用数字技术和人工智能最新成果增强金融的普惠性。

再次，促进共同富裕的发展。到2035年全体人民共同富裕取得更为明显的实质性进展，需要在以下方面施力，从而调动各种市场主体的活力和潜力，使发展成果得到充分的分享：一是保持居民可支配收入提高与GDP增长之间的同步关系；二是明显改善居民收入分配，显著缩小城乡之间的收入差距和基本公共服务差异；三是增进区域发展的协调性和城乡发展的均衡性。这就要求金融摒弃嫌贫爱富、趋大避小的天然倾向，以普惠金融思维挖掘"金字塔"底层的潜力。为小农户、中小微企业、个体工商户和千家万户提供金融服务，并不必然意味着"以小对小"的金融模式。在金融科技、（移动）互联网金融、普惠金融、平台金融等金融的新发展模式下，大量涌现的金融工具和金融业态，以互联网和大数据特有的趋近于零的边际成本，大幅度降低了金融业务的物质成本和交易费用，使业务范围在以往难以抵达的领域成为常态，从内涵和外延上扩充了金融的服务内容。

又次，加快绿色转型，如期实现"双碳"目标。党的二十大报告中对2035年做出了如下的目标描述：广泛形成绿色生产生

---

① 田国立：《大众金融：商业银行的进化之路》，中信出版社，2023年。

活方式，碳排放达峰后稳中有降，生态环境根本好转，美丽中国目标基本实现。这无疑也是金融发展的目标和金融模式转变的方向。为绿色发展、绿色转型服务，以及更广义而言为ESG（环境、社会和公司治理）投资目标服务，涉及一系列金融理念的转变和金融内涵的拓展。一是这些领域具有私人收益与社会效益并存、外部效应特别突出的特点。例如，相比于经济学曾经广泛讨论的"公地悲剧"，气候变化问题足以被称为一个"地平线悲剧"，显现出超越传统经济领域和商业视野的巨大外部性。[①] 二是绿色转型和ESG投资始终伴随着创新活动，或者说绿色发展和创新发展始终是交织在一起的。因此，只有以金融的创新适应和引领，才能有效支持这些领域实体经济的创新发展。三是仍然需要加强监管，高度关注和防范金融风险。中国绿色经济和绿色金融起步很快，在绿色债券市场、碳排放权交易市场，以及绿色金融国际化方面进展迅速，也逐渐成为一些投资和融资的热点。与此同时，需要把握好加快发展与防范风险的平衡，特别是要借助金融科技发展成果来提高监管水平，防范和应对超常规绿色发展可能伴随的超常规金融风险。

最后，金融支持"一带一路"建设。习近平主席在第三届"一带一路"国际合作高峰论坛开幕式上的主旨演讲中强调：共商共建共享、开放绿色廉洁、高标准惠民生可持续，成为高质量

---

① Mark Carney, Breaking the Tragedy of the Horizon: Climate Change and Financial Stability, Speech, Lloyd's of London, 29 September 2015. 英格兰银行官方网站，2020年9月25日下载。

共建"一带一路"的重要指导原则。中国作为"一带一路"的倡导者和积极参与者，为涵盖面广泛的沿线国家和地区创造与改善设施联通条件，建设的重点通常集中在交通等基础设施领域。倡议本身、指导原则和建设内容，都决定了金融支持"一带一路"建设有着更高的质量标准。同时，由于涉及极其复杂和多样的问题，受到各种因素的影响，风险控制也面临着巨大的挑战。在相当大的程度上，支持"一带一路"建设的金融，需要把人类命运共同体的理念、经济全球化的内在要求、互惠互利的合作原则、商业化运作的方式有效结合。

围绕上述金融支持中国式现代化的重要方面，中国金融四十人论坛立项了一系列课题进行专门研究，形成了一批高质量成果，如今将这些专家学者的深入思考集合在一起，成为本书的主要内容。本书的另一个特点是，作者大多同时具有深厚的理论功底、丰富的实务经验以及部门或地方的领导经历，这使得这批成果不仅体现了理论上的创新，更突出了切合现实挑战和实践要求的特点。我不揣冒昧地认为，从事经济和金融研究以及实践工作的读者，一定能够通过阅读和参考本书获益。

是为序。

蔡昉
2023 年 10 月

第一章
中国式现代化

以经济高质量发展
推进中国式现代化*

党的二十大明确宣布新时代新征程中国共产党的中心任务就是团结带领全国各族人民全面建成社会主义现代化强国、实现第二个百年奋斗目标，以中国式现代化全面推进中华民族伟大复兴。党的二十大报告深刻阐述了中国式现代化的五大特征：人口规模巨大、全体人民共同富裕、物质文明和精神文明相协调、人与自然和谐共生、走和平发展道路。中国式现代化是人类社会发展史上前所未有的伟大探索：不仅需要建立更加成熟完善的社会主义市场经济体制，体现各国现代化的共同特征，还要结合中国国情创造性地提出并实践一系列稳增长、惠民生、促公平的政策和措施，以更有为的政府推动构建更有效的市场、更有爱的社会、更可持续的环境，进而创造人类文明新形态。事实上，与过去我们对照着成熟市场经济体制搞改革谋发展不同，迈入新征程后我们对很多问题的探索已经进入"无人区"了：我国是人口规

---

* 本文作者黄奇帆为中国金融四十人论坛学术顾问、重庆市原市长。

模巨大、经济体量超大、区域差距也极大的发展中经济体,要在这样一个大国建成社会主义现代化国家,任重道远。发展是我们党执政兴国的第一要务。没有坚实的物质技术基础,就不可能全面建成社会主义现代化强国。结合学习党的二十大精神,在经济层面,可从六个方面推动实现中国式现代化。

一、坚持全球视野,做强城市群都市圈这个新动力源

城市是人类最伟大的发明与最美好的希望,是集聚创新要素、配置社会资源、孕育新经济、发展新经济最重要的平台。在地理毗邻、交通便利的地区形成的城市群都市圈是一国高质量发展的重要动力源,也是国与国竞争的核心标杆。近年来,我国城镇化进程持续推进,常住人口城镇化率2021年末已经达到64.7%,比2012年末提高了11.6个百分点。目前,我国城镇常住人口超过9亿人,城区常住人口1 000万人以上的超级大城市有七座,500万~1 000万人的特大城市有14座,形成了全球最大的城市体系。各类城市正由各管各的发展阶段迈向都市圈和城市群发展阶段。特别是京津冀、长三角、珠三角、长江中游、成渝等地区已经开启了大都市圈、城市群的发展征程。其中以京津冀、长三角、粤港澳等为主的城市群经济总量占全国经济总量的比例超过40%,是我国经济增长的"压舱石"、动力源。

从经济地理学的角度看,城市、城市群乃至大都市圈的形成和发育与地理区位密切相关。那些交通便利、气候湿润、适宜贸

易的地区往往率先形成了城市和城市群,从而奠定了经济版图的基本轮廓。气候是天然禀赋,不是人力所能左右的,但交通是否便利,除了与区位有关,还与技术进步、地缘政治等有关。从地理上看,亚欧大陆本身是一个陆地整体,是一些地理学者眼中"世界岛"①的一部分。历史上,由于关山万里、交通不便,这个大陆的东西方一度处于隔绝状态。自中国的汉武帝时期张骞出使西域始,一条由骆驼和马匹为主要运输工具的丝绸之路绵亘于沙漠和戈壁之上,虽经历千年以来的纷繁战乱、朝代更迭,仍延绵不绝。在丝绸之路的兴盛时期,沿路崛起了不少闻名遐迩的大城市。在丝绸之路经过的 100 多座城市中,最具代表性的有七座枢纽城市——长安、撒马尔罕、巴格达、大马士革、君士坦丁堡、雅典和罗马城。

自 15 世纪大航海时代以来,海洋文明开始兴起,海洋运输也在全球运输版图中逐步占据主导地位。作为近 300 年来承载全球贸易流量的主导方式,海洋运输成为经济全球化的重要推动力量,也因此形成了基于海洋运输体系的全球分工格局和经贸秩序。也正是在近几百年间,亚欧大陆因地缘政治而战争频仍,原本横亘在亚欧大陆间的、以骆驼和马匹为运输载体的、延续了几

---

① "世界岛"的概念来自麦金德于 1902 年在英国皇家地理学会发表的文章《历史的地理枢纽》。在这篇文章中,他把地缘政治分析推广到全球角度。麦金德认为,地球由两部分构成。由亚欧大陆、非洲组成的"世界岛",是世界最大、人口最多、最富饶的陆地组合。在它的边缘,有一系列相对孤立的大陆,如美洲、澳大利亚、日本及不列颠群岛。

第一章 中国式现代化

千年的陆路贸易通道日渐被海上运输方式所替代，亚欧间的陆路交流基本停滞。一些曾经繁华的大都市也逐渐淹没在历史的尘烟中。海运的兴起和繁荣孕育了一批具有全球影响力的海港，如英国的利物浦港、曼彻斯特港，荷兰的鹿特丹港，德国的汉堡港，新加坡港，以及中国的香港，等等。而这些海港的繁荣也带动着其所在城市的兴盛。其中荷兰的鹿特丹、中国的香港、新加坡等甚至成为具有全球影响力的自由港（市）。这些地方因海而兴、依港而生，以物流带动人流、资金流、商流的逐步汇聚，演化成港产城一体、商贾云集、人才荟萃的海港城市。如今看到的各大洲沿海城市群几乎都是因海而兴的产物。[1] 中国东部三大沿海城市群也不外如是。[2]

自习近平主席于2013年提出"一带一路"的伟大倡议以来，这种格局正在悄悄发生变化，特别是中欧班列的开通和运行将几乎中断的亚欧大陆桥变成了沿线国家间"政策沟通、设施联通、贸易畅通、资金融通、民心相通"的陆上丝绸之路。中欧班列在海运体系之外形成了一条全天候、大运量、绿色低碳的运输新通道，是国际运输服务体系的重大创新，有力保障了全球产业链、供应链稳定，促进了国际陆运规则的加速完善。海洋运输的本质

---

[1] 如美国东北部大西洋沿岸城市群（含纽约、波士顿、费城、巴尔的摩、华盛顿等）、日本太平洋沿岸城市群（含东京、横滨、静冈、名古屋、京都、大阪、神户等）、英伦城市群（伦敦、利物浦、曼彻斯特、伯明翰等）、欧洲西北部城市群（含法国巴黎城市群、比利时—荷兰城市群等）。
[2] 比如上海，自民国时期以来随着中国日益卷入全球分工体系，上海迅速崛起成为国际大都市，也与其作为中国航运中心的地位分不开。

是将世界五大洲连接起来,并不能直接改变五大洲内部的运输方式,而以中欧班列为代表的陆路运输方式的兴起,其实质则是将亚欧大陆内部的运输体系进行系统性重构,与海洋运输方式形成相互衔接、互为支撑的全球运输版图。沿着这一视角,我们除了要继续巩固提升中欧班列西出通道,进一步拓宽北上通道,加密与中亚、西欧的物理连接外,还要积极推进泛亚铁路建设,进而把西至汉堡、北至西伯利亚、南至南亚和东南亚,直至新加坡的广袤陆地连接起来,在这个"世界岛"内部构建四通八达的铁路网,进而有效支撑"丝绸之路经济带"和"21世纪海上丝绸之路"的高质量发展。

在这样的大格局下,我们可以看到,国际经济版图也将发生新的变化。事实上,与海洋贸易相比较,这种基于跨国班列的陆路贸易有四重经济价值:一是压缩了贸易环节,进而推动贸易分销体系产生新的变革;二是以比空运省钱、比海运省时的独特优势丰富了国际运输服务供给;三是沿路推行"三互"大通关和多式联运"一票制",将推动形成陆路贸易规则和标准体系;四是既给铁路枢纽城市带来了枢纽经济,也给沿线带来了通道经济,从而更能适应各类贸易业态的创新发展。也正是在跨国班列的带动下,处于"世界岛"中间的中国中西部地区由过去的开放末梢一跃成为开放前沿。依托这些内陆城市建设的国际陆港,正如海洋运输中的海港一样,必将在全球贸易体系中占据重要地位。

过去哪座城市沿海、拥有港口,哪座城市就是开放前沿,拥有巨大的开放优势;内陆地区的货物要出口到欧洲,需要先运到沿海的港口，再走海运。现在，跨国班列的开行，一下子将沿线内陆城市顶到了开放前沿，货物在家门口就可以办理出口手续，一下子就拥有了可以联通世界的陆港这一对外开放的新窗口。一些重要枢纽城市如重庆、成都、西安、郑州等地将因陆港的物流汇聚功能带来更多人流、商流、资金流、信息流，进而带动加工贸易、先进制造、保险物流、金融服务等产业的兴起和集聚，上下游产业链跟进落户就形成了一定规模的产业集群。随着产业的兴旺和人口的集聚，城市经济加快繁荣，形成了新的陆港城市。

目前，在中国与世界每年6万多亿美元的货物进出口贸易中，有近4万亿美元的货物贸易是与东盟、欧盟、中东地区、独联体地区、日韩地区以及中国港澳台地区进行的，而这些贸易的运输方式80%是海运，15%是空运，5%是铁路运输，今后在"一带一路"倡议的推动下，完全有可能形成近2万亿美元的货物由陆路运输来实现。未来，在泛亚铁路的推进下，中国与东盟近9 000亿美元的货物贸易，如果有40%的运输由泛亚铁路及其跨境高速公路来实现，那么在我国西南地区的云南与东盟4 000多千米的边境线上，多年发展的边境贸易将从原来边境线上两地居民互通有无的、单一层次的摊贩式集市发展为多层次的口岸贸易、加工贸易、服务贸易等，进而推动沿线的通道经济、口岸经济、枢纽经济快速发展，促进区域性陆港城市群的发展，形成沿边开放的新格局。

从这个角度看，党的二十大报告强调，要以城市群、都市圈为依托构建大中小城市协调发展格局。我理解这句话有两层意思：一是要形成高质量的城市群、都市圈，不仅是现在东部沿海的三大城市群，在中西部地区也应该有新的城市群、都市圈；二是要发挥城市群、都市圈的辐射带动效应，形成大中小城市协调发展的格局。未来，基于上述运输和贸易新版图，中西部地区将建成成渝地区双城经济圈、西安城市群、中原城市群、武汉城市群，甚至昆明城市群等，中西部地区的高质量发展就有了新的动力源，中西部的中小城市与大城市协调发展的新格局也就自然形成了。从这个角度看，这也是中国式现代化在城市发展方面的一个中国特色。

二、立足我国国情，推动乡村振兴促进区域协调发展

党的二十大报告指出，全面建设社会主义现代化国家，最艰巨、最繁重的任务仍然在农村，即全面推进乡村振兴。党的二十大同时提出，推动西部大开发形成新格局。这两件事其实都受"胡焕庸线"的约束。根据胡焕庸（1935）的研究，从黑龙江瑷珲到云南腾冲这一条线可将中国版图在人口地理上大致分为两部分，西北部是"大漠长河孤烟"，占全国国土面积的64%，人口却只占总人口的4%；① 而另一边是"小桥流水人家"，仅占全

---

① 2010 年第六次全国人口普查数据。参见王心源等：《从"胡焕庸线"到"美丽中国中脊带"：科学认知的突破与发展方式的改变》，《中国科学院院刊》，2021 年第 36 期。

国36%的国土面积，却聚集着另外96%的人口。虽然经过了半个多世纪的演变，但这条线两边的人口地理格局基本没变。①"胡焕庸线"所刻画的中国人口地理特征在全世界是绝无仅有的。无论是美国、欧洲还是东南亚，都没有像中国这样地理分化如此之大。其根本原因在于中国独特的地形和气候特征。②喜马拉雅山脉和青藏高原的隆起，一方面让中国的西北与东南之间形成了地势落差，另一方面挡住了来自印度洋的暖湿气流，降水量在"胡焕庸线"两侧呈现出明显的差异分布。"胡焕庸线"西北侧多为海拔千米以上的高原，年降水量平均不超过400毫米，形成荒漠干旱气候；东南侧除云贵高原外多为低山、丘陵和平原，且雨量丰沛，普遍年降水量超过400毫米，适宜农耕种植。这种地形和气候上的分野决定了人口地理的分布格局，也影响着经济发展的绩效。东中部地区人多地少，虽然人地矛盾突出，但人口聚集和对外开放为城镇化、工业化创造了更好的条件；西部地区地广人

---

① 1990年胡焕庸本人根据1982年第三次全国人口普查数据核算了"胡焕庸线"两侧的人口比例，东南地区的人口比重由原来的96%略减到94.4%，相应地，西北人口比重从原来的4%上升到5.6%，两侧的人口密度悬殊格局并没有发生实质性变化。丁金宏等（2015）运用2010年第六次全国人口普查数据进一步验证了"胡焕庸线"的稳定性，由于分辨精度不同，各自的结果也略有差别，西部人口占比5.6%～6.3%，比1990年略有增加。刘涛等运用2020年第七次全国人口普查数据再次验证了"胡焕庸线"的长期稳定性。参见丁金宏等：《胡焕庸线的学术思想源流与地理分界意义》，《地理学报》，2021年6月；刘涛等：《2000—2020年中国人口分布格局演变及影响因素》，《地理学报》，2022年2月第77卷第2期。
② 有学者，包括胡焕庸本人也提出了第三项解释因子：社会历史条件。参见胡焕庸（1990）。

稀且开放滞后，不仅内部城乡差距较大，与东中部地区的区域差距也很大。2020年，我国东部五省（直辖市）（上海、江苏、浙江、福建和广东）的人均GDP平均达到10.5万元，西部六省（自治区）（新疆、内蒙古、青海、甘肃、宁夏、西藏）人均GDP平均为5.3万元。东部最富的省级行政区如上海（人均GDP为15.9万多元）与西部最落后的省份如甘肃（人均GDP为3.4万元）之间的差距巨大，接近五倍。城乡差距也是如此，按常住地统计，2020年全年城镇居民人均可支配收入43 834元，农村居民人均可支配收入17 131元，前者是后者的2.5倍。总之，"胡焕庸线"是我们在研究区域协调发展、推动乡村振兴时面临的一个基本约束。我们应在尊重这一基本国情的基础上，更多通过社会的、经济的、技术的手段来破解"胡焕庸线"对区域协调发展的制约。

2021年，我国农村常住人口5.1亿人，第一产业的增加值为8.3万亿元（占GDP比重的7.3%）。而这5.1亿人中的绝大多数也分布在"胡焕庸线"的东南侧，人多地少的东中部地区农村常住人口粗算有4.6亿多人，成为乡村振兴的主战场。可抓住以下两个重点。

将农业这个第一产业打造成"第六产业"。所谓第六产业，就是按"1+2+3"的思路，以第二产业和第三产业来赋能第一产业，形成从"田园"到"餐桌"的高水平产业链、供应链。中国的农业发展模式与美国不同。美国地广人稀，是规模化、大资本下的大农业。中国自近代以来就是以"小农经济"为主体的农业，突出的人地矛盾决定了我们没有条件搞美国式的大农场主农业，当然不排除通过进一步的制度创新进行适度规模经营。但不管怎样，占人口总量36%的农村人口产出了7.3%的GDP，继续困守在农业领域、就农业谈农业是没有出路的。出路在于要发展农业深加工业、涉农服务业。经过多年的改革、创新和发展，我们已经具备了以现代工业和现代服务业来改造农业的物质技术条件。一些地方已将发展"一村一品"等特色农业与冷链物流、直播电商结合起来，探索出了根在农业农村、触角延至全国各地的成功模式，就是以工业的思维、互联网的思维经营农业。如果现在8.3万亿元的农业GDP被改造后能产出16万亿元的GDP，那农民的收入也会翻一番。事实上，随着人民生活水平的提高，人们对食物的需求正在从"吃饱"向"吃好"，再向"吃得更健康"转变，这种对美好生活的向往正在为中国农业的"新革命"创造越来越丰富的场景。

增加农民的财产性收入。目前中国农民最大的问题是97%的年收入来自劳动，几乎没有财产性收入。而城镇居民的房产、股票等各种财产性收入，可能占整体收入超过50%。虽然农民每家每户都有一亩三分地，但这一亩三分地尚不能变成可以产生现金流的信用品，无法给农民带来财产性收入。2019年8月，《中华人民共和国土地管理法（2019修正）》获得通过并颁布，从法律上明确了过去限制转让、出租的农村集体经营性建设用地，将在符合规划的前提下，可以出租、出让并可以转让、赠予、抵押使用权，与国有土地同地同权、同权同价。①2020年4月，中共中央、国务院印发《关于构建更加完善的要素市场化配置体制机制的意见》，进一步提出要"深化农村宅基地制度改革试点，深入推进建设用地整理，完善城乡建设用地增减挂钩政策，为乡村振兴和城乡融合发展提供土地要素保障"，并且要"探索建立全国性的建设用地、补充耕地指标跨区域交易机制"。这些法律、政策的基本逻辑是通过盘活农村"三块地"，实现土地资源依法有序流转，为增加农民财产性收入创造条件。比如，集体经营性建设用地按照与国有土地同地同权同价的方式流转，意味着无论卖多少钱，全部直接留给农村。从这个角度来说，农村的土地级差收入就得到了提高，而且越是大城市周边的农村土地，级差收入就越高。这些级差会全部返给农村。其中20%会补给村集体或乡政府，用于农村基础设施建设，其余的70%~80%则要反哺出让承包地和宅基地的农民。加上城乡建设用地增减挂钩政策的逐步完善推广，农民和农村因"三块地"带来的财产性收入会逐步增加，城乡差距会得到较大改善。

关于西部大开发，关键在于要把西部的资源禀赋扬长避短地发挥出来，以比东部更快的速度提升西部的人均GDP。

比如，与东部地区的雨量充沛、土壤肥沃不同，我国西部地

---

① 《中华人民共和国土地管理法（2019修正）》还明确，征地将受到为公共利益的前提限制，被征收土地不再按土地年产值一定倍数补偿，而是综合考虑未来发展增值空间、制定区片综合地价，为被征地农民提供稳定的社会保障，从而让农民更多分享土地增值收益。

区严重缺水，但这不等于不能发展农业。西部地区有广袤的土地，可以向以色列学习，在戈壁滩上规模化发展滴灌农业。根据有关资料，这种农业需要的滴灌设施的搭建每亩地大概一次性投入在 25 万~30 万元，产出一般在 5 万~6 万元。假设以 500 亩[①]为单位建设大棚设施，有若干个大公司逐步覆盖 10 000 平方千米的土地，预计将有 7 500 亿元的产值。这些农产品既可以卖到我国东部地区去，也可以卖到欧洲去。而实际上现在新疆、甘肃、内蒙古已经推广普及了很多与以色列相同的农业滴灌设施，但还需要规模化发展，把广袤的土地资源充分利用起来。

又如，西部地区阳光充足，雨量较少，地域辽阔，恰恰给建设光伏发电产业创造了有利的条件。[②]如果有一批超级大的光伏企业在新疆建设光伏电厂，规模达到 10 亿千瓦的装机，每年能够运转 1 500 小时的话，就可以产出 1.5 万亿千瓦时电。按每千瓦时电 0.2 元计算，就相当于 3 000 多亿元的 GDP。整个新疆总人口只有 2 500 多万人，这样一来，人均 GDP 就可以增加 1.2 万多元。可以按类似的思路在新疆、青海、内蒙古的沙漠或戈壁布局几十万平方千米的光伏发电，达到几十亿千瓦的装机规模。这些利用清洁能源发的电可以通过我国的特高压输变电技术输送到东

---

① 1 亩约合 666.67 平方米。——编者注
② 科学研究表明，地球表面接收一个小时的太阳光照就可以让人类使用 100 年；若在新疆 166.49 万平方千米的土地上建一个规模达 20 万平方千米的光伏发电项目，产出的电量就够全国使用了。当然，这是在理想情况下。

部地区，形成新的西电东送。①类似的思路已经在《中华人民共和国国民经济和社会发展第十四个五年规划和2035年远景目标纲要》（以下简称《"十四五"规划》）中有所体现，比如明确支持在河西走廊、新疆建设大型清洁能源基地。这些清洁能源在未来的10年甚至20年内，就可以产生人均两三万元，甚至四五万元的GDP。

这几个例子表明，只要我们遵循规律、扬长避短，是可以在生产力源头上提升西部的发展动能的。但这背后的运作离不开五个"大"。第一，一定是大资本的投入。无论是类似滴灌农业还是光伏发电这样的项目，都需要达到一定的规模才能体现其经济性，这是由西部的资源禀赋决定的。第二，一定是由大企业集团来建设，不论是国有、民营还是国外的公司。这并不是歧视中小企业，而是因为中小企业根本无力承担这笔巨额的支出。第三，要用大技术，也就是要用高科技。过去也有大企业和大资本，但为什么没有人干呢？因为没有高科技。现在有了高科技才能有高产出。第四，要面向国际国内大市场。比如滴灌农业项目，这与过去服务本地方圆几十千米的小农经济不同，这种项目的产出要通过与掌握国际供应链的企业合作，分销到全世界，分销到内地

---

① 青海—河南±800千伏特高压直流工程建成投运受到广泛关注。根据公开报道，该项目于2018年11月开工建设，2020年12月30日全面建成投运，是我国发展先进输电技术破解特大型新能源基地集约开发世界级难题的重要实践。这背后是青海利用自身丰富的光照和风力资源在"十三五"期间陆续建成了两个千万千瓦级的可再生能源基地。

各个终端。第五，一定要有配套的大系统。比如滴灌农业规模化生产出来的产品，要有高效的物流运输体系将其分拨到国内的其他地区以及欧洲；比如光伏基地需要有特高压输变电系统才能把电由西部地区输送到东部的高负荷地区。

事实上，这些年我国的西气东输、西电东送、西油东送以及正在发展的东数西算、下一步规模化发展的清洁能源基地和特高压直流输变电都属于这五个"大"。正是通过这五个"大"，西部大开发自2000年以来在缩小东西部差距方面成效显著：西部与东部的人均GDP之比由超过四倍降到现在的两倍左右。按这个思路发展下去，十年以后通过新能源、清洁能源的发展可以使西部地区的GDP翻一番；再通过地下资源的开发、设施农业的发展，使西部地区的GDP可以再翻一番，那么东西部差距就会从如今的两倍缩小到一倍多。在此基础上，为了实现共同富裕，可以继续推进东部给西部的转移支付，这样就可以更好地缩小东西部差距。

三、坚持实体经济为重心，加快建设现代化产业体系

党的二十大强调，坚持把发展经济的着力点放在实体经济上，推进新型工业化，加快建设制造强国、质量强国、航天强国、交通强国、网络强国、数字中国。制造业是工业的躯干、经济的基础、民生的保障，制造业的高质量发展是我国构建现代化产业体系的关键一环。与发达国家相比，中国制造业发展存在两

个突出问题。一方面，中国制造业增加值占 GDP 的比重自 2011 年以来出现了较大幅度的回落。根据世界银行的数据，中国的制造业增加值占 GDP 的比重在 2006 年时达到了 32.5% 的峰值，并且自 2011 年开始逐年降低，2020 年降到 26.3%，九年时间下降了 5.8 个百分点。全球主要工业国家如美、德、日、法、意、英、韩等，制造业比重出现明显下降的趋势，都是在迈入发达国家、高收入国家行列之后发生的。与这些发达国家相比，我国制造业比重从达峰到下滑，幅度明显更大、速度明显更快。另一方面，与国际先进水平比较，中国制造业在品种和质量上还存在多方面不足，主要体现在以下几点。一是高端高质产品不足。很多产品属于低端低质，在性能、可靠性、寿命、良品率方面与国际先进水平差距较大，往往处于价值链的低端环节。二是同质化竞争严重，细分市场的开发不足。同一制造业门类从业企业数量众多，但缺乏专业化基础上的分工协作，容易陷入同质竞争。一旦哪个行业处于风口，大量制造业企业往往一拥而上，搞低水平重复，最后形成恶性竞争、产能过剩。三是关键技术被"卡脖子"。在制造业许多关键环节中的核心技术我们尚未掌握，受制于人，很多产业链容易被"一剑封喉"。四是缺乏引领国际的高端品牌。中国的制造业体系存在大量的低端加工，缺少高端品牌以及相应的市场渠道优势。一个品牌往往需要十几年时间的专精才能得到市场认可，建立起畅通有效的营销渠道，而中国每年会有上千万家企业进行工商注册，很大一部分都在五年内倒闭或者转行。数据表明，美国中小企业的平均寿命为八年，日本是 12 年，相比之下，中国中小企业的平均生命周期只有三年，自然难以建立起品牌效应。

《"十四五"规划》明确提出，深入实施制造强国战略，保持制造业比重基本稳定，推动制造业高质量发展。从经济发展规律来看，有以下四个方面的基本判断。一是国家在经济发展进入发达国家的过程中，制造业占比会逐步下降，但不宜下降过快或过早，至少应该等到整个国家人均 GDP 超过 1.5 万美元后，再逐步下降。中国的经济发展水平还没有达到这一标准就出现了制造业比重下降的现象，接下来要着力延缓下降的趋势。二是相对于中国的国情而言，制造业占比不宜过低。无论如何，制造业比重在 2035 年前不能低于 25%，在 2050 年前不能低于 20%。再加上 10% 左右的采矿业、电热气水和建筑业，整个第二产业比重在 2035 年前应该保持在 35% 以上，在 2050 年前保持在 30% 以上，不能走美国等国家第二产业占 GDP 的比重不足 18% 的极端。三是在制造业占 GDP 比重达峰并开始逐渐下降时，为保持工业发展的势头，务必加大研发投入力度，使创新能力成为工业制造业的第一动力。就一个国家或地区来说，保持研发投入超过制造业产值的 3%～4%、保持"从 0 到 1"基础研究创新投入占总研发投入的 20% 以上、保持制造业创新领先的独角兽企业占资本市场市值的 30% 以上，是制造强国的标志。四是制造业高质量发展伴随一定比例的生产性服务业，在制造业占 GDP 比重逐渐下降的过程中，与制造业有关的生产性服务业占服务业增加值的比重逐渐增大到 50%～60%。当这四个方面的条件都满足后，以"制造业＋采矿业＋建筑业＋生产性服务业"为主要组成部分的实体经济增加值占 GDP 的比重将为 65% 左右。这个时候，我们说中国从制造大国转变为制造强国就有了坚实的基础，中国的经济总量也将在制造业高质量发展的过程中走向全球第一。

现代化产业体系除了要"稳定"制造业增加值在 GDP 中的比重，还要积极"进取"。只有进有所取、进有所成，才能从根本上摆脱我们在一些领域受制于人的境地。为此，我们要在产业链、供应链等产业组织层面有新的迭代升级，只有更高质量的产业体系才能在新一轮科技革命和产业变革中掌握主动权，才能发挥中国作为最大规模单一市场、内外循环相互促进的优势。未来要在以下五个方面努力实现新进展、新突破。

（一）要以产业链招商打造产业链集群

要从过去招商引资就项目论项目的"点招商"模式向"产业链招商"模式转变，打造空间上高度集聚、上下游紧密协同、供应链集约高效、规模达万亿级的战略性新兴产业链集群。从此次新冠肺炎疫情的应对看，那些产业链相对完整、产业集群自成体系的地方，恢复起来比那些两头在外、高度依赖国际供应链的地方要快、要好。这种集群化生产模式降低了从全球采购零部件所带来的风险，在疫情暴发时期更突显了其竞争力。要努力推动形成三种集群，一种是制造业上中下游集群。比如汽车产业，一辆汽车有上万个零部件，要形成支柱，就要把上中下游原材料、零部件产业、各种模组的 70%～80% 实现本地化生产。另一种是促使同类产品、同类企业扎堆形成集群。当几个同类大企业在同一区域落地后，它的上游原材料、零部件配套产业既可为这家龙头企业服务，也可为其他企业服务，这就有条件把同类产品、同类企业扎堆落户，形成集群。最后一种是促进生产性服务业和制造业形成集群。在新产品开发的过程中，会有很多从事研发、设计、科技成果转化服务、知识产权应用等生产性服务业企业为之配套，这就涉及创新链条的延伸。有条件的地方应该积极创造条件，促进发展此三种集群。

（二）要进一步扩大开放，加快补链、扩链、强链

要围绕战略性新兴产业，通过更高水平的开放，实施"补链"、"扩链"和"强链"行动计划，实现更高层次的水平分工、垂直整合，即针对我国相对薄弱的物流、保险、工业设计、金融科技、数字经济等生产性服务业，加大力度吸引优势外资进入，补我国供应链的短板，即"补链"；利用业已形成的贸易关系，将产业链上下游优势企业导入，形成产业链高度集成的新布局，即"扩链"；推动现有优势企业向"微笑曲线"两端延伸，提升我国企业在全球价值链中的地位，即"强链"。推动补链、扩链、强链同样是为了形成更高水平的产业链集群。这种产业链集群在国外需求依旧疲软的时候可以通过努力营造以当地需求、国内需求为拉动的内循环，保证产业链集群的健康发展；当国外市场复苏的时候，进一步加强国际合作、扩大产业集群规模、提高发展质量，通过加强区域产业链合作带动全球产业链的大循环。这既

有助于我们防范和应对类似新冠肺炎疫情这种因天灾导致的全球"断链"风险,又因为产业链集群本身形成了巨大的市场份额,可以有效阻遏未来在某些关键领域被人"卡脖子"的风险。

(三)要培育并形成一批既能组织上中下游产业链水平分工,又能实现垂直整合的制造业龙头企业

中国制造业门类齐全,实际上已在全世界形成了一个十分突出的产业能力,即对复杂产品的组装能力。这类高技术的复杂产品的总装厂,固然仍停留于"微笑曲线"的中间,与掌握着"三链"的跨国公司相比,我们所在的中间环节的增加值不高。但也不要小瞧了这一能力,因为它是由成百上千家企业组成的产业链上的"龙头"。这一能力的背后是对企业管理水平、供应链组织能力的集成,也是我们一大不可多得的优势。这种能力的形成一方面与之前提到的产地销和销地产模式分不开,另一方面也与中国的基础设施水平、产业配套能力、高素质的熟练工人队伍以及日益精进的科研开发能力分不开。过去跨国公司在中国建了不少合资的汽车主机厂、手机组装厂、家电组装厂等,经过几十年的改革开放,我们很多的内资企业已经培养出了这种大规模制造和管理的能力,为我们培养自己的"富士康"、培育新时代的制造业龙头企业打下了基础。

(四)要培育中国自己的生态主导型"链主"企业

微软公司、谷歌公司、苹果公司是生态主导型企业的典型例

子。以苹果公司为例，它已经是一个"无部件制造商"，是一个以知识产权为基础组织全球价值链的、特殊的商业组织。苹果公司不直接生产苹果手机，却凭借其拥有的专利、商标、版权、品牌、产品设计、软件、数据库等在生产前和生产后组织、管理和经营着全球产业链的标准、供应链的纽带和价值链的枢纽，主导着整个苹果公司的生态。当前，中国在部分领域已有此类企业出现，比如华为，我们要倍加珍惜。一是要用中国大市场为这类企业推广其应用、迭代其技术提供强有力的支持。二是鼓励这类企业树立全球视野，根植全球化基因，通过搭建国际交流、项目合作和市场开拓平台，帮助这类企业在全球进行知识产权、行业标准的布局。三是强化知识产权保护。生态主导型"链头"企业的共同特征是在底层技术上形成自主的知识产权。支持此类企业发展壮大，强化其知识产权保护就是从根本上对其竞争力形成有效保护，这方面尚需要持续加强。

（五）谋划和布局一批符合未来产业变革方向的整机产品

这是新一轮产业变革的制高点。产业链集群化真正的主战场在于一些世界性的、具有万亿美元级别的耐用消费品。事实上，全世界每隔20~30年就会有4~5个代表性的耐用消费品进入千家万户，成为风靡一时的消费主流，不管在中国还是亚洲其他地区，抑或是在欧洲、美国，都是如此。比如20世纪50—70年代是手表、自行车、缝纫机、收音机等；20世纪80—90年代是空调、电视机、电冰箱、洗衣机等；21世纪以来的20年是手机、笔记本电脑、液晶面板电视机、汽车等。这些产品的市场规模往往超过万亿美元级，哪个国家、哪座城市能够把这些产业发展起来，就会在国际竞争中走在前列。当下，就应该抢抓未来的"四大件""五大件"。《"十四五"规划》提出，"从符合未来产业变革方向的整机产品入手打造战略性全局性产业链"就是这个意思。今后二三十年，能够形成万亿美元级别市场的"五大件"，大体包括以下五种：一是无人驾驶的新能源汽车，二是家用机器人，三是头戴式的AR/VR（增强实现/虚拟现实）眼镜或头盔，四是柔性显示，五是3D（三维）打印设备。要积极进行前瞻性布局，主动出击，围绕这些重点产业形成一批具有全球竞争力的产业链集群。

总之，建设以实体经济为重心的现代化产业体系需要"稳中求进"，不仅要构建中国本土的更具韧性和竞争力的产业链体系，而且还要有一批能在全球布局产业链、供应链的龙头企业和链头企业。这是我们统筹发展与安全的根本之道。

四、全面深化改革，构建高水平社会主义市场经济体制

党的二十大报告强调，要构建高水平社会主义市场经济体制。什么是高水平？核心就是要处理好两类问题，即政府与市场的关系、国有与民营的关系，进而放大中国作为超大规模单一市场的优势和红利。

（一）处理好政府与市场的关系

党的十八届三中全会就明确了"充分发挥市场在资源配置中的决定性作用，更好发挥政府作用"，党的二十大再次对此进行强调。新征程上，我们要围绕这两句话继续深化改革。

充分发挥市场在资源配置中的决定性作用。中国的市场经济是由计划经济转型而来的，虽然经过多年的改革开放，市场经济已经渗透经济生活的方方面面，但仍有不少亟待完善的地方。党的十八届三中全会就提出要使市场在资源配置中起决定性作用，党的二十大对此再次做出强调，并加了"充分"二字。那么，这个"充分"和"决定性作用"如何体现？笔者认为，着重体现在党的二十大报告中的两句话，"构建全国统一大市场，深化要素市场化改革，建设高标准市场体系""完善产权保护、市场准入、公平竞争、社会信用等市场经济基础制度"。事实上，近年来党中央围绕这些内容，一直有重磅文件发布。其中，深化要素市场化改革，重在破除阻碍土地、劳动力、资本、技术和数据等要素自由流动的体制机制障碍，扩大要素市场化配置范围，健全要素市场体系，推进要素市场制度建设，实现要素价格市场决定、流动自主有序、配置高效公平。构建全国统一大市场重在强化市场基础制度规则统一、推进市场设施高标准联通、打造统一的要素和资源市场、推进商品和服务市场高水平统一、推进市场监管公平统一、进一步规范不当市场竞争和市场干预行为等。要通过这些市场基础制度的完善，进一步推动国内市场高效畅通和规模拓展，加快营造稳定、公平、透明、可预期的营商环境，进一步降低市场交易成本，促进科技创新和产业升级，培育参与国际竞争合作新优势，进而在更高起点、更高层次、更高目标上推进经济体制改革及其他方面体制改革，构建系统更加完备、更加成熟定型的高水平社会主义市场经济体制。

更好发挥政府作用。党的二十大报告针对"更好发挥政府作用"着墨不少。习近平总书记指出："在社会主义条件下发展市场经济，是我们党的一个伟大创举。"这个创举不仅仅是将社会主义的价值要求与市场经济的机制有机结合起来，更是对政府角色的自我革命。在社会主义市场经济条件下，政府不是自由放任的市场经济中的"守夜人"，而是要在维护市场、弥补市场、发展市场方面有所作为，以有为市场促进形成高效市场。历经多年的改革，我国政府在健全宏观调控、制定发展规划、促进区域协同等方面已经积累了很好的经验。未来要建设现代化国家，还有很多重要的工作要做。比如党的二十大报告中重点提及的"建设现代中央银行制度，加强和完善现代金融监管"就是一个很重要的方面。建设现代中央银行制度，核心是要进一步健全人民币发行机制，确立人民币自己的锚。这涉及理顺财政与央行的关系，建立与大国金融、强国金融相匹配的国债发行机制，构建更加平滑、可靠的国债收益率曲线。此外，随着现代科技的广泛应用，金融业态、风险形态、传导路径和安全边界都会发生重大变化，需要进一步强化金融稳定保障体系，守住不发生系统性风险底线；继续深化金融供给侧结构性改革，更好引导各类金融资源服务实体经济，等等。

第一章 中国式现代化

（二）处理好国有与民营的关系

党的二十大报告再次强调了两个"毫不动摇"，即毫不动摇巩固和发展公有制经济，毫不动摇鼓励、支持、引导非公有制经济（以下简称"非公经济"）。这里面有一个认识问题、两个操作问题。

不同经济成分的比重问题。1980—2010年，非公经济产生的增加值占GDP的比重由18%持续增长到大约60%，非公经济对国民经济的贡献被概括为"56789"。但自2010年起到目前，非公经济增加值占GDP的比重一直徘徊在60%左右，为什么不再往上涨了呢？这里面有一个基本的逻辑。任何经济体的增加值按照活动主体都可以分为政府行为产生的增加值和市场主体经营活动产生的增加值。而在市场主体中，又可分为公有制主体和非公有制主体（以下简称"非公主体"），所以有公有制经济和非公经济。一般情况下，政府的税收占GDP的比重大致在20%，这些税收经过政府支出后大致形成了占GDP总量15%的增加值，那么市场主体的活动产生的增加值大约在85%。在中国，非公主体产生的GDP目前大致占60%；同时，中国是社会主义国家，毫不动摇巩固和发展公有制经济，意味着公有制企业产生的增加值也要在GDP中占有一定的比重。改革以来，我国公有制企业产生的增加值占GDP的比重在持续下降，但不可能无限制地降下去，保持在25%左右比较合理。这样大致形成了政府、非公主体、公有制主体这三类经济主体的经济贡献为15∶60∶25的占比格局。以后随着经济活动的波动，非公主体的经济贡献可能会占到65%，但不会到70%甚至更高。当然，对于个别省份如广东、浙江等，非公经济比重大一些无可厚非，因为央企的经济增加值统计不在地方而在中央。对于社会整体来说，"56789"不仅描述了非公经济的贡献，也对中国特色社会主义市场经济的特征进行了准确刻画；15∶60∶25不仅是合理的，也是稳定的。这样，政府和公有制主体的经济贡献加起来占40%，可以起到有效调节经济运行的作用，非公主体的经济贡献占60%则有利于保持经济活力、涵养就业、促进创新等。

鼓励支持和引导非公经济发展。企业家是否愿意扩大再生产、是否愿意从事创新性的冒险活动，与其对经济的预期、市场竞争是否公平、产权是否得到有效保护有关。判断民营企业投资积极性有一个核心指标，就是全部民企的净资产增长率。每年有多少家企业利润未分配，留存下来成为净资产；有多少社会股权资本注入了实体产业？如果一个地方的民企每年仅仅是总资产在增加，而净资产不增加，则说明负债在增加，经济杠杆率在增加，有可能产生泡沫。如果全社会的企业尽管有利润但净资产在减少，就说明有更多的企业在亏损或者是有企业在转移资产。新冠肺炎疫情防控期间，在广大民营企业受疫情冲击最为严重时，最为关键的是要采取措施稳定民营企业家的信心、营造中国经济长期向好的预期。而关键之处在于落实好习近平总书记在民营企业座谈会上提出的六条要求：一要切实减轻企业税费负担；二要采取措施解决民营企业融资难、融资贵的问题；三要营造公平竞争环境，特别是鼓励民营企业参与国有企业改革；四要完善政策执行方式,将"加强产权保护"落到实处;五要构建"亲""清"新型政商关系;六要保护企业家人身和财产安全。落实了这六条要求,海量的民间资本一定会再次活跃起来。

推动国有经济布局优化结构调整。党的二十大对此再次强调。这里面的关键是做强、做优、做大国有资本投资、运营公司,特别是国有资本运营公司,做好了既可以盘活天量的国有资本,又可以"四两拨千斤"地撬动社会资本,发展混合所有制经济,为整体经济赋能。2021年,我国企业国有资本权益(中央加地方)总额86.9万亿元,**99%**的股权资本是工商产业型资本投资公司的资本,总资本回报率和全要素生产率都不高。建议从现有产业型国有资本投资公司总盘子中划转出价值10万亿元左右的股权资产来组建若干个国有资本运营公司,让这些运营公司像新加坡淡马锡公司或美国巴菲特的投资公司,或者像私募基金那样专注另类投资、股权投资,根据被投资企业的效益来决定进退,再与资本市场结合起来,国有资本就盘活了。如果这10万亿元的投资能实现年化回报10%,每年就会有上万亿元左右的收益,可以为国家安全、公共服务等需要国有资本进入的领域提供持续稳定的资金来源,而不用增加财政负担。从工商产业类退出的10万亿元资本可以为民营经济腾出20多万亿元的工业、商业、产业类市场空间,进一步鼓励并推动民营经济发展,从而打通国有经济与民营经济的资金循环,有利于推动混合所有制改革、激活经济全局。党的二十大强调"开辟发展新领域新赛道,不断塑造发展新动能新优势",在当前绿色革命的大背景下,我国清洁能源产业蓬勃发展，其中必将出现几家生态主导型的企业和几百家甚至几千家独角兽企业。对于这些企业，我们要吸收上一轮互联网浪潮中我国企业被外资控制的教训，以国有资本运营公司为依托，主动培育这些潜在的独角兽，分享产业发展红利。

这两件事做好了，中国经济将在劳动力红利之后迎来一个新的红利，也就是我们的超大规模单一市场所产生的红利，即市场红利。

五、加快实施创新驱动战略，不断开辟新领域新赛道

党的二十大报告提出，必须坚持科技是第一生产力、人才是第一资源、创新是第一动力，深入实施科教兴国战略、人才强国战略、创新驱动发展战略，开辟发展新领域新赛道，不断塑造发展新动能新优势。其中，开辟发展新领域新赛道是新形势下适应新科技革命要求、打破各种脱钩断链图谋、谋求科技自立自强的有效手段。

（一）中国经济有条件、有能力不断开辟新领域、制胜新赛道

从需求端看，中国有规模庞大的单一市场，有4亿多中等收入群体。中国已成为全球最大的网络零售市场，即将成为全球最大的消费市场，而且这个市场在不断升级换代，这将为本土创新提供肥沃的"土壤"。新冠肺炎疫情暴发以来，中国进口的高端品牌总量不降反增。根据贝恩统计，2020年全球个人奢侈品市

场缩水23%，至2170亿欧元，是2009年以来首次出现市场萎缩的情况。但是，同期中国境内个人奢侈品市场却呈现逆势增长。2020年，中国境内个人奢侈品市场规模达到3460亿元人民币，较上年同比大幅增长47.9%。而且中国消费者的偏好、中国元素正成为国际品牌制定营销和设计战略时的主要考虑。从目前看，中国人消费的这些奢侈品是国外品牌，但假以时日中国的本土品牌也会兴起，用中国消费滋养中国高端品牌的日子也不会远了。

从供给端看，中国有规模庞大的人才队伍、工程师队伍，有随时可以将各种创意、创新、创造进行产业化的市场主体群，这也是中国创新越发有底气、有后劲儿的重要源泉。2020年，我国具有大学文化程度的人口规模近2.2亿人。与第六次全国人口普查数据相比，每10万人中具有大学文化程度的由8930人增到15467人；2000—2020年的20年间，中国培养了6000万名工程师。2021年底，我国有各类市场主体1.54亿户，个体工商户1.03亿户（占比67%），小微企业4034万户（占企业总量的83.3%）；2021年规模以上工业企业40万户，有58家制造业企业进入《财富》世界500强；2021年有4万多家专精特新中小企业，4700多家专精特新"小巨人"，800多家制造业单项冠军。世界知识产权组织全球创新指数排名显示，中国已从2012年的第34位上升到2022年的第11位。

从经济规律看，技术进步存在偏向性技术变迁的普遍特征，即一个经济体内的技术变迁方向总体上受这个经济体的资源禀赋和市场规模影响。比如中国富煤缺油少气。根据这一资源禀赋特点，中国多年来投入大量资金研发煤炭的清洁利用技术，如今我们看到中国的火电技术已经全球领先。类似的逻辑可以用来解释我们的新能源汽车产业的兴起。目前，中国的新能源汽车销量占全球新能源汽车销量的 60% 左右，新能源汽车保有量全球占比在 50% 左右，这既与中国试图摆脱石油依存度过高的一系列努力有关，也与我们多年来大规模建设电网基础设施有关。总之，凭借中国超大规模单一市场加上制造业全产业链优势，只要有一点创新创意的"星星之火"，就能以"燎原之势"形成新的产业蓝海，反过来为技术应用、技术集成、技术迭代提供广阔的空间和舞台。

（二）新形势下塑造发展新动能、新优势必须加快形成新型举国体制

当前，新一轮科技革命和产业变革正在孕育兴起，一些重要科学问题和关键核心技术已经呈现革命性突破的先兆。这种突破极有可能在未来 10~15 年发生，必将促使全球产业链、供应链、价值链和创新链发生分解重构、融合创新，全球产业分工体系、国际贸易秩序、财富分配格局必将迎来新的变革。在这一背景下，国与国之间的科技较量已经下沉到由基础研究、共性基础技术、基础科学教育、重大科技基础设施等构成的系统能力对抗上来。各主要经济体纷纷推出了相应的科技计划、加大了科技投入力度，抢占制高点。同时，美西方等力图以科技脱钩、设墙筑垒等手段对我国打压封锁，对华拉下科技"硅幕"。总的来看，

我国在科技创新系统能力上与发达国家还有差距，无论是迎接新一轮科技革命和产业变革，还是应对"卡脖子""科技脱钩"，都需要采取"非对称"赶超战略，塑造"非对称"优势。这就必须加快形成新型举国体制，依靠国家战略科技力量，通过发挥国家战略科技力量建制化优势，在关系国家发展全局的关键领域下功夫，带动科技创新系统能力提升。

一是要加快形成国家战略科技力量。国家战略科技力量是体现国家意志、服务国家需求、代表国家水平的科技中坚力量，是国家创新体系的关键组成部分，在由各类创新主体组成的"创新金字塔"中处于塔尖位置。近年来，我国正在布局建设若干国家实验室，要以此为契机加快建立由国家实验室、研究型大学、一流科研院所和创新型领军企业共同参与的高效协同创新体系。按照"四个面向"要求，聚焦制约国家发展和安全的重大难题，布局建设一批具有前瞻性、战略性的国家重大科技基础设施，抢占事关长远和全局的科技战略制高点，为核心技术攻关和产业创新提供支撑。

二是要组织开展一批重大科技攻关项目。充分发挥国家作为重大科技创新组织者的作用，瞄准人工智能、量子信息、集成电路、生命健康、脑科学、生物育种、空天科技、深地深海等前沿，实施一批国家科技项目。要从国家的急迫需要和长远需求出发，确定科技创新的方向和重点，着力解决制约国家发展和安全的重大难题。坚持战略性需求导向，制订实施战略性科学计划和科学工程，发挥战略科学家的作用，适时牵头发起国际大科学计划和大科学工程。要通过这些项目的实施和开展，发挥"五个一批"的作用：解决一批科技难题、形成一批原创性成果、培养一批优秀科技人才、培育或支撑一批战略性新兴产业、占领一批国际科技创新前沿高地。

三是要按照"揭榜挂帅"的原则实行科技"赛马制"。绝大多数国家重大科技攻关项目都需要由国家投入巨资，由多部门、多单位共同协作完成。有效的组织和管理是此类项目取得成功和成果的关键。实行重大科技项目"揭榜挂帅"有利于形成相互竞争、万马奔腾的"赛马制"，更早发现人才、更好激励人才、不拘一格使用人才；有利于在压实"揭榜者"工作责任的同时，牵引带动科技资源一体配置，提高整体科技项目管理效率；有利于针对同一个科技问题形成多路线、多方向、多种解决方案，通过比选、分析，形成更加科学合理的联合攻关方案，减少科学探索的盲目性，节约科技资源。

（三）加快创新驱动要与市场和资本有机结合起来，克服创新链条的三个短板

从本质上讲，创新就是通过创造新供给来催生新需求，一旦资本、资源、劳动力开始向新供给集中，新的需求会被创造出来，老产业的生存空间就会受到挤压，产能过剩才能根本消除，而整个经济不仅会恢复平衡，而且能级还会有一个大跃升。这正是以创新创业引领内循环的含义所在。然而，当前我国在科技创新方面仍存在三个短板，分别对应创新活动从无到有再到产业化

的三个阶段。做好创新驱动，关键是针对这三个阶段存在的短板分类施策。

创新的第一阶段是"0~1"，是原始创新、基础创新、无中生有的科技创新。这是高层次专业人才在科研院所的实验室、在大专院校的工程中心、在大企业集团的研发中心搞出来的，需要的是国家科研经费、企业科研经费以及种子基金、天使基金的投入。我国在这方面存在很大短板：尽管我国全社会研发投入已经占到 GDP 的 2.44%，总量在全世界排名第二，但投向较为分散；一些需要长期投入的基础研究领域［如为"核高基"（核心电子器件、高端通用芯片及基础软件产品）提供支撑的领域］缺乏足够投入，基础研究投入占比长期徘徊在 5%~6%，与世界主要创新型国家多为 15%~20% 这一数据的差距较大。建议集中优势资源加大对基础研究的投入力度，在未来五年内将基础研究投入占研发经费的比重由 5% 提高到 15% 左右的水平，并在以后的年份逐步提高。

创新的第二阶段是"1~100"，是技术转化创新，是将基础原理转化为生产技术专利的创新，包括小试、中试，也包括将技术成果转化为产品开发，形成功能性样机，确立生产工艺等。这是各种科创中心、孵化基地、加速器的主要业务。这方面就需要调动各类智商高、情商高、有知识、肯下功夫钻研又接地气、了解市场的人建立技术转移机构或者担任技术经理人。作为科技与产业的桥梁，其使命就是面向企业和产业需求，组织和整合科技力量进行深度研发，通过将科学转化为技术、以中试验证和改进技术来为企业界提供先进的技术解决方案。德国著名的弗劳恩霍夫研究所就是这个角色。科学技术部正在力推的国家技术创新中心所起的也是这个作用。[①] 接下来,要进一步理顺国家技术创新中心的激励约束机制,全面落实科技成果转化奖励、股权分红激励、所得税延期纳税等政策措施,健全市场化的绩效评价与收入分配激励机制。要通过这些体制机制的改革,催生一大批从事应用技术开发与转移的专业机构和技术经理。

创新的第三阶段是"100~100万",是将转化成果变成大规模生产能力的过程。比如一个手机雏形,怎么变成几百万台、几千万台手机,最后卖到全世界去呢?既要有大规模的生产基地,这是各种开发区、大型企业投资的结果,也要通过产业链水平整合、垂直整合,形成具有国际竞争力的产业集群。这个阶段,金融服务的重点是各类股权投资机构跟踪投资、企业 IPO(首次公开募股)或者大型上市公司收购投资以及银行贷款发债融资等。这就需要发挥资本市场的作用了。近年来,我国资本市场的基础性、关键性制度建设取得了显著进展,特别是实行注册制的科创板上线,为广大科技型企业上市融资打开了一个便利及时的渠道。要发挥科创板的示范作用,为创新注入资本动能。凡是属于

[①] 科学技术部发布的《关于推进国家技术创新中心建设的总体方案(暂行)》特别提出"国家技术创新中心不直接从事市场化的产品生产和销售,不与高校争学术之名、不与企业争产品之利。中心将研发作为产业,将技术作为产品,致力于源头技术创新、实验室成果中试熟化、应用技术开发升值,为中小企业群体提供技术支撑与科技服务,孵化衍生科技型企业,引领带动重点产业和区域实现创新发展"。

第一章 中国式现代化

"卡脖子"的技术产业化项目，科创板应优先考虑；凡是能够以产顶进、降低关键核心技术对外依存度的，科创板应优先考虑；凡是有利于促进内循环、提升产业竞争力的，科创板应优先考虑。要力争将科创板打造成与美国纳斯达克相媲美的资本市场，以科创板为龙头激活全流程创新链条，进而掀起全社会开展大规模科技创新活动的高潮。

六、推进高水平对外开放，增强内外双循环联动效应

进入新时代，中国对外开放呈现五个显著特征：从以引进外资为主，转变为引进外资和对外投资并重；从以扩大出口为主，转变为鼓励出口和增加进口并重；从以沿海地区开放为主，转变为沿海沿边内陆协同开放、整体开放；从以关税及贸易总协定和WTO（世界贸易组织）框架下的货物贸易为主，转变为货物贸易和服务贸易共同发展；从以融入和适应全球经济治理体系为主，转变为积极参与甚至引领国际投资和贸易规则的制定修订。党的二十大再次强调推进高水平对外开放，提出要依托我国超大规模市场优势，以国内大循环吸引全球资源要素，增强国内、国际两个市场两种资源联动效应，提升贸易投资合作质量和水平。为此，部署了五个方面的任务。

（一）以推动制度型开放为重点贯通内外循环

经过几十年的改革开放，中国已由过去通过在沿海地区设置

保税区和出口加工区从事加工贸易、参与国际经济大循环的要素流量型开放,转向以国内大循环为主,稳步扩大规制、规则、管理、标准等制度型开放的新阶段。在过去的开放模式下,各种海关特殊监管区实际上营造了一个近似国际化的"小环境",配合跨国公司进行全球产业链布局。如今我国的开放已经不限于在狭小的海关特殊监管区或其他各种试验田和先行区,而是进行更宽领域、更高水平和更深层次的开放。要通过高水平对外开放让中国的超大规模单一市场成为全球要素资源强大的引力场,就需要打造市场化、法治化、国际化的营商环境,让内循环与外循环有效贯通起来。具体而言,一方面要以内外贸一体化为重点,推进内外贸监管体制、经营资质、质量标准、检验检疫、认证认可等的衔接工作,实现同线、同标、同质。支持市场主体内外贸一体化经营,促进内外贸产业链、供应链融合发展;引导加工贸易企业向研发设计、关键零部件生产、维修与再制造、销售结算等产业链中高端延伸;依托开放平台开展内外贸一体化试点,打造内外贸融合发展平台,支持建设内外贸"一站式"解决方案。另一方面,围绕我国对外开放长期存在的短板领域如金融服务、教育、医疗、卫生、养老和数字经济等进一步扩大市场准入,继续合理缩减外资准入负面清单。同时要在国民待遇、公平竞争、知识产权、环境保护、政府采购、公共服务等方面继续深化改革,特别是在政府行为法治化方面迈出新步伐,依法保护外商投资权益。

（二）以服务贸易、数字贸易为重点建设贸易强国

在过去十年中，全球价值链的重构主要是由知识密集型服务业推动。权威机构预测，到 2030 年全球商品贸易在全球贸易中的比重将因智能制造、增材制造等技术的进步减少 10%，到 2040 年服务贸易的占比有望提高到 30%。中国已是全球货物贸易第一大国，要成为贸易强国必须在服务贸易和数字贸易上发力。近年来，我国在全球服务贸易中的地位不断提升，服务贸易规模连续多年保持在世界第二位。但对比发达国家的服务贸易所具有的高附加值的行业结构，以及我国 40 年来货物贸易的发展速度，我国服务贸易存在逆差规模大[①]、结构效益不高[②]等问题，巨量的货物贸易对服务贸易发展理应具有的带动优势没有发挥出来。[③] 党中央对此高度重视，曾连续多年召开中国国际服务贸易交易会，习近平总书记几次发表重要讲话，有关部门还专门出台了《全面深化服务贸易创新发展试点总体方案》。而作为服务贸易中最具

[①] 2019 年，在我国 7 850 亿美元的服务贸易进出口总量中，逆差达到 -2 178 亿美元，居世界首位，占全球服务贸易逆差国总和的 35.7%。2020 年和 2021 年因新冠肺炎疫情，逆差有所缩小。

[②] 我国服务贸易主要集中在劳动力密集型行业，而知识密集型、资本密集型、资源密集型的服务贸易能力很弱，均表现出巨额逆差。

[③] 我国是世界第一大货物进出口贸易国，每年 4 万多亿美元的货物贸易额必然伴随生产性服务业，比如与货物贸易紧密相关的跨国运输、货物保险和贸易清算结算的竞争优势未发挥出来。跨国公司一方面在中国境内形成了全球产业链、供应链最为齐全的制造业，另一方面这些掌控制造业产业链标准、供应链纽带、价值链枢纽的企业，都在海外注册，由此形成的服务贸易业务量以及清算、结算后形成的跨国专利版税、企业所得税也都算在海外。

潜力、发展空间也最大的数字贸易近年来发展迅猛。联合国贸易和发展会议报告数据显示，全球数字服务贸易占服务贸易的比重已由2011年的48%增长至2020年的63.6%。数字贸易是数字技术与实体经济融合发展的产物，部分伴生于货物贸易和非数字服务贸易，部分则是纯粹的数字化服务或产品的跨境贸易，正成为全球贸易的新形态、未来贸易发展的新引擎。中国在这方面有基础有优势，而且已经申请加入DEPA(《数字经济伙伴关系协定》)。可以预见，未来我国服务贸易额占全部贸易额的比重将会逐步提升，服务贸易中数字贸易的比重也会逐步提升，服务贸易、数字贸易将与货物贸易一道，支撑中国贸易强国建设。

（三）以高质量共建"一带一路"，带动全域、全方位对外开放

"一带一路"建设从倡议到实施，短短十年，取得了举世瞩目的成就，在改变世界经济版图的同时，也在深刻影响和塑造着中国对外开放的格局。其中，中欧班列的开行和运营，堪称"一带一路"建设的典范。在中欧班列的带动下，沿线通道经济、口岸经济、枢纽经济快速发展，为内陆城市对外开放拓展了新空间。迈入新征程，要继续深化改革，扩大开放，突破一些瓶颈和障碍，加快形成以中欧班列为依托，以沿线主要枢纽为支撑，产业链、供应链深度融合的国际经贸合作大通道。特别是要考虑通过对运力布局的优化调整，为带动全域、全方位对外开放做出新的更大贡献。比如，在不久的将来，西部通道运力将趋于饱和。未来随着中欧贸易量的持续增长，即使西部通道口岸和站场不再

拥堵，轨道本身的通行能力在物理上也是有上限的，其运输能力终将面临天花板。初步估计，西部通道的年开行运力如由现在的9 000列提升到1.8万列后，就会接近峰值。而中部通道和东部通道的年开行运力目前加起来仅有6 000列；若比照西部通道的极限通行能力，理论上还有3万列的增长空间，潜力巨大。如果提升了北上两通道的运输和通行能力，这将给东北地区的开放带来新的契机。除了北上（东中部两通道）、西出（西部通道）两大战略方向，还有南向大通道，其中一个是西部陆海新通道，另一个是以中老、中越、中缅三大通道为依托，面向中南半岛的南向通道。这些通道在将"丝绸之路经济带"与"21世纪海上丝绸之路"无缝连在一起的同时，也将带动相关区域的对外开放迈上新台阶。除此之外，各地还可依据自身的资源禀赋和产业条件，与"一带一路"沿线国家和地区达成"空中丝绸之路""网上丝绸之路"等特色合作，提高开放层次和水平。

（四）实施"自由贸易港+自由贸易试验区+高标准自贸区网络"战略

作为新时代改革开放的试验田，自由贸易港（以下简称"自贸港"）、各自贸试验区（以下简称"自贸试验区"）牢牢把握制度创新这一核心任务，主动对标国际经贸规则，形成了一大批创新探索成果。其中，海南自由贸易港建设已进入具体施工阶段，按照《海南自由贸易港建设总体方案》要求，2025年封关运作，这将是一个里程碑。党的二十大提出"实施自由贸易试验区提升战略"，至少有两个问题需要思考。一是新一轮科技革命和产业变革正推动重塑经济发展动力、区域分工格局和全球产业链、供应链、价值链，如何发挥自贸港、自贸试验区开放优势，推动创新要素跨境自由便利流动，进而吸引集聚国际创新资源，打造国际创新合作平台？这既是提升创新能力、建设科技强国的内在要求，也是破解科技脱钩、进一步提升产业竞争力的战略需要。从产业发展需要看，蓬勃发展的数字经济、生物经济和低碳经济对监管的标准和能力提出了更高的要求。这些新经济、新业态的发展和监管问题都可以在自贸港、自贸试验区先行先试，取得经验后再逐步推广。二是如何通过对自贸港和自贸试验区的探索为我国与其他国家和地区共同推进自由贸易协定服务？近年来，美日欧等发达经济体正在酝酿超越WTO的高标准经贸规则。同时，中国参与的RCEP（《区域全面经济伙伴关系协定》）已顺利签署，中欧CAI（中欧全面投资协定）完成谈判，已正式申请加入CPTPP（《全面与进步跨太平洋伙伴关系协定》）。总的来看，国际经贸规则演进的基本方向是"三零"，即零关税、零壁垒、零补贴，由边境外措施向边境后开放转变，更加强调营商环境的趋同化。这就要求自贸港、自贸试验区以更大的力度、更高的标准和更实的举措开展创新探索和压力测试，重点围绕高水平经贸规则所涉及的准入前国民待遇、负面清单管理、知识产权保护、生态环境保护、劳动权利保护、竞争中性、数字贸易以及教育、医疗公共服务开放等方面形成突破，加快打造市场化、法治化、国际化的营商环境，为中国参与国际经贸新规则谈判和全球经济治理探索新经验,形成新示范。

(五)以"人民币国际化+高质量走出去"深度参与全球产业分工合作

党的二十大报告提出,有序推进人民币国际化。从"稳慎推进"到"有序推进",人民币国际化正步入制度设计与行动的有序发展新阶段。SWIFT(环球银行金融电信协会)数据显示,人民币国际支付份额于2021年12月提高至2.7%,超过日元成为全球第四位支付货币,2022年1月进一步提升至3.2%,创历史新高。IMF(国际货币基金组织)发布的官方外汇储备货币构成数据显示,2022年一季度,人民币在全球外汇储备中的占比达2.88%,较2016年人民币刚加入SDR(特别提款权)货币篮子时上升了1.8个百分点,在主要储备货币中排名第五。[1]自2022年8月起,国际货币基金组织最新特别提款权货币篮子正式生效,人民币在其中的权重由此前的10.92%上调至12.28%。此外,我国已与40多家央行或金融管理当局建立了货币互换机制,特别是2022年7月,将与香港金管局之间的货币互换协议改为常备协议形式,为人民币离岸市场健康发展提供了制度性保障。[2]接下来,要在进一步扩大与沿线国家和地区人民币互换和清算安排的基础上,推动中国与沿线的贸易和投资尽可能以人民币计价、以人民币

---

[1] 中国人民银行:《2022年人民币国际化报告》。
[2] 涂永红:《有序推进人民币国际化》,《经济日报》,2022年12月16日。

收付、以人民币结算、以人民币储备，在扩大使用中加快推进人民币国际化。预计未来15年，随着中国跨境贸易、大宗物资进口、中国企业"走出去"投资逐步推行以人民币结算，人民币国际化将取得重大进展。预计人民币在支付结算中的比重将每年增加1个百分点，到2035年人民币在支付结算中的比重将在17%左右。

以金融超前发展支持中国式现代化建设 *

贯彻新发展理念，落实新发展格局，实现中国式现代化建设的伟大目标，需要我们坚持中国特色金融发展之路，以金融体系的超前发展，协调政府和市场的关系，更好地发挥金融体系汇聚全国人民的力量服务国家发展战略的功能。

在中国式现代化建设的征程中，改革开放短短40年，中国经济实现了快速增长，一跃成为世界第二大经济体。伴随经济增长的"中国奇迹"，也实现了金融发展的"中国奇迹"，从改革开放之初"大一统"的金融体系，到构建了门类齐全、规模快速扩张、有效控制风险的现代金融体系，中国金融发展和经济增长表现出了显著的正相关关系。

中国经济增长和金融发展的"双重奇迹"表明，金融发展既是中国经济快速增长的原因，也是中国经济快速增长的应有之义。在经济增长的初始阶段，金融体系对于动员储蓄等资源，使

---

* 本文作者刘元春系中国金融四十人论坛成员、上海财经大学校长。

之转移到能够促进经济增长的现代部门，并确保投资于最有活力的项目方面，起着基础性的作用，金融发展表现为对经济增长的推动作用；而随着经济增长，必然要求更有效地分散风险以及更好地控制交易成本，这将对金融发展提出进一步的要求。（1996年，帕特里克提出了在金融发展中"供给导向法"和"需求导向法"之间的区别，强调了金融发展和经济增长之间存在的双向因果关系[1]，并且为1962年格申克龙的研究结果[2]以及一些经历了后工业化的国家的实践所证明。）因此，中国改革开放的实践表明，金融发展在过去推动了中国经济的快速增长，在未来，也将支持中国式现代化的建设。

与此同时，"双重奇迹"表明，中国的经济增长与金融发展既符合主流经济学的内在逻辑，也具有独特的理论内涵与历史经验，是中国式现代化对于人类命运共同体的独特贡献。

因此，我们需要回顾中国金融改革和发展的历史路径与所取得的成就，从历史、功能和制度的视角详细阐述中国特色金融发展之路的典型特征，揭示中国特色金融发展之路与支持中国式现代化建设之间的成功经验，提出未来推动中国特色金融改革的政策建议，更好地实现金融支持中国式现代化建设的目标。

---

[1] Patrick, H.T. Financial Development and Economic Growth in Underdeveloped Countries. *Economic Development and Cultural Change*, 1996.

[2] Gerschenkron, A. *Economic Backwardness in Historical Perspective——A Book of Essays*. Cambridge, Mass: Harvard University Press, 1962.

第一章　中国式现代化

一、"汤森两难困境"与金融超前发展：中国特色金融发展的解决之道

正如格林伍德、约万诺维奇（1990）[1]和莱文（1993）[2]所表明的（建立在汤森1983年的研究之上[3]），如果金融体系的网络是昂贵的，由于存在建立金融体系的固定成本，这个成本会分摊到每一笔金融交易上，那么就会存在一个人均收入的"门槛值"，当人均收入水平低于这个"门槛值"时，建立金融体系是得不偿失的，金融体系就不会产生，只有当人均收入水平高于这个"门槛值"时，金融体系才会内生出现。

这样经济增长和金融发展之间就存在着一个双向因果关系，经济增长有助于金融体系的发展，同时，金融体系的建立有助于加速实际部门的增长和经济结构的调整。因此，高收入水平支持金融体系的充分发展，而金融体系的充分发展同时为经济的进一步增长提供了前景；与此同时，低收入水平的欠发达陷阱使得金融体系不可能得到发展，这反过来阻碍了资源向投资的分配，并减缓了经济增长速度，这也意味着金融发展和经济增长之间存在多重均衡的可能性，既可能存在金融发展和经济增长相互促进的

---

[1] Greenwood, J. & Jovanovic, B. Financial Development, Growth, and the Distrbution of Income. *Journal of Political Economy*, 1990, 98.

[2] Levine, R. Financial Structures and Economic Development. *Redista de Analisis Economic*, 1993, 8(1, Junio).

[3] Townsend, R.M. Financial Structure and Economic Activity. *American Economic Review*, 1983, 73.

好的均衡，也有可能存在金融发展和经济增长相互制约、停留在低收入状况的不好的均衡。

实际上汤森提出了一个两难困境，在低的人均收入水平下，如果想实现经济增长，首先需要建立一个金融体系，但是低的人均收入水平因为"门槛值"的约束，又导致金融体系不能建立起来，这是欠发达国家实现经济增长和金融发展所面临的两难困境，如何解决这样的两难困境，如何在较低的人均收入水平下建立金融体系？

中国在改革之初就面临这样的两难困境：改革的初始状况是人均收入水平较低，达不到建立金融体系的"门槛值"，但是，恰恰又需要快速建立一个具有相当规模的金融体系来动员储蓄，为经济增长提供融资来实现经济的快速增长。在这样的两难困境下，中国的金融发展采取了独特的解决之道，通过国有银行的扩展达到动员储蓄的目的，等于是由国家出面充当"银行家"来建立银行体系，由国家来承担建立银行体系的固定成本。虽然在边际意义上，银行的利润不能递补成本是亏损的，但是从总成本收益的角度来衡量，国有银行体系在人均收入水平达不到汤森"门槛值"的条件下，提前建立了银行体系，使得整个经济可以提前得到金融体系的建立所带来的好处，由此带来了整个社会的福利增进，这就是在改革之初国家可以容忍"亏损"的国有银行存在的根本原因。

因此，中国的金融改革与发展从一开始就不同于标准的经济金融理论给出的模型，创造性地利用国有银行的扩展实现国家发展经济的目标，在本质上是通过金融的超前发展促进经济增长，从而使得我国的金融发展和经济增长都具有了"中国特色"，在金融发展和经济增长关系的问题上给出了"中国答案"。

需要注意的是，金融超前发展的"中国答案"在根本上并不与主流经济学的逻辑相违背，而是对主流经济金融理论的扩展，丰富了我们对于金融发展和经济增长理论的认识。从这样的逻辑起点出发，可以发现，中国特色金融发展之路从一开始就体现了金融服务国家战略目标的典型特征，这是中国金融体系的功能，也是过去中国金融发展能够成功的根本原因，这也就意味着在未来中国式现代化建设的过程中，金融依然需要超前发展，依然需要发挥服务国家战略的功能。

与此同时，中国特色的金融发展之路能够破解"汤森两难困境"，在人均收入水平较低的条件下同时实现金融发展与经济增长的目标，是因为中国特色的金融发展与经济增长有着共同的决定因素——市场化改革与开放。正是在改革开放的历史背景下，破解了"汤森两难困境"，同时实现了金融发展和经济增长。因此，虽然国有银行在发展之初，存在不良率较高、资本金不足等问题，但是国有银行的扩展在本质上体现了利用市场化手段为经济增长动员储蓄，符合市场化改革的方向，这是中国特色金融发展之路能够取得成功的关键所在。

金融超前发展的逻辑并不仅限于国有银行的扩展，中国股票市场的产生和发展也体现了金融超前改革的逻辑。20世纪90年代初期，中国并不具备主流经济学所强调的前提条件，但是在这样的情况下，中国股票市场实现了超前发展，并且"早熟"的股票市场也获得了超常规的发展，同样的逻辑，虽然中国新兴的股票市场也存在种种问题，甚至被照搬主流经济学的人视为"赌场""陷阱"，但是因为通过股票市场为经济增长融资，符合了市场化改革的方向，超前发展的中国股票市场依然为中国的经济增长做出了巨大的贡献。

二、以市场机制协调社会决策服务国家战略：中国特色金融体系的功能

从中国特色金融发展之路的逻辑起点可以看出，国家一直保持了对金融体系的控制，保证金融发展符合国家对于经济增长目标的追求，这是中国金融发展的显著特征。简单照搬主流经济理论的观点则会被诟病国家控制不能与市场机制兼容，这就导致了理论逻辑和现实逻辑之间的割裂，无法理解中国特色金融发展和经济增长的成功经验。

实际上，形成国家控制的制度特征取决于中国经济金融改革的初始状态，正是由于国有金融体系的扩展才成功解决了"汤森两难困境"，这样的逻辑起点本身就决定了国家对金融体系保持控制的合理性。

现代经济发展的内在逻辑是使私人收益率接近社会收益率（诺思在《西方世界的兴起》一书中指出：经济长期增长的必要条件是私人收益率接近社会收益率，激励个人从事有利于经济增

长的活动[①]），实现经济增长必须有社会资本的投入，市场化改革的实质就是提高私人收益率，从而激励社会资本投入有效的经济活动，使得社会经济主体的分散化投资决策能够有效地转变为社会集中投资决策。

从历史的眼光看，在我国的经济增长中，国家一直发挥着极为重要的作用，因此我国经济改革从一开始就要解决动员分散在居民手中的储蓄转变为社会投资的问题，并且使得社会分散化投资决策符合国家的偏好和目标。但是，分散化决策是每一个主体基于自己对风险和收益的评价独自做出的符合自身效用最大化的决策，而分散化决策的结果和国家体现其偏好的集中决策是存在差异的。国家不能通过行政手段控制社会主体的分散化决策来实现两者之间的一致，只能采用经济手段影响社会主体的分散化决策，从而达成国家集中决策和分散化决策间的协调一致。

而超前发展的国有金融体系恰恰成为通过市场机制协调社会分散化投资决策与国家集中投资决策之间冲突的巧妙装置。

一方面，现代经济的增长需要有效的社会集中投资决策，金融体系本身的功能就是把社会分散化投资决策加总为社会集中投资决策，从而使现代经济发展成为可能，分散化投资决策互动加总的市场过程决定了金融体系的类型和金融发展的路径。

另一方面，我国一直保持着对金融体系的控制和干预，使国有金融体系的发展符合国家的集中投资决策。但是社会经济主体

---

① 诺思、托马斯：《西方世界的兴起》，华夏出版社，1999年。

的投资决策是分散化进行的，与国家的集中投资决策既有一致，更有冲突。也就是说，其他社会经济主体有着自身的效用函数，与国家的效用函数存在偏差，其资产选择的行为不会完全符合国家的偏好，资产选择的结果，即金融发展的状况，也不一定符合国家的预期。国家控制国有金融体系的发展实质上是试图使分散化投资决策与国家的集中投资决策达到一致，从而使社会经济主体金融交易的结果满足国家的偏好。但国家在控制国有金融体系的发展以实现自身效用最大化的过程中，又不得不考虑其他社会经济主体的分散化决策偏好。

因此，通过国有金融体系把社会分散化投资决策转变为国家集中投资决策，既发挥了市场机制的作用，充分考虑了社会经济主体分散化投资决策的偏好和效用函数，也体现了国家追求经济增长的努力。

从这样的理论视角和历史眼光来看，中国特色的金融发展是社会分散化决策与国家集中决策之间一致和冲突的协调结果，中国特色金融体系在本质上是一种把社会分散化决策转变为国家集中决策的装置，由于把市场机制作为这种转变的基础，中国特色的金融体系能够以最低的社会成本、最大化的效率实现国家集中投资决策的偏好和目标。

由此可以看出，在中国特色金融体系的产生和发展过程中，服务国家战略和发展目标一直是中国特色金融体系的功能。正是由于金融体系在本质上，是通过市场机制协调分散化的社会经济主体之间的利益，中国特色的金融体系就成为通过市场机制凝聚社会力量、汇聚资源、共担风险、共同实现国家战略和发展目标的有效机制。因此，我们必须坚持中国特色的金融发展之路，进一步发挥金融体系服务国家战略的功能，发挥市场机制的作用，通过金融体系的高质量发展支持中国式现代化的建设。

三、以集成式改革和高质量开放推进金融超前发展：当务之急

不可否认，我国当下的金融体系在发展的过程中也出现了诸如金融机构治理结构不合理、金融脱实向虚、中小企业融资难融资贵、没有很好地支持绿色发展和技术创新、存在系统性风险的隐患等一系列问题，有些观点把这些问题归结为是金融监管过于宽松、金融创新过度、经济过度金融化导致的，并诉诸强化监管、约束金融机构的创新、限制金融化水平的提高来解决金融体系中存在的问题。

这种观点在本质上把市场机制当成导致金融体系存在问题的原因，然后试图通过更多的政府干预来解决金融体系的问题，事情真的是这样吗？

当我们认识到中国特色的金融体系是一种协调社会分散化决策和国家集中决策的装置，金融体系能够有效地服务国家战略，恰恰是因为金融体系能够最有效地通过市场机制把社会分散化决策转变为国家集中决策，那么，当下我国金融体系中存在的问题

可能就不是创新过度导致的结果，相反，可能恰恰是由金融体系的市场化水平不足、创新不足所导致的。

我们认识到，中国特色的金融发展之路成功的关键是金融超前发展，正是因为金融超前发展才有效地支持了我国的经济快速增长。如果当下的金融体系没有很好地服务国家战略，不能很好地支持经济增长，那么可能不是过度金融化导致的，相反，可能恰恰是由金融发展不足，金融滞后于经济发展所导致的。

从金融超前发展的逻辑出发，从通过市场机制协调社会分散化决策和国家集中决策的逻辑出发，要更好地发挥金融发展服务国家战略的作用，实现金融支持中国式现代化建设的目标，当务之急是用集成式改革和高质量开放进一步推进中国金融的超前发展。中国的经济增长、经济增长方式走上创新驱动等国家战略目标的实现，都需要金融体系的进一步扩展。通过集成式改革和高质量开放进一步推进中国金融的超前发展，是贯彻新发展理念，构建新发展格局的内在要求。

首先，通过集成式改革和高质量开放进一步推进中国金融的超前发展，从而更好地发挥党对于金融发展的领导作用。

坚持党的领导，是中国特色金融发展的根本制度特征和需要坚持的根本方向，既是过去中国金融发展成功的原因，也是未来中国金融发展继续成功的保证。因此，推动中国金融体系的超前发展，恰恰能够更好地发挥党对于金融体系的领导作用。

其次，通过集成式改革和高质量开放进一步推进中国金融的超前发展，更好地发挥金融发展服务国家战略的作用。

从中国金融发展的逻辑起点和发展过程来看，服务国家战略一直是中国特色金融体系的本质功能。尤为重要的是，在中国经济发展的不同阶段，随着国家战略目标阶段性的变化，中国特色金融体系服务国家战略的具体目标相应地在发生变化，因此，只有推进金融的超前发展，才能更好地服务经济增长走向创新驱动、"一带一路"倡议、混合所有制改革、长三角一体化等不同层面和维度国家战略的实施。随着全球经济复杂性和不确定性的增大，在中国经济和社会发展中，不同维度的国家战略目标会更加多元化，为了更好地发挥金融服务国家战略的作用，就需要我们加快推进中国金融体系的超前发展。

最后，只有通过集成式改革和高质量开放进一步推进中国金融的超前发展，才能汇聚全社会的资源，有效支持中国式现代化建设的伟大目标。

中国式现代化建设目标的实现，需要凝聚全国人民的力量和智慧，汇聚资源，共担风险，而中国特色的金融体系恰恰是协调社会分散化决策转变为国家集中决策的装置，中国特色的金融发展，既体现了党和政府的经济发展战略目标，也是市场机制有效发挥作用的载体，中国特色的金融体系一直是政府和市场之间最有效率的连接器，因此，建设中国式现代化，首先需要进一步强化中国特色的金融体系，以金融超前发展支持中国式现代化建设。

四、强化中国特色金融体系，支持中国式现代化建设：关键举措

中国式现代化的历史进程需要进一步完善中国特色现代金融体系，既不能简单照搬发达国家金融发展的经验，也不能照搬发达国家的金融体系和金融监管政策框架，需要以更好地发挥金融体系服务中国式现代化的作用为目标，以中国特色的功能观为出发点，构建具有中国特色的现代金融体系以及金融监管政策框架。

第一，以集成式改革推动金融体系的超前发展，需要放松监管，更好地协调市场机制和政府干预之间的关系。

集成式改革的本质是优化政府和市场的关系，从而释放市场的力量，激发社会主体的创新活力，通过金融体系的超前发展，动员全社会的力量，政府、市场和社会形成合力，共同推进新发展理念的贯彻实施。

第二，以集成式改革推进金融体系的超前发展，需要鼓励创新，更好地平衡创新效率和风险控制之间的关系。

真正的市场主体只能依靠金融创新的能力，而符合市场逻辑，符合实体经济需求的金融创新，一定是风险可控的金融模式。因此，我们需要放松监管，鼓励创新。只有放松监管，才能鼓励真正符合市场逻辑的金融创新，才能更好地实现金融体系服务实体经济、服务国家战略的目标。

第三，以集成式改革推动金融体系的超前发展，需要引导国

有金融机构的行为，构建以中性竞争为目标的金融体系，鼓励民营资本有序发展。

国有经济与民营经济融合发展已经成为我国经济的重要结构性特征，与此同时，国家对金融体系保持强有力的控制也是我国经济的重要结构性特征。在这样的现实背景下，国有经济与民营经济之间的中性竞争问题、融资中性问题、民营企业的融资约束问题就成为容易引发争议的话题。因此，要通过金融超前发展优化竞争环境，引导国有金融机构的行为，更好地发挥市场机制的作用，以中性竞争的金融体系推动我国民营资本的有序发展。

第四，以高质量开放推动金融体系的超前发展，需要金融体系的双向开放，有效利用全球产业链重构和资本在全球配置需求上升的契机。

在目前全球经济的复杂性和不确定性不断增大，贸易摩擦、地缘政治冲突等外部冲击下，全球分工产业链面临着重构的压力，金融资本和产业资本在全球进行配置的需求不断上升。而全球分工产业链重构以及资本在全球的重新配置，恰恰为我国经济走上创新驱动、顺利实现双循环新发展格局提供了历史性的契机。因此，在这样的现实背景下，中国恰恰应当坚定开放的态度，加快中国金融体系双向开放的速度，通过金融体系的双向开放推动中国金融体系的超前发展。

第五，以高质量开放推动金融体系的超前发展，需要提高对外部风险的容忍度，敢于直面外部竞争带来的挑战。

中国的金融发展本身是我国经济开放的标志性成果，中国的制度优势和道路优势也恰恰体现在我国金融体系的高质量和更广泛开放上。因此，中国金融体系的开放，能够最有效地发挥中国的制度优势，有利于中国的经济增长，并且为全球经济的稳定和增长做出中国贡献。与此同时，中国特色现代金融体系的高质量开放，需要系统梳理和完善我国的金融开放政策体系、服务体系和风险防控体系，有效实现金融开放的质量开放与金融安全、风险防控之间的权衡，以高质量开放提升中国金融体系的广度、深度和韧性。

第六，以集成式改革和高质量开放推动金融体系的超前发展，构建能够有效协调货币政策与财政政策的金融体系，更好地服务于国家的宏观经济调控。

随着技术进步和市场创新的不断涌现，宏观经济的复杂性和不确定性不断上升，也对国家宏观经济调控政策的有效性提出了更多的挑战，宏观经济调控面临政策效果边际递减，政策目标相互冲突等挑战，因此，需要通过金融的集成式改革和高水平开放，更好地协调政府和市场之间的关系，构建有效协调货币政策与财政政策的金融体系，更好地服务于国家的宏观经济调控。

第二章
超大规模人口与市场

充分发挥我国强大国内市场优势 *

逐步形成以国内大循环为主体、国内国际双循环相互促进的新发展格局，是党中央审时度势，对当前和今后一个时期我国经济发展做出的重大战略部署，也是全球化重构时代我国经济发展的重大战略抉择，更是构建高水平开放、制度型开放新格局的必然要求。围绕高质量发展主题和构建新发展格局战略部署，党的十九届五中全会提出了国内市场更加强大的目标。充分发挥我国强大国内市场优势是"十四五"时期经济平稳健康发展的根本保障。

"十四五"时期中国经济金融发展的内外部环境面临三大变化：一是人口红利和低劳动成本优势趋于消失；二是后发优势不再；三是相对有利的外部发展环境正在发生深刻改变。

---

* 本文为中国金融四十人论坛《2020·径山报告》《走向"十四五"：中国经济金融新格局》综合报告《充分发挥我国强大国内市场优势》的部分成果（经作者修改补充）。报告负责人肖钢系中国金融四十人论坛资深研究员、中国证监会原主席。

我国强大国内市场优势，是一个全面、系统的概念，具有丰富的内涵。强大国内市场不仅仅是以某些市场达到世界最大规模来衡量的，更重要的是强调其是全国统一的市场，以及能够对全球市场产生重大影响，能够对内循环与双循环形成有力支撑的大市场。可以说，像我国这样超大规模的统一市场，全球只有一个。当然，尽管我国强大国内市场优势蕴藏着巨大潜力，但要转化成现实优势，充分发挥其效能，还需要一系列条件。在这方面，我国目前还面临着不少障碍和挑战。要真正实现从潜在优势到现实效能的转变，更好地推动国内国际双循环相互促进的新发展格局，还需要进一步深化改革、扩大开放，采取一系列政策措施。

一、我国强大国内市场优势的内涵

"十四五"时期，面对国内外更加复杂严峻的形势，在传统优势趋于消失的同时，中国经济必须挖掘和释放强大国内市场优势潜力。具体而言，中国强大国内市场优势有如下五方面基本内涵。

第一，新一代青壮年人口优势。强大国内市场优势首先是由我国超大规模人口决定的。在未来较长时期内，我国仍将拥有世界上相对规模较大的优质劳动力资源。这些人成长于中国经济蓬勃发展的时期，受教育程度高，是互联网等新经济时代的原住民，他们正在成为各行各业的生力军，为我国经济发展持续注入新鲜血液，使我国成为人力资本积累的后起之秀，一代更比一代强。我国必将具有更强的创造力和国际竞争力。

第二，超大规模消费市场优势。近年来，中国已经在越来越多的行业中成为世界第一大消费国。中等收入群体的快速增长是促使中国消费规模不断壮大的重要原因。改革开放40多年的高速经济增长孕育了一大批具有较高消费能力的中等收入群体。从宏观经济结构来看，由投资驱动向消费拉动转型也是当前和未来中国经济的一个显著特征。长期以来，中国经济的宏观支出结构呈现低消费、高储蓄、高投资的典型特征。这意味着，未来我国消费率仍存在一定的上升空间。

第三，科技创新与技术产业化应用规模优势。强大国内市场的优势在科技创新和风险投资领域有重要体现。首先，强大国内市场意味着更高的新技术涌现率。人口基数和经济实力是影响科技创新的两个基础性因素。近年来，我国的科研经费投入不断增长，研发投入强度仅次于美国，是世界第二大研发投入国。从全球经验来看，创新中心主要由科技、知识、人力、文化、体制等创新要素驱动发展，并对周边区域具有高端辐射与引领作用，可以形成创新性区域经济，对一国高端创新有较大的引领和促进作用。另外，强大国内市场优势还为新技术的产业化落地创造了更广阔的空间、更丰富的应用场景和更充分的试错机会。在强大统一的国内市场中，更多的大企业会相互竞争，难以形成垄断，有利于增强企业的国际竞争力。强大统一的国内市场促进了创新型城市建设和产业配套完善，也为高端科技设备"备胎"提供了充分的开发、试验空间。

第四，大规模金融市场优势。改革开放40多年来，中国金融业几乎从零起步，从单一结构走向门类齐全、功能完备的金融市场，对经济高速增长发挥了关键作用。金融竞争力是国家竞争力的重要组成部分。当前，我国金融市场已经具备了成为大规模金融市场的潜力，主要表现在四个方面：一是中国金融市场的体量已经位居全球前列；二是中国金融市场拥有规模庞大、结构多样的投资者群体；三是随着中等收入群体的扩大和人口老龄化时代的来临，居民资产配置和财富管理需求持续增长；四是新冠肺炎疫情拉动了海外资金配置中国金融资产的需求。

第五，强大国内市场地区收敛优势。我国幅员辽阔、人口众多、发展不平衡不充分，这既是中国经济金融发展面临的问题和挑战，也蕴含着未来可持续发展的潜力和机遇。强大国内市场较大的区域差距为经济持续发展提供了潜力、机遇、韧性和活力，这是超大规模经济体的独特优势，是其他经济体无法比拟的。较大的地区差异蕴含着增长潜力，落后地区追赶发达地区、缩小区域差距的过程本身就是经济增长潜力释放、产业转移升级、国内贸易增长的过程。需要指出的是，落后地区追赶发达地区的收敛效应并不是天然存在的，也不是说越落后地区的发展潜力就越大。不同发展水平的地区禀赋优势有差异，潜在增长率也不同，如何精准发掘区域优势、释放增长潜力是落后地区实现收敛效应的前提。

二、强大国内市场与对外开放

"十四五"时期强大国内市场的开放优势将进一步得到发挥，构建国内国际双循环相互促进格局的条件将更加有利。强大国内市场并非一个封闭的国内市场，而是一个开放、包容、联通国际的市场，是世界市场的重要组成部分。近年来，我国通过实施更高水平的对外开放，形成了进出口平衡发展、利用外资和对外投资相互协调的良性循环，为全球大规模的货物服务贸易往来、跨境资金流动以及我国积极融入国际产业链、供应链提供了广阔的空间。我国强大国内市场促进了国内国际要素有序自由流动，市场深度融合，形成了国内国际双循环相互促进的新发展格局。

第一，我国货物与服务进出口较快增长，成为经济全球化的重要力量。2001年我国加入WTO后，与世界经济的相互依存程度不断加深，并连续多年成为世界第一大出口国和第二大进口国。我国强大国内市场带来的大规模跨境货物服务贸易往来为建立开放型世界经济、拉动世界经济增长贡献了中国力量。

第二，大规模跨境资金往来通畅便捷，促进国内国际要素有序自由流动。改革开放以来，大量境外资本和企业来华投资，推动我国快速形成了制造业产业链的国际生产网络。即使在近年全球投资不景气的背景下，我国仍保持了第二大外资流入国的地位。通过吸收和配置全球资源，推动海外布局与国内产业协同互补，增强对全球资源的整合和掌控能力，加速了我国制造业实现技术进步和产业升级，在开放合作中形成了具有更强创新力、更高附加值的产业链。

第三，超大规模消费市场是促进双循环的"压舱石"和"助推器"。近年来，美国、部分欧洲国家等实施了"再工业化"，新冠肺炎疫情全球大流行也进一步加速了全球产业链的重新布局，但全球化趋势不可逆转，互联网、数字技术已成为全球化最大推手，必将打造升级版的全球化。企业以服务消费者需求为导向的客观规律不会改变，我国不断壮大的国内消费市场，必将增强对外国投资者和企业的吸引力，全球产业链无法与中国"脱钩"。同时，巨大的消费市场优势不仅使我国成为全球产业链重构的基石，还是培育我国自身产业链竞争力的"助推器"。

第四，完整的制造业体系助推我国积极融入国际产业链，巩固和提升我国国际分工地位。近年来，我国制造业规模持续壮大，制造业增加值占世界制造业增加值的比重进一步提高。我国已经成为全世界制造体系完整度最高的国家，工业覆盖联合国工业体系全部门类，产业链较完备，上下游产业配套能力较强，这增加了我国应对外部冲击的韧性和回旋余地。虽然中国已成为全球供应链不可或缺的辐射中心，同时也是全球供应链的重要需求方，但自身产业链也存在不稳、不强、不安全的问题，特别是对资源品和高附加值零件与设备等进口依存度较高，需要进一步融入国际经济，不断补链、固链、强链，引进来，走出去，形成吸引外资和对外投资并重的格局，深度融入全球经济投融资活动，努力培育新形势下我国参与国际合作和竞争的新优势。

第五，科技创新和技术产业化规模优势将加速国内国际市场融合。新一代科技创新与技术产业化应用以互联网服务、大数据、人工智能等信息技术领域为代表，其典型特征是区别于普通物质商品，能够突破传统的地理界线，加速国内国际市场的相互融合，更好地促进国内国际经济双循环。同时，这些技术应用所涉及的跨境信息交换、数据传输、资金清算和归集等业务，也要求跨境业务参与方积极合作以制定相关规则、规范业务开展，这进一步促进了科技创新与技术产业化应用的更新迭代。

第六，大规模金融市场优势有助于配置国内国际资源。我国保持常规、稳健的货币政策，与主要发达经济体相比，利率保持在正常水平，本外币利差扩大。人民币资产的优势会更加明显，境外投资者配置中国金融资产的需求会更加强烈，而中国金融市场持续双向开放为境外投资者参与中国金融市场提供了便利，大规模金融市场也意味着能够吸纳足够多的境外资金。更多的境外机构和境外资金进入中国金融市场，有利于强化各类市场参与主体的规则意识，推进市场法治化建设，带动评级、咨询、会计、审计等现代服务业发展，扩大金融市场的容量与深度，改善市场定价机制，提升效率，这将对我国更好地吸引外资企业、改进金融服务实体经济，以及维护和提升中国在国际产业链中的地位发挥重要作用。

三、市场潜力转化为现实优势的障碍与挑战

尽管强大国内市场优势蕴藏着巨大潜力，但要将其转化成现

实优势，充分发挥其效能，还需要一系列条件。当前我国强大国内市场仍然面临一些障碍和挑战。

第一，人口结构演变和资产价格攀升共同制约了青壮年人口优势的发挥。一是劳动年龄人口占比持续下降。二是人口"抚养比"持续上升。三是人口结构变化会引发宏观经济结构的转型。四是老龄化时代的到来还可能引发一系列社会问题。此外，房地产价格在过去十多年时间里大幅攀升，造成了剧烈的再分配效应。居高不下的房价已经成为阻碍中青年人口由农村向城镇、由小城镇向大中城市流动的因素，进而约束了经济增长动能和社会活力。高房价、高房租以及高负债不仅加大了中青年人口的生活负担，抑制了即期消费，还造成了社会上的一些焦虑情绪。

第二，劳动者报酬偏低和结构性供给不足共同制约了超大规模消费市场潜力释放。从需求端看，我国消费率偏低的根本原因在于劳动者报酬份额偏低，绝大部分普通劳动者的收入和消费能力有限。从供给端看，由于制度藩篱和市场发育不健全，存在大量需求旺盛但是缺乏供给的领域，从而限制了消费市场壮大。此外，交易费用和行政成本等因素导致的市场摩擦，也是限制超大规模消费市场潜力释放的原因。

第三，自主创新能力不足阻碍了科技产业化应用规模优势的发挥。当前，我国科技创新领域面临着较大挑战，高技术产业领域主要以加工贸易方式参与全球产业链分工，核心部件和高端精密设备等领域"卡脖子"现象比较普遍，一些关键零部件严重依赖进口。高技能人才仍然短缺，支持创新发展的制度软环境也有待优化。

第四，金融体系结构与超大规模经济创新及高质量发展要求不相适应。我国金融结构失衡，金融服务新兴产业和成长型企业的能力不足，银行业间接融资占比过高，股权融资占比过低。庞大的银行业并不能有效支持轻资产、少抵押品但技术和知识含量高的新兴产业和成长型企业发展，服务效率不高。资本市场容纳新兴产业的广度和深度不够。私募股权投资和创业风险投资行为短期化问题严重，政府主导的科技发展引导基金的作用发挥不理想，促进科技创新和科技成果转化的"最先一公里"和"最后一公里"短板明显，风险分担与利益共享机制仍不健全。此外，中国金融市场双向开放程度仍有待提升。近年来，尽管我国金融开放步伐明显提速，但仍滞后于实体经济的开放步伐，也影响了大规模金融市场潜力的释放。

第五，国际国内营商环境制约了强大国内市场效应的发挥。近年来，虽然我国营商环境得到了显著改善，在全球排名大幅度提升，但离法治化、国际化营商环境还有不小的差距。各地区发展也很不平衡，中西部地区与东部地区的差距仍然较大，南方与北方差距有所扩大。同时，逆全球化趋势给我国强大国内市场优势带来了严峻挑战，我国在全球产业链重构中面临更多不稳定、不确定因素。

第六，金融风险累积增大，给我国强大国内市场优势发挥带来新的挑战。我国宏观杠杆率继续升高，实体经济债务负担加重，居民偿还住房贷款和消费型贷款的压力增大，银行信贷风险日益突出。受国内外多重因素的影响，国内金融市场波动加剧，汇率风险和流动性风险加大，房地产风险仍然存在。金融具有"双刃剑"的特征，如果风险防范没做好，就会对我国强大国内市场优势产生极为不利的影响。

四、主要结论与政策建议

为实现我国强大国内市场优势从潜在优势到现实效能的转变，加快构建以国内大循环为主体、国内国际双循环相互促进的新发展格局，提出以下建议。

第一，加大人力资本投入力度，提高技能人才占比，加快培育适合中国国情的养老体系。为充分挖掘和释放新一代青壮年人口的优势，主动应对老龄化挑战，首先要持续加大人力资本投入力度，深化教育改革，出台青少年学习和探索数理化和生物等基础科学的优惠扶持政策，营造鼓励基础理论研究的社会环境。实施精英人才培养工程。进一步加强职业教育和技能培训，全面提升劳动者素质，形成高质量、多元化、竞争力强的人力资本。其次要高度重视房价大幅波动带来的社会问题以及年轻人择业问题，特别是房价过高会影响制造业发展，降低产业链聚集效应，增大成本压力，影响青壮年人口合理流动。最后，要加快培育适合中国国情的养老体系。不断完善城乡居民社会保障体系，提高基本养老保险和基本医疗保险参保率，增强保障能力。

第二，扩大中等收入群体，壮大国内消费市场。要适度提高劳动报酬在 GDP 中的比重，确保劳动者收入增长与经济增长和劳动生产率增长相适应。大力推进新型城镇化，形成大都市圈和城市群，适应农村人口向县城聚集的需要，加快推进县域产城融合。此外，还要加大供给补短板力度，针对医疗、养老、家政、物业、幼儿、文旅休闲等需求旺盛而供给不足的领域，及时破除制度藩篱，引导劳动力、资本等要素资源实现市场化配置。

第三，构建支持民营企业发展的长效机制。一是坚持所有制中性和竞争中性原则，对民营企业与国有企业一视同仁，实现公平竞争。二是构建亲清政商关系，优化地方政府职能，深化政府部门"放管服"改革，减少对民营企业经营发展的直接干预，不应对企业发展速度、规模和行业选择等提出具体要求。三是金融机构要转变经营理念与方式，将支持民营企业发展作为业务战略的重要组成部分。四是健全民营企业的现代企业制度，改善公司治理结构，坚持高质量发展理念。

第四，提升金融体系对经济高质量发展的适应性和协调性。关键在于以金融战略性转型和结构性改革去适应经济转型升级的要求，以股权化、长期化、多元化、国际化和规范化为核心，深化金融供给侧结构性改革，构建结构平衡、富有韧性、适应经济高质量发展的现代金融体系。要大力发展股权市场，增加风险资本供给，强化金融的创新催化剂功能；也要稳慎推进人民币国际化，抢抓机遇，打造全球人民币金融资产配置中心。

第五，推进房地产金融改革，促进房地产业长期健康发展。当前房地产金融的核心问题是平衡金融供给与金融风险，症结在于资产价格及其预期管理。房地产金融改革既要服务于、服从于构建房地产调控长效机制、防控金融风险、控制杠杆水平、盘活存量资产、加大有效供给和引导资产合理定价的改革力度，也要顺应房地产行业自身发展趋势。为此，房地产金融改革应当坚持以可持续发展、有效服务实体经济和民生改善为中心，构建多层次的市场化房地产金融体系，探索创新型房地产公共金融体制。一是发展房地产证券化市场，改变过度依赖银行融资的局面。二是创新房地产金融服务，构建有效、包容、可持续的公共金融体系，推动公共租赁住房市场发展，满足中低收入家庭购房、租房需求。

第六，以更高水平金融开放应对日益复杂严峻的国际环境，推动形成互利共赢局面。一是练好金融市场化改革内功，持续推进利率市场化改革与人民币汇率形成机制改革。二是优化金融开放的体制机制，完善开放、统一、普惠的跨境投融资体系，构建开放多元、功能健全、富有弹性、竞争力强的外汇市场体系。三是构建与更高水平金融开放相适应的现代金融治理体系，推进金融监管体制机制改革，建立开放经济条件下多层次跨境资本流动宏观调控体系，加强金融基础设施建设，积极推动金融科技赋能。

第七，保持金融稳定，守住不发生系统性风险底线。一是加强宏观政策协调，提高宏观调控有效性。二是防范化解中小银行风险，推动转变经营理念，补充资本，改进公司治理，加强对实际控制人的监管，健全内部合规与风险控制流程，因地制宜发展数字金融，提升业务能力与效益。三是防范地方政府债务风险，特别是隐性债务风险。建立规范的举债融资机制，控制举债规模，严格项目筛选，加强财务约束，提高资金使用效率。四是防范输入型风险，统筹协调好人民币国际化、资本项目可兑换与人民币汇率机制改革之间的关系，密切监测跨境资本流动，建立早期预警体系，高度重视国内外资本市场的联动风险。

第二章　超大规模人口与市场

全门类超大规模单一市场
是中国工业的独特优势*

中国是世界上超大规模的单一市场，独一无二的规模优势是中国工业制造业参与全球竞争的核心竞争力。经过多年的发展，中国制造业的效益和结构发生了根本性转变，取得了长足的进步，但仍存在制造业占比过早、过快下滑，品种质量国际竞争力总体偏弱等突出问题。当前，新一轮科技革命、能源革命正在重塑全球发展格局。制造业是创新的主战场，要把制造业放在更加突出的位置，为中国成为世界工业强国、科技强国做出不懈努力。

一、中国是全球工业门类最全的、超大规模的单一市场

中国的工业体系具备全工业门类、超大规模和单一市场这三大特征。

---

* 本文作者黄奇帆系中国金融四十人论坛学术顾问、重庆市原市长。

（一）全工业门类

经过 70 多年的发展，中国建成了门类齐全、独立完整的现代工业体系，包括 41 个工业大类、207 个工业中类、666 个工业小类，从航空航天、工程机械等重工业装备，到纺织、食品、家具等轻工业产品都能够生产，已经成为全球唯一拥有联合国产业分类中所列全部工业门类的国家。齐全的工业门类和健全的工业体系意味着中国拥有完备高效的产业配套能力，形成了众多富有韧性的产业链集群。

（二）超大规模

中国拥有 14.11 亿人口，占全球总人口近 20%。中国是否一定会构成全球超大规模的消费市场？并不一定。人口规模只有在人均 GDP 等于或大于全球人均 GDP 的时候，才会形成与人口规模比例对称的全球消费市场。在 1980 年，中国 GDP 只占全球规模的 1%，人均 GDP 只有 200 多美元，当时尽管有 10 亿人口，但并未构成全球超大规模的消费市场。当时中国的人口红利主要体现在具有全球最充分的劳动力的比较优势上。正是这种人口红利，再加上改革开放的制度红利、全球化红利，推动了中国几十年来的快速发展。到 2010 年，中国经济规模超过日本位列全球第二，中国每年的进出口贸易位列全球第一，制造业增加值连续 11 年位列世界第一，500 种主要工业品中 40% 以上产品的产量居世界第一。近年来，我国人均 GDP 接近并超过了全球 1.1 万美元的人均 GDP，我国的人口红利才真正构成了全球超大规模的消费市场优势，产生了规模效应。如果某一类产品中国无法自给，要靠进口，就会产生全球近 20% 人口的市场需求；如果某一类产品中国自给自足，就相当于覆盖了全球近 20% 人口的市场份额，再加上一部分产品出口海外，假设出口份额占到全球的 10%，就等于中国的供给占到全球的 30%。基于此，我们可以非常客观地说，当今中国的人口红利，在继续保持劳动力比较优势的基础上，已经更多地转变为规模优势，成为中国在全球经济竞争中的核心优势之一。

（三）单一市场

单一市场是指法律体系统一、税务体系统一、商业规则统一、语言文化统一的市场。中国就是典型的单一市场，遵守的是中华人民共和国的法律体系，汉族人口在中国人口民族结构中占据主体地位，占中国总人口的 91.11%，有助于各民族和谐稳定均衡发展，汉语作为官方语言全国通用，商业规则、市场环境大体上是一致的。与此同时，全球也有很多国家虽然体量不小，但并非单一市场，比如印度。印度说起来是一个拥有 14 亿多人口的大国，但实际上可以说是一个碎片化的市场。印度自称联邦制国家，每个邦拥有较大自治权，在宪法之外还有各自的法律体系和商业规则，各邦之间要素、商品的流动面临重重壁垒；印度有 100 多个生活习惯各不相同的民族，其中人数最多的印度斯坦族仅占总人口的 46%；印度的宗教数量繁多，包括印度教、伊斯兰教、锡克教、耆那教、天主教、佛教等，各个宗教之间的关系错综复杂；印度还通用多种语言，仅印度官方通用语言就多达22种，有121种语言的使用人口都在1万人以上。此外印度还残存着等级森严的种姓制度的影子，将人分为五等，不同等级的人群之间也不是统一的市场。可以说，印度是由若干个大大小小的"碎片化"市场构成的。

对类似印度那样的"碎片化""散装"市场，跨国公司每进入一处都要重新开拓，会带来额外的成本；而单一市场意味着一家企业如果探索形成了行之有效的商业模式，就可以在不进行大量额外投入的情况下对整个市场进行平移复制，与一个个"碎片化"或"散装"市场相比，自然能够大幅提升效率，降低成本。

二、超大规模的市场优势是中国工业的核心竞争力

正是全门类、超大规模和单一市场这三大特征，造就了中国工业独一无二的强大竞争力。

国家与国家之间的产业竞争优势一般包括以下几种：因技术领先形成的技术优势；因劳动力供给充足、成本低廉，形成了劳动力比较优势；因某种资源禀赋，比如石油、天然气、矿物资源等形成的资源优势。而中国工业制造业的核心竞争力之一就在于规模优势，这将产生三方面的积极影响。

第一方面，可以摊薄六项成本。人们常常有一个传统观念，就是中国制造业的核心竞争力就在于劳动力成本低廉。这没有问题，但实际上劳动力成本在制造业总成本中的占比一般就在

10%~15%，劳动力成本高一点或低一点只能影响总成本的几个百分点。尽管劳动力成本在部分劳动密集型产品的加工中占到40%左右，但是在大部分装备工业、耐用消费品工业和重工业等制造业中，由于原材料成本较高，厂房、设备等固定资产投资较大，劳动力成本的比重并不很大。而一旦形成规模效应，就能够大幅摊薄制造业的六项成本。一是研发成本，随着产品产量的增加，均摊到每一件产品上的科研成本就会大幅下降，企业也就能投入更多资金进行原始创新、科研开发。二是固定资产投资成本，生产制造需要投入厂房、生产线、设备等固定成本，产量越大，单位成本就越低。三是采购成本，无论是商品、材料，还是部件，采购的批量越大，打折降价的系数越大，采购成本也就越低。四是人力成本，一旦形成规模效应，劳动生产率就会有较大幅度的提高，劳动力成本也会被摊薄。五是物流成本，包括运输、仓储、中转、装卸等环节的费用都会随着规模扩大而摊薄。六是市场开拓成本，每进入一个新市场都要进行相应的市场调研、用户分析、产品定位、渠道拓展等，中国本身是一个单一市场，同一套策略、同一种产品就可以在全国范围内推广，大大降低了市场开拓费用。所以，从这个意义上讲，规模优势可以影响到整个制造业成本的30%~40%，一旦达到了充分的规模，就可以把价格压低30%~40%，以价格优势打败外国竞争对手。

第二方面，具有强大的"引力场"效应。这种"引力场"主要体现在以下几个方面。一是从需求的角度看，超大规模市场意味着超大规模的本国消费市场和超大规模的进口贸易量。从本土消费看，2020年中国消费品零售总额为5.683万亿美元，美国为6.215万亿美元，中国已相当于美国的91.44%，并会在不久的将来超过美国。从进口贸易看，中国未来十年累计商品进口额有望超过22万亿美元，服务进口总额将达5万亿美元，两者加起来超过27万亿美元，这个"巨大的蛋糕"吸引着全球跨国公司到中国开拓市场。二是从生产角度看，超大规模市场意味着市场分工可以更加深化，有利于全产业链各环节之间甚至各工序之间都可以通过分工和专业化形成相互嵌套、共生的产业链集群。一旦某个或某几个链主企业落户某地，就会带动产业链上下游企业跟着落户，因为市场规模足够大，哪怕是做普通的纽扣、打火机都可以形成规模化配套能力。这也是中国有很多"块状经济""产业集群"的重要原因。三是从时间角度看，超大规模市场意味着供给和需求互促共生现象将会十分显著。不仅需求端在不断地更新升级，吸引着越来越多的市场主体去"供给"；而且由于作为供给端的生产本身具有"学习效应"，将会带来越来越多的创新产品，也就是说"供给"也在创造"需求"，二者互相促进，相互吸引。需要注意的是，那些在低端市场中拼杀出来的企业，一旦有机会进入高端市场，就可以借助市场需求进行技术迭代，从而占领高端市场。所以美国对中国断供高端芯片其实是杀敌一千、自损两千的昏着儿，最后的结果必然是美国企业在丢掉中国市场的同时，其自身的产业也会因此失去竞争力。

第三方面，具有稳定预期的"大海效应"。习近平主席在首届中国国际进口博览会开幕式上发表的重要讲话指出："中国经济是一片大海，而不是一个小池塘。大海有风平浪静之时，也有风狂雨骤之时。没有风狂雨骤，那就不是大海了。狂风骤雨可以掀翻小池塘，但不能掀翻大海。"习近平总书记讲的这个"大海"，就是指中国经济的超大规模。一方面，与小国经济不同，在面临外部冲击时，超大规模市场可以让本国经济具有更大的内循环余地，具有更强的抵御外部风险的能力。一般的"狂风骤雨"无法掀翻这个"大海"。我们之所以能够经受住亚洲金融危机、2008年全球金融危机，皆源于此。另一方面，超大规模市场意味着产业发展、区域发展的差异性可以在一定程度上起到减少冲击影响的效果，局部的内部冲击不易在全国形成共振效应；部分行业、部分区域发展面临困境，并不会对宏观经济总体稳定产生巨大冲击。这一条已经在新冠肺炎疫情防控期间得到了充分验证。对企业来讲，对基本面的预期十分重要。中国经济的超大规模造就了其如"大海"般稳定。

总的来看，全工业门类、超大规模、单一市场的特点，赋予了"中国制造"独一无二的规模优势，是中国制造业在全球占有重要地位的关键所在，会极大地影响全球供需格局，进而带来原材料价格、全球加工分配、产业配套等一系列剧烈变化。中国无法制造的产品，往往会被海外企业垄断并收取高价；中国能够生产的产品，就会打破海外垄断，并且凭借规模优势大幅压低产品价格。从直径18米、6层楼高的大型盾构机，到直径2.3毫米的笔尖钢线材；从全球领先、彰显大国实力的国之重器到深入千家万户、老百姓餐桌上寻常可见的食品，类似的例子不胜枚举。近十年来，这一现象越发明显。这是中国超大规模单一市场的威力所在。美国一些企业和政客很难理解为什么中国的产品这么便宜，所以老是对中国企业搞所谓的反倾销调查。实际上，他们不理解中国市场的特征。倒是那些在中国投资的跨国公司尝到了甜头，一直看好中国市场，即使在新冠肺炎疫情冲击下，还是加大了对中国的投资。从这个意义上讲，那些鼓吹与中国脱钩的想法是短视的。

三、解决市场分割问题，形成统一大市场

中国虽然已经是全世界工业门类最全的、超大规模的单一市场，但也存在市场分割的问题。该如何解决市场分割的问题，形成一个统一的大市场？主要就是三招。

第一，要深化供给侧结构性改革。如果说要素市场化改革是在要素层面推进供给侧结构性改革，那么统一大市场则是从市场主体所处的营商环境层面推进供给侧结构性改革。中国的市场经济是在对高度集中的计划经济进行改革的过程中逐步形成的，经历了一个发展发育的过程。尽管经过多年的改革，市场经济的"四梁八柱"已经竖了起来，但市场经济体制还须进一步完善。更何况中国搞的是社会主义市场经济，笔者的理解是，有为政府才能催生有效市场，像中国这样的超大市场、转型中的经济体，必须发挥政府在提供基础性制度、基础性市场设施、要素资源市场化方面的积极能动作用，以市场制度的有效供给促进形成高效

规范、公平竞争、充分开放的全国统一大市场。唯其如此，才能真正把中国这一超大规模单一市场的威力、活力完全释放出来。

第二，要促进区域良性竞争、协调发展，对区域竞争的负面效应进行系统的矫正。而实施这种矫正从目前看已经具备了技术条件，也是顺势而为。从技术看，近年来，各地在产权保护、市场准入、公平竞争、社会信用制度建设等方面都做了大量的工作，现在要做的是统一标准、统一规则、统一接口，让市场主体无论在哪里都能享受到同样的制度供给。从趋势看，随着中国市场的发育，地区之间的竞争日益从过去围绕低端产业的同质竞争，向依据各自的比较优势进行深度分工的差异化竞争转变。特别是在数字经济全面与实体经济融合的大背景下，各地的比较优势正在深刻调整。过去，昆明的鲜花只能在本地消纳，需要人们到昆明去赏花。现在得益于冷链技术的进步、航空运输的便捷和电商平台的加持，昆明的鲜花隔日，甚至当日就能被送到上海、北京、深圳的家庭。这是因技术扩散（比如深圳的冷链技术）、商业模式创新（杭州的电商平台）带来的市场覆盖范围扩大（把昆明的鲜花配送范围由本地扩展到全国）的典型案例。这样的事情，若没有统一的大市场是不可想象的。这也让欠发达地区获得了新的比较优势。换言之，推进统一大市场建设正是要让更多这样的、在过去不可能的事情成为可能。

第三，以开放倒逼改革。建设全国统一大市场，一方面源于加快形成供需互促、产销并进、畅通高效的国内大循环的需要，另一方面也是更好参与国际大循环的需要，是以国内大循环的高效规范、公平竞争、充分开放来牵引国际大循环，进而满足世界经济稳定增长、可持续增长的需要。RCEP即将正式生效，未来90%以上的货物贸易将最终实现零关税；服务贸易的市场准入大幅放宽，非关税壁垒大幅减少。中国还申请加入CPTPP。随着中国参与的自由贸易协定越来越多、标准越来越高，中国在开放的过程中不断与国际高标准经贸规则对接，将形成一个统一高效的大市场，进而更好地参与国际大循环、国际竞争，形成吸引集聚全球要素资源的"引力场"。

只要把这三方面的措施落实到位，笔者相信中国统一大市场的建设一定能够取得成效。

人口负增长时代如何扩大居民消费 *

国家统计局发布的数字表明，2022年末中国人口总规模为141 175万人，比2021年减少85万人，人口自然增长率为–0.60‰。这意味着，中国人口已于2021年达到峰值，从2022年开始了负增长。国内和国际经验均表明，人口特征和动态是影响宏观经济格局最重要的长期因素。一方面，人口格局为经济增长设定了方向和路径，体现在一定时期的潜在增长率上；另一方面，这个潜在增长率继而为宏观经济确定了基准，即周期性波动之后经济增长应该回归的常轨。随着人口规模的变化，潜在增长能力也会发生改变，发展方式和增长动能也应该随之转变。

中国人口在2021年达峰和随后的负增长，是人口转变阶段的自然结果和必然归宿，对其所带来的全新、严峻的挑战必须予以正视和重视。经济增长的长期表现取决于供给侧驱动力和需求

---

* 本文作者蔡昉系中国金融四十人论坛学术委员会主席、中国社会科学院国家高端智库首席专家。

侧拉动力，人口负增长的影响也分别体现在这两侧。如果说 2011 年以来的劳动年龄人口负增长，对经济增长的不利影响更多表现在供给侧的话，2022 年开始的人口负增长，更凸显出需求侧的冲击性效应。

在推进基本实现现代化的过程中，如果不能有效应对人口负增长和更深度老龄化对经济增长的不利影响，中国式现代化进程就可能受到干扰。本文指出人口负增长和更深度老龄化对中国经济的需求侧冲击，揭示庞大人口规模的消费潜力和制约所在，从改善收入分配、完善基本公共服务体系、修复在新冠肺炎疫情中受损的居民资产负债表等方面，提出扩大居民消费的政策建议。

一、人口负增长带来的需求侧冲击

促进经济增长需求结构的平衡性，是中国经济发展方式转变的一项重要内容。2011 年以来的中国经济增长减速，同时表现为三大需求构成部分增长率的下降，以及每个部分对增长的相对贡献率变化。把 2002—2010 年和 2011—2019 年进行比较，可以明显看出这种变化。从前一期间到后一期间，最终消费的贡献率从 48% 显著提高到 60%；资本形成的贡献率从 55% 下降到 40%；净出口的贡献率总体上是微不足道的负数。需求结构的这种变化，总体上符合发展阶段提出的转变发展方式的要求。

在居民消费日益成为经济增长主要拉动力的情况下，人口负增长和老龄化的加深，将显著放缓居民消费的增长速度，或者说使居民消费进一步受到抑制。这种影响主要来自老龄化的直接效应以及老龄化预期产生的效应。我们先来看包括总量因素和年龄结构因素在内的人口效应。一方面，中国老年人的就业率、劳动收入、养老保障水平均偏低，最终表现为消费能力和消费倾向随着年龄增长而降低。另一方面，由于面临着三重负担，即为社会养老保险缴费、赡养家庭老人和进行预防性储蓄，就业人口的消费能力和消费倾向也被削弱，他们的消费支出同样随着年龄的增长而降低。

通过中国社会科学院人口与劳动经济研究所2016年的一项抽样调查数据，我们可以发现，城镇居民在23岁达到整个生命周期的最高消费水平，平均消费支出为52 809元/年；随后，居民消费的支出便随着年龄的增长而递减，在年龄达到85岁时，平均消费支出下降到最低水平，仅为16 951元/年；在23~85岁这个生命区间，城镇居民个人的年龄每增长一岁，平均消费支出便下降1.8%。这个研究未必能够代表全国，但是，它所显示的消费能力和消费倾向随年龄增长而下降这个趋势，既符合理论预期，也可以在其他国家的经验中得到印证。

我们再来看经济增长效应。20世纪90年代以来，中国的人均GDP、人均居民可支配收入和居民平均消费，均以较快的速度增长。这三个指标的变化趋势和相互关系，在经济学的逻辑上是容易理解的。如图2-1所示，人均GDP增长、人均居民可支配收入增长和居民平均消费增长总体上遵循着相同的轨迹，虽然在不同时期，三者之间的同步性不尽相同。由这三个指标所刻画的中国经济高速增长，大体上结束于金融危机时期。从那时起，特别是在大规模刺激政策效应消失后，中国经济的增长速度便进入常态化的下行区间。也就是说，人口红利消失导致的经济增长减速，从此为人均居民可支配收入和居民平均消费的增长设置了天花板。

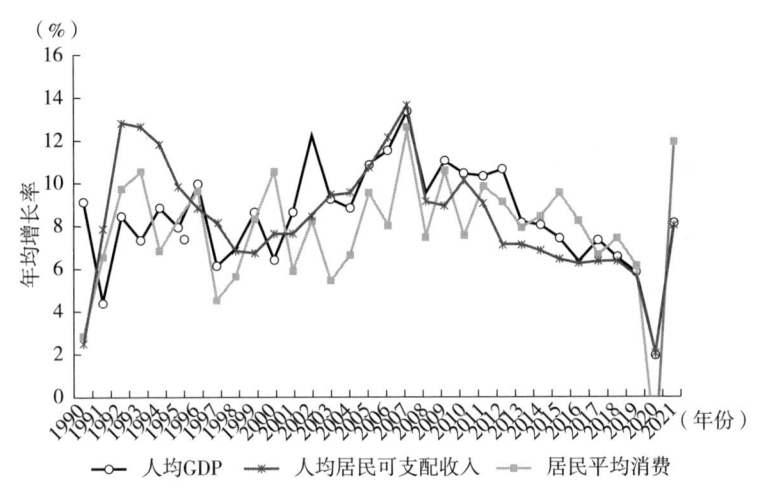

图 2-1　人均 GDP 增长、人均居民可支配收入增长和居民平均消费增长的同步性
资料来源：国家统计局"国家数据"。

与此同时，自从中国经济增长进入减速期以来，人均 GDP、人均居民可支配收入和居民平均消费之间的增长同步性却有了显著的增强，表现为在对上述三个指标的增长率进行两两比较时，可以发现显著的正相关性。例如，2011—2021 年，人均 GDP 增长率与人均居民可支配收入增长率之间的相关系数达到 0.913，人均居民可支配收入增长率与居民平均消费增长率之间的相关系

第二章　超大规模人口与市场

数为 0.931，人均 GDP 增长率与居民平均消费增长率之间的相关系数为 0.833。

可见，老龄化通过直接的人口效应和间接的增长效应，对居民消费产生不利的影响，使得需求因素成为经济增长的常态制约。国际经验表明，这种影响可以从人口因素，特别是老龄化与消费率之间的关系中得到体现。从统计角度，我们可以观察到一个转折点。跨时期和跨国数据显示，在 65 岁及以上人口比重（老龄化率）超过 14% 这个进入老龄社会的门槛水平之后，居民消费占 GDP 比重即居民消费率，趋势性地进入下降的轨道（见图 2-2）。对中国来说，2021 年老龄化率为 14.2%，标志着我国进入了老龄社会，同年总人口规模也达到峰值，可以说我们已经进入居民消费趋于疲弱的轨道。

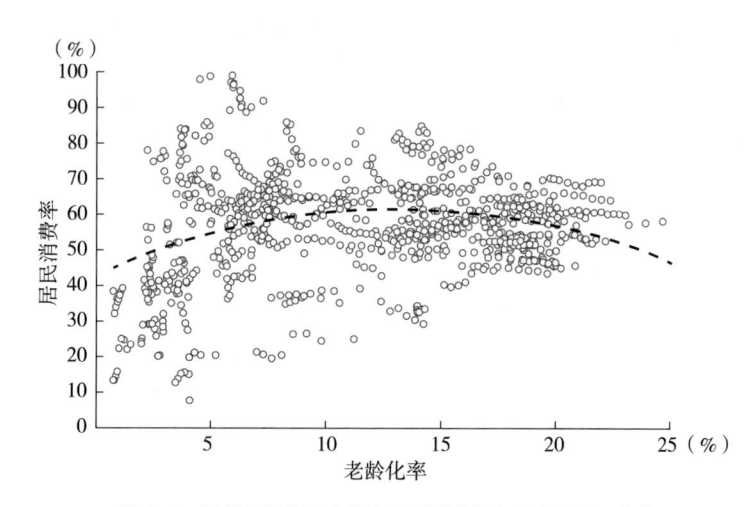

图 2-2　随着老龄化程度提高居民消费倾向降低的国际趋势

资料来源：世界银行数据库。

二、充分挖掘庞大规模人口的消费潜力

人们对于人口负增长的影响有着不尽相同的认识，导致学术争论和政策结论莫衷一是。在研究结果和社会舆论之中，我们常常可以看到，有人会以中国人口仍将保持庞大规模为依据，认为正在发生的人口变化，不会对经济增长产生实质性的干扰。这个总量性的认识视角无疑具有一定的积极意义，因为它有助于我们看到中国的优势所在。在回到这种观点之前，我们先来强调一下人口变化作为增量的特征，对经济增长产生的现实挑战。

无论从本质含义还是统计表现上，经济增长都是指经济规模的变化及其速率。例如，2022年中国经济的实际增长率为3%，就是指这一年的经济活动，不仅把2021年114.9万亿元的GDP流量重新生产出来，而且还有3%的实际增量。GDP增长率可以分别从供给侧和需求侧进行表达。在供给侧的增长方程式中，GDP增长率是关于劳动力、资本、人力资本、生产率等变量的函数，而人口因素几乎影响所有这些要素投入和配置因素。在需求侧的国民经济恒等式中，人口因素也影响着出口、资本形成和消费等因素。

因此，当我们讨论人口因素对经济增长的影响时，着眼点自然应该在人口增量的变化上，而不是人口总量或者存量规模。也就是说，人口是正增长、零增长还是负增长，对于经济增长的影响大不一样，足以产生在方向上南辕北辙、在程度上天壤之别的结果。

人口负增长作为增量变化，的确给经济增长带来了严峻挑战，因此必须及时并持续做出政策应对。与此同时，我们也应该看到人口规模巨大这个总量特征，既是中国经济增长潜力的独特优势，也为人口负增长条件下经济社会发展提供了机遇。特别是从需求侧来看，扩大消费需求的巨大潜力无疑蕴藏于庞大的人口规模之中。

2021年，中国人口占全球人口的比重为17.9%，而中国居民消费总支出仅占世界总额的12.8%，意味着中国的人均消费支出低于世界平均水平。根据世界银行数据，2021年家庭消费支出占GDP的比重，高收入国家平均为58%，世界平均水平为55%，中等偏上收入国家平均为45%，而中国仅为38%。如果缩小这个明显的差距，比如说使中国消费的全球占比和人口的全球占比达到相等，则可以把中国居民的总消费支出增加39.4%，产生的增量甚至超过日本、德国、英国和印度这些国家的消费支出。

具体观察一些重要的群体，有助于更好地理解这一点。农村脱贫人口、进城务工人员和老年人口，目前整体上尚未进入中等收入群体行列，然而，这些群体占据着庞大的总体规模，具有巨大的挖掘消费需求的潜力。将其作为重点逐步培育为中等收入群体，对于巩固农村脱贫攻坚成果、推进新型城镇化、促进全体人民共同富裕等目标的实现，具有显著的意义。

第一个群体是农村脱贫人口。党的十八大以来，脱贫攻坚使9 899万名农村人口历史性地摆脱了绝对贫困。然而，脱贫人口中的大多数尚未成为中等收入群体。2022年，占农村常住人口

20%的低收入人口为9 821万人，人均可支配收入为5 025元/年，仅为农村平均水平的25.0%和中位水平的28.3%。对于脱贫人口，不发生规模性返贫是底线，按照更高的标准，立足于促进农村低收入群体尽快进入中等收入群体行列，则可以获得"取乎其上、得乎其中"的效果。

第二个群体是进城务工人员。2021年，全国进城务工人员总量超过2.9亿人，其中离开本乡镇六个月及以上时间的外出务工人员1.72亿人，他们大多数进入各级城镇，并有1.33亿人年末仍在城镇居住。进城务工人员作为一个庞大的人口群体，对常住人口城镇化做出重要贡献。但是，他们中的绝大多数尚未获得城镇户口。推动以进城务工人员市民化为核心的新型城镇化，让这部分人均等地享受到城镇基本公共服务，实现更稳定就业，获得体面的劳动报酬和就业待遇，可以大幅度扩大中等收入群体规模。经济合作与发展组织的研究表明，一经迁移到城镇就业和居住，农村劳动力的消费即可提高28%；如果进城务工人员获得城镇户口，他们的消费便可以再提高27%。[1]

第三个群体是老年人口。根据第七次全国人口普查数据，2020年中国60岁及以上人口数高达2.64亿人，65岁及以上人口规模也达1.91亿人。由于中国老年人退休后大多没有就业收入，养老保险覆盖和给付水平也比较低，因此，他们的消费能力和消

---

[1] Margit Molnar, Thomas Chalaux and Qiang Ren, Urbanisation and Household Consumption in China, *OECD Economics Department Working Papers 1434*, OECD Publishing, 2017.

费意愿总体偏低。让老年人过上中等水平的生活，可以同时实现共同富裕、积极应对人口老龄化和扩大消费需求的目标。相应的政策措施包括：实施就业培训，消除劳动力市场歧视，提高低龄老年人的劳动参与率；增强基本养老保险的普惠性、覆盖率和均等化程度，提高对老年人的保障水平；建立长期护理保险制度，完善养老服务体系，消除老年人消费的后顾之忧，等等。

三、打破抑制消费的收入分配效应

人口转变的趋势是不可逆转的，所以，对于由此产生的削弱消费的作用力，总体上无法做出人为的改变。然而，除了来自人口因素的直接效应，还有一些与人口间接相关的因素，以及与之关联度较低的因素，也对消费增长具有负面影响。从这些因素着眼打破需求制约，尽可能降低其负面影响，相关政策仍然大有用武之地。

一个受到人口间接影响的消费制约因素是所谓的增长效应或收入效应，其中包括收入分配效应。随着人口负增长时代的来临，中国经济将在更大的基数上和更高的水平上，以相对较慢的速度增长。这个经济增长的减速，会从两个方面产生降低居民收入增速的效应。一方面，经济增量的相对减少，直接限制了可以转化为居民收入的"蛋糕"规模。另一方面，较慢的劳动生产率增长速度，也制约着普通劳动者工资的上涨幅度。这时，在做大"蛋糕"的基础上分好"蛋糕"，越来越具有重要的政策优先地位。

经济理论和实际经验都表明，处在不同收入分组的群体，通常具有大不相同的边际消费倾向。由于低收入人群有着尚未得到满足的消费需求，因此，他们在收入增加的情况下，通常会把较大的比例用于消费，即具有较高的消费倾向。由于高收入人群已经难有未予满足的普通消费需求，他们只会将收入增长的较小比例用于消费，即具有较低的消费倾向。由此可以推论，过大的收入差距也具有抑制消费的效应。因此，任何在收入提高的基础上改善收入分配的政策，都可以产生扩大消费需求的效果。

不难发现其中的政策含义：在无法通过逆转人口变化方向以遏止消费下行趋势的情况下，从改善收入分配状况和扩大中等收入群体规模入手，实施一系列改革和政策调整，实质性缩小收入和基本公共服务差距，仍然可以取得稳定乃至扩大消费的效果。观察中国居民收入的不平等状况，有助于找到改善收入分配的关键领域、有效政策措施和实施路径。

图 2-3 分别展示了全国、城镇和农村三种分类的居民收入基尼系数，反映了改革开放至今中国的收入分配状况。从中可以得出几个结论。首先，2010 年以来收入分配总体得到改善，同时，近年来这个改善的效果呈现徘徊趋势，进一步缩小了收入差距，比如要把基尼系数降到 0.4 以下，必须靠更大的再分配力度。其次，全国基尼系数分别超过城镇和农村的基尼系数，在统计意义上说明城乡收入差距仍是导致整体收入不平等的重要因素，应作为进一步政策努力的突破口。最后，城镇基尼系数趋于提高，同

时城镇收入不平等主要源于高收入群体收入过高，以及人口中较大部分处在低收入或中等收入的较低端。

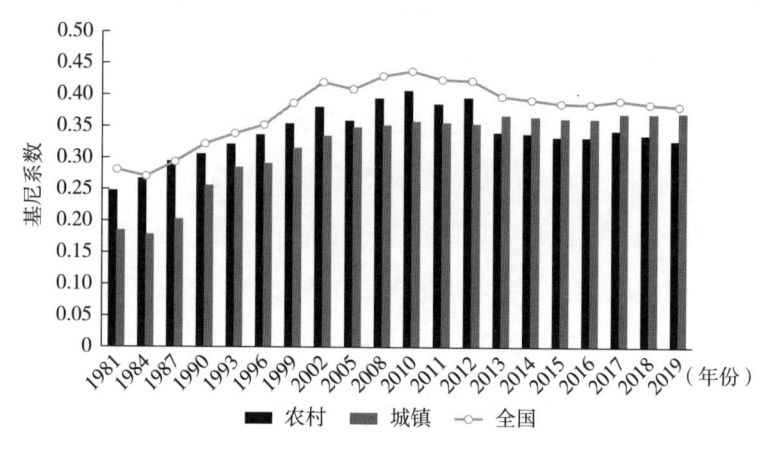

图 2-3 中国的总体和城乡基尼系数

资料来源：联合国大学发展经济学研究院世界收入不平等数据库：UNU-WIDER, World Income Inequality Database (WIID). Version 30 June 2022。

可见，通过目标明确的顶层设计，创造机会均等的公平竞争环境，借助税收和转移支付手段实施再分配，促进社会流动和培育中等收入群体，是现代化途中不可回避的制度建设任务。有针对性地采取措施，满足低收入群体的基本公共服务需要，加快将其培育为中等收入群体，可以显著增强国内大循环的内生动力和可靠性。

四、扩大消费需求的政策着力点

人口负增长和更深度老龄化的长期趋势，与新冠肺炎疫情持续造成居民消费预期转弱的短期效应，会合成对中国经济的第一轮冲击。这种冲击的性质，要求我们把短期应对政策与长期制度建设紧密衔接，调整政策调整和改革举措出台的优先级，基于长期制度建设的时间表，在民生保障方面跨出一个较大的步伐。显著缩小居民收入差距，建立健全覆盖全民、全生命周期的社会福利体系，既是共同富裕的要求，也有助于挖掘庞大的消费市场。

首先，短期政策着眼于通过既有渠道，以更大的力度和真金白银的扶助和补贴形式，稳定和增加居民收入，修复失衡的居民预算曲线或受损的家庭资产负债表，扭转消费预期转弱的趋势。疫情后复苏的政策刺激不仅着眼于投资领域，更重要的是直接惠及家庭，促进居民消费回归正常。这些渠道包括：巩固脱贫成果的延续性措施；低保和失业保险等的足额乃至扩大范围发放；提高城乡基本养老保险补贴和发放水平，等等。

其次，加快出台一系列酝酿已久的关键领域改革，以其立竿见影的改革红利，为保持合理增速保驾护航。由于提高居民收入水平，改善收入分配，提高基本公共服务供给和均等化水平，可以产生直接的扩大消费需求效果。因此，在需求侧应该着眼于提高收入和均等化基本公共服务，扩大居民消费，应该重点把脱贫人口、进城务工人员和老年人培育成中等收入群体；改善收入分配、完善财富积累机制；增加政府社会保障支出，建立覆盖全民、全生命周期的福利体系。

最后，通过再分配明显缩小收入差距，提高基本公共服务水平和均等化程度，使居民消费能力和意愿迈上新台阶。基本公共服务供给的财力保障，归根结底在于经济合理增长。在人均 GDP 从 12 000 美元向 30 000 美元过渡的过程中，中国正处于"瓦格纳加速期"，政府社会性支出占 GDP 比重大幅度提高，既是一般规律的要求，也具备必要的物质条件。[①] 2021—2035 年，中国人均 GDP 潜在增长率预计可以达到 4.5%，甚至更高。其他处于类似发展阶段的国家，政府社会性支出比重显著高于中国，人均 GDP 的平均增速却只有 1.21%。

---

① 蔡昉、贾朋：《构建中国式福利国家的理论和实践依据》，《比较》，2022 年第 120 辑。

第三章
共同富裕

金融促进经济高质量发展
助力共同富裕[*]

共同富裕不等于同步富裕,也不是平均化的同等水平富裕。经济发展和社会进步是共同富裕的前提,实现共同富裕的重点并不在于分配,而是在于发展生产力,通过机会平等而非结果平等来最大化地动员和激发各种要素在经济增长中的作用,以便更好地促进经济高质量发展,在将"蛋糕"做大的同时,进一步分好"蛋糕"。而金融本质上就是在不确定的条件下,通过对时间(跨期)和风险的管理来实现资源的最优配置。金融发展有效促进了资本积累和经济增长,使得可用于分配的"蛋糕"越来越大,从而为实现共同富裕(而非绝对平均的共同贫穷)提供了必要的保障。不过,尽管金融活动对经济公平的结果有着重要的影响,但金融本身并不属于分配政策手段。如果金融无法促进经济可持续增长和高质量发展,那么也很难实现真正的共同富裕。

---

[*] 本文为中国金融四十人论坛《2022·径山报告》《共富时代的大国金融》分报告《金融促进经济高质量发展助力共同富裕》的部分成果。课题负责人张晓慧系中国金融四十人论坛资深研究员、中国人民银行原行长助理。

长期以来，金融助力共同富裕（或曰金融与不平等的关系）问题一直隐含于金融发展与经济增长的研究范畴，并非理论和政策关注的重点，并且金融发展在经济公平中发挥作用的研究也远未形成一致的结论。① 但是，一个事实是：作为现代经济的核心，金融部门只有紧紧把握其本质特征，通过跨期和风险管理优化资源配置促进经济高质量发展，才能够更好地助力实现共同富裕。

一、金融促进经济高质量发展助力共同富裕的作用

在不确定的条件下对资源进行跨期配置是金融的基本功能：提高支付清算效率有助于促进交易，提升经济活力；深化金融市场能够提高资金配置效率，降低信息不对称和交易成本，减少资金跨期配置的风险；合理的融资安排可以促进企业形成良好的公司治理结构，有助于其改进决策和经营，避免企业出现重大风险。金融的这些功能都将有效促进经济增长，提升社会整体福利水平，为共同富裕提供必要条件和物质保障。因此，可以通过时间和风险两个维度，深入分析金融促进经济高质量发展助力共同富裕的作用。

（一）时间维度：金融发展与经济增长

作为货币的时间价值，利率是宏观经济和金融活动中非常重

---

① Hasan et al., 2020; Avdjiev and Spasova, 2022.

要的变量，它连接着货币因素与实体经济，也是货币当局调节经济活动的重要手段。利率水平的高低直接影响着微观主体的消费、投资等经济决策，进而影响物价和产出水平，并对不同微观主体的收入和财富分配发挥一定的间接作用。

1. 利率管制、利率市场化与经济增长

利率是资金的价格，在实现储蓄与投资的宏观经济均衡中发挥着重要的价格信号作用。从各国经济发展历史来看，对利率的人为干预和管制，不利于金融资源的优化配置，扭曲了经济结构和收入结构。首先，发达国家央行相机抉择低利率政策引发了滞胀恶果，加剧了收入和财富的不平等。其次，发展中国家赶超战略下的金融抑制政策，无法有效动员储蓄，致使资源配置效率低下，反而陷入低水平发展陷阱。最后，对中国的理论和实证分析表明，随着利率向均衡水平收敛，劳动所有者的收入占比将明显提高，资本所有者的收入占比则有所下降，这有利于消费与投资的经济结构优化。

2. 利率市场化、金融创新与国民财富配置

随着我国利率浮动限制逐步取消以及流动性过剩格局的根本改观，传统银行经营方式遇到了新的挑战，这将倒逼金融机构加大产品创新力度，由传统存贷业务转向更加综合化的经营，为客户提供更加多元的财富管理服务。金融深化发展不仅能够有效缓解融资约束，有利于低收入群体通过人力资本和实物资本渠道增

加收入和财富积累，还可以通过合理规划财富管理，有效平滑收入变化和经济波动的影响，实现跨期配置和保值增值，从而提高低收入群体参与金融资源配置和获取金融资源的公平性，更好地缩小贫富差距。

首先，满足不同风险和时间偏好的创新性金融产品，有助于促进共同富裕。一是货币市场基金等金融创新产品有效平衡了金融投资的安全性、流动性和收益性；二是住房按揭贷款、信用卡和汽车消费信贷等消费金融满足了居民消费需求，增加了财产规模和收入；三是助学贷款等金融产品可以促进人力资本投资，缩小收入差距。

其次，金融市场深化发展，特别是资本市场日益多元丰富，能够有效满足居民财富的跨期保值增值需求，缩小财富差距。

最后，医疗保险和养老年金市场的发展，有助于在生命周期内做好财富平滑，促进社会代际公平。

3. 通过利率价格杠杆调控引导金融资源优化配置

长期以来，除了并不成功的货币数量目标制的实践，利率政策一直是中央银行进行货币调控的主要手段，能够维持产出和价格的稳定。对于中国而言，情况稍显复杂。首先，在1998年之前，脱胎于计划经济、以信贷规模管理为主的货币调控方式无法有效控制货币扩张和物价上涨压力。其次，以数量为主的货币调控有效性越来越差，难以适应经济高质量发展要求，容易恶化各部门的收入分配。最后，与货币数量调控方式相比，通过利率价格杠杆引导更有利于金融资源的最优配置，进而促进高质量发展和共同富裕。在可测性、可控性，以及与物价产出等最终目标的相关性等指标方面，以利率为主的货币调控模式显然优于以数量为主的调控模式。

（二）风险维度：信息不对称和交易成本

风险是金融的永恒命题。实体经济高质量发展是防范化解金融风险的基础，服务实体经济则是金融的本质要求。做好风险管理，防范化解金融风险，特别是防止发生系统性风险，既是金融促进高质量发展的内在要求，也是确保国民财富合理分配的重要前提。

1. 金融科技能够有效解决信息不对称导致的融资约束难题，降低交易成本，提升"三农"、小微等普惠金融服务水平

首先，依托大数据等金融科技手段做好风险控制，可以降低抵押品依赖，有效缓解小微企业融资难的情况。在信息不对称条件下，企业融资依赖于企业的资产状况（抵押品价值），这是小微企业融资难的主要原因。以大数据等技术手段作为支撑的金融科技贷款，可以有效弥补小微企业抵押品不足产生的影响，扩大贷款可得性。其次，在确保安全的前提下，数字技术促进了支付体系发展，扩大了微观主体参与市场的范围，增进了社会福利。一方面，移动支付更加便捷高效，极大地降低了低收入群体进入市场交易的门槛；另一方面，移动支付技术充分利用信息数据优

势，较好地平衡了业务创新与风险防范的关系，助推小微企业信贷和普惠金融发展。

2. 有效风控对做好科创金融支持至关重要，在促进经济转型升级和高质量发展的同时，也有利于收入分配和人力资本提升

首先，私募、风投等市场化直接融资方式的发展壮大，对技术进步至关重要。PE/VC（私募股权投资/风险投资）是多层次资本市场的重要组成部分，在长期资本形成、促进科技成果产业化等方面，发挥着不可替代的作用。其次，传统银行通过优化风控流程、完善风险补偿机制（如提高拨备、数字银行）等方式，也可以在支持科创方面发挥重要作用。最后，政府通过成立引导基金、央行创设科创再贷款等方式，撬动社会资源，加大对科创金融的支持力度。

3. 风险对冲的金融衍生品是保障收益、避免外生冲击扩大不平等的重要手段

金融市场交易存在的风险是金融衍生品产生的主要原因。衍生品是对未来基础资产价格的交易，这是其与其他金融产品的主要差异，对防范未来可能发生的风险具有重要意义。不过，金融衍生品作为对未来基础资产价格的交易合约，通常能以小博大，具有高杠杆特征，只要缴纳一定比例的保证金就可以获取未来合约的权利，这也是衍生品往往被认为具有高风险特征的主要原因。不过，一方面，高杠杆并不必然意味着高风险；另一方面，利率互换、货币互换等金融衍生品，杠杆属性较低，市场风险较小。

二、金融助力共同富裕要权衡好效率与公平的关系

金融的本质决定了其天然倾向于高信用人群，具有坊间常常吐槽的"嫌贫爱富"的特征。现实中，金融在提升效率、促进经济增长的同时，也存在分配效应，往往对中低收入群体并不友好，在结果上扩大了经济不平等。因此，金融在促进经济增长和高质量发展的同时，也要考虑社会贫富差距的影响，权衡好效率与公平的关系。

（一）时间维度：货币政策的基本功能与副作用

1. 如何看待非常规货币政策扩大贫富差距

货币政策作为宏观总量调控手段，通常无须关注经济公平目标。但是，全球金融危机以来，货币政策的分配效应得到了各方的广泛关注。不过，当经济受到系统性危机冲击时，稳定金融市场并刺激经济复苏才是央行的首要任务，分配效应并非货币政策关注的重点。也就是说，非常规货币政策的首要目标是恢复金融市场的信心和功能，促进经济复苏，量化宽松导致的资产价格过快上升和贫富差距扩大只是政策的副作用，而这在很大程度上与各国货币政策正常化进程相对缓慢有关。

2.尽管货币政策促进经济公平的作用有限,但央行仍可在宏微观审慎监管、包容性金融发展及支付体系建设等方面发挥一定的作用

货币政策主要通过产出、就业和价格的变化间接对收入分配产生影响。货币对产出的影响是长期中性的、类似的,货币政策对经济公平的影响也是长期中性的。尽管资产价格上升一定程度上扩大了社会贫富差距,但非常规货币政策对经济不平等的总体影响并不十分确定。一方面,非常规货币政策通过实际收入和就业、储蓄补偿及债务成本等渠道,有效改善了收入分配。另一方面,非常规货币政策的财富分配效应与财富的初始分配条件密切相关。如果房地产和股票等资产只集中于最富有阶层,那么持续低利率就会加剧财富不平等。

对此,中央银行可通过宏微观审慎监管、包容性金融发展及支付体系建设等方面,更好地促进经济公平。

(二)风险维度:如何看待金融创新与金融监管的关系

金融资本天生具有逐利性,为追求更高的投资回报,金融业务往往容易过度创新,更加贪婪的过度套利不仅会加剧资金空转风险,还会扩大社会不平等。因此,金融发展必须在风险防范和鼓励创新中取得动态平衡,通过竞争开放和深化改革(而非严格的金融抑制)来促进金融安全,方能更好地促进经济公平。

（三）时间与风险的平衡：货币政策与宏观审慎双支柱调控框架

物价稳定并不一定能够确保金融稳定，中央银行应高度重视金融周期和宏观审慎政策，在系统性风险防范中发挥更重要的作用。全球金融危机的爆发表明，所有单个机构健康并不等于金融整体稳定，中央银行可以通过宏观审慎政策更好地防范系统性风险。与关注宏观总量目标的货币政策不同，宏观审慎政策主要针对金融体系，强调系统性风险防范和金融稳定目标，两者互为补充共同促进。

当前的主流共识是，中央银行应更加重视金融稳定等目标，但这并非货币政策目标，而是属于宏观审慎政策范畴。在经济正常时期，货币政策应主要关注物价稳定，信贷过度扩张和泡沫系统性风险则需要加强金融监管和宏观审慎政策，也就是货币政策与宏观审慎政策双支柱调控框架，这也体现了金融调控中时间与风险的有机平衡。

三、金融助力共同富裕的边界

改善社会分配根本上取决于经济的深层次结构性因素。金融助力共同富裕，必须明确其作用的前提和边界，把握好应有的度，只有这样才能更好地实现社会经济公平。

（一）结构性政策可以边际改进分配结果，但关键仍是以增长促公平

1.当传统政策传导不够顺畅时，结构性政策可以在改进经济公平方面发挥一定作用

全球金融危机爆发以来，主要发达经济体由于传统利率政策传导渠道受阻和总量型量化宽松非常规政策长期效果不佳，逐步进行了结构性政策的探索和实践。中国的结构性货币政策有着较长的实践经验和良好基础，在服务国家战略、支持国民经济重点领域和薄弱环节方面发挥了一定的积极作用。当前我国结构性货币政策工具箱较为丰富，存续的结构性货币政策工具已超过十个，根据政策目标的不同，将其分为长期性货币政策工具和阶段性货币政策工具，阶段性货币政策工具根据阶段性政策目标要求设立，完成目标后及时退出，通过有进有退，将工具数量稳定在一个合理水平。

2.与传统总量货币政策相比，结构性货币政策对社会福利的改进相对有限

理论上，结构性货币政策可以提高特定部门的资金可得性并促进经济转型，但结构性货币政策的效果在很大程度上取决于实体部门的结构性特征。研究表明，结构性货币政策能够有效促进新兴产业产出和总产出，但价格型的再贷款利率在优化经济结构、增进社会福利方面的效果更好；近年来结构性货币政策工具

在引导信贷投向、驱动信贷扩张方面发挥了积极作用，但与普遍降息、降准的传统总量政策相比，结构性货币政策对经济总量的影响相对较小；与传统利率政策相比，结构性货币政策对社会福利的改进有限。此外，结构性货币政策还可能存在对传统产业的挤出效应、对总量政策的替代效应以及对经济结构的扭曲效应。

3. 结构性货币政策工具应坚持聚焦重点、合理适度，避免碎片化和不同行业之间攀比

一方面，由于激励机制不健全，银行存在委托代理问题。许多新兴部门的小微企业缺乏抵押品、贷款成本高，银行更倾向将贷款发放给传统产业。另一方面，过多的结构性货币政策也可能存在目标上的冲突，因此应降低货币政策的透明度和可靠性。

（二）助力共同富裕需要其他政策的协调配合：财政等其他政策能够发挥更关键的作用

1. 财政等其他政策能够在促进共同富裕中发挥更大的作用，只有在财政政策缺失的条件下，货币政策才应发挥辅助性作用

从最终目标来看，各国货币政策都以物价稳定等宏观总量作为最主要目标；而财政政策则要充分考虑收入分配、地区协调发展等因素，具有明显的结构性特征。从工具手段来看，货币政策主要是通过央行资金或利率的变化影响金融机构行为，在总量调节方面能够发挥更大的作用；财政政策主要通过对不同主体税率、转移支付等手段影响不同微观主体、部门和地区的经济行为，在结构调整方面能够发挥更大的作用。从传导机制来看，货币政策主要通过金融机构和金融市场发挥作用，属于间接总量型调控，对不同行业和地区的影响主要取决于各自的经济状况和风险偏好；财政政策主要通过税收、发债和支出等方式发挥作用，能够直接影响不同微观主体的决策行为。从资金性质来看，央行的资产是央行对全社会的负债，资金最终仍要偿还并回流到中央银行，否则会影响公众信心和币值稳定；财政资金对应于税收和政府发债，往往直接无偿拨付给特定经济主体，资金在流通过程中的所有权发生变化，具有强制性和无偿的特点。

因此，实现共同富裕应以财政等政策为主、货币政策为辅，只有当政府融资能力有限，财政政策的结构性功能受限时，货币政策才不得不承担起经济结构调整的任务，这也是结构性货币政策最主要的理论基础。

2. 只有充分发挥财政政策的作用，做好政策协调配合，才能更好地实现共同富裕

长期以来，财政政策在宏观调控中的作用有限，货币政策则被赋予了更多的责任。但是，在新冠肺炎疫情的应对过程中，财政政策发挥了更大的作用，在财政货币双扩张政策的协调下，经济快速复苏，这与全球金融危机后各国的经济绩效形成了鲜明对比。新冠肺炎疫情过后，各国财政刺激力度加大，在危机救助和促进复苏方面，美国出台了大规模的财政刺激方案。2020年，美

国、欧元区和日本的赤字率大幅攀升。与货币政策相比，财政政策针对家庭部门，对促进经济公平的效果更为明显，保障居民福利和刺激消费的作用更加直接。

3. 货币政策应以价格稳定作为首要目标，在兼顾多目标的同时不能包打天下

中国社会经济金融的现实情况决定了货币政策的多目标制，这种多目标实际上增加了货币政策调控的难度，对货币政策的有效性提出了更高的要求。不过，货币政策仍要以国内物价稳定作为首要目标。

货币政策不能包打天下，货币政策传导效果还取决于财政政策、审慎监管、市场机制等多重约束。金融促进共同富裕，根本上还是应当加强财政政策与货币政策的协调配合，各部门通力合作协同推进，真正通过深层次结构性改革切实提升经济增长和信贷需求的内生动力，方能更好地实现经济高质量发展和共同富裕。

（三）通过全方位深化改革提升金融服务可得性，更好助力共同富裕

金融是实体经济的镜像，金融活动引发的分配扭曲，本质上反映了实体经济的内部失衡，经济的深层矛盾和问题制约了金融作用的发挥。因此，根本上还需要通过全方位深化改革提升金融服务可得性，让金融更好地促进增长，助力共同富裕。

1. 加快深化要素市场化改革

要素市场化配置既是关键性、基础性的重大改革任务，也是中国市场化改革成败的关键，直接关系到共同富裕目标能否真正实现。

2. 加快深化养老金体制改革

当前，在我国的养老金体系中，作为第一支柱的公共养老保险金所占的比重仍然过高，市场化的第二和第三支柱的职业年金、个人养老金发展还很不充分。为此，一方面，需要充分发挥个人账户的激励作用，夯实公共养老保险金第一支柱；另一方面，需要切实通过财税手段，鼓励企业年金、职业年金和个人养老金发展。

3. 加快深化金融双向对外开放

跨境资本流动不仅对国际收支平衡更加重要，更关系着国内企业和居民能否更充分地利用全球资源，促进经济高质量发展并更好地实现共同富裕。今后，应在放松不必要的管制措施、深化外汇等金融市场发展、健全跨境资本流动宏观审慎政策的同时，克服浮动恐惧症，提高对汇率波动的政策容忍度，真正发挥汇率作为宏观经济自动稳定器的作用，择机扩大并最终取消汇率浮动区间，实现资本账户完全可兑换。在经常账户收支向均衡水平收敛并可能出现逆差的条件下，积极鼓励各类型企业走出去并为其海外融资提供必要支持；与"一带一路"倡议相结合，通过"黑字还流"等方式大力推动人民币国际化，实现中国居民财富和企业资产的全球配置。

4. 加快深化国有企业改革

中国经济高速增长得益于民营企业的发展壮大，但全球金融危机爆发以来，国有企业在经济中的作用越来越重要。一方面，在完善国有企业公司治理和社会保障体系的同时，按照竞争中性原则，国有企业应从低效率非战略性部门真正退出。另一方面，应切实硬化国有企业预算约束，推动国有企业降杠杆，避免融资的所有制歧视。

5. 加快深化金融监管改革

在强化央行在宏观审慎和金融稳定中的作用的同时，应按照激励相容的原则，完善金融监管体系。一方面，明确监管目标，处理好行业发展与审慎监管的关系。另一方面，监管规则应公开透明，责权匹配。

6. 加快深化财税体制改革

为真正优化居民财富格局，更好发挥资本市场的财富管理功能，应加快深化财税体制改革。一方面，大力理顺中央地方财税事权关系，积极培育新的地方主体税种。稳妥推进房地产税试点工作，更好地稳定地方财政能力。另一方面，大力提高地方债务透明度，充分发挥金融市场和地方人大的约束作用，推动地方政府向服务型政府转型。

构建现代财税金融体制，
为共同富裕铺路搭桥*

共同富裕，不仅是社会发展概念，更是一场社会变革。共同富裕的实现，离不开起点的公平化、分配秩序的有序化、城乡区域发展的协调化，是各主体、各层面发展环境、发展条件、发展状况合力作用的结果。要发挥合力作用，需要制度、体制机制、政策工具体系涵盖经济社会各领域、各环节。其中，财政、税收、金融等领域体制机制的改革和政策体系的建立健全，对推进共同富裕至关重要。

一、发挥金融的现代经济核心作用

金融是现代经济的核心，它深度嵌入供给与需求，对促进供需进入良性循环具有关键作用。要充分发挥金融服务实体经济的

---

* 本文节选自中国金融四十人论坛成员、中国财政科学研究院院长刘尚希的专著《共同富裕与人的发展：中国的逻辑与选择》（中国金融四十人论坛书系）。

核心功能，必须走一条创新与包容并重的现代金融发展之路。

（一）积极推进金融的供给侧结构性改革

在供给侧，金融应在服务要素市场化配置、创新驱动和推动绿色发展三方面发力，更好地为各类主体提供具有高度适应性、竞争力和普惠性的金融服务，不断提升应对不确定性冲击、防范公共风险、实施跨期调节和促进包容性发展的能力。

一是优化城乡区域间的要素资源配置。依托金融科技手段，提升基层治理效能，构建城乡一体的金融服务新模式。搭建联结各类客户、各类要素互通共享、场景深度融合的全景服务生态圈，以资金流和数据流为牵引，助力资金、人才、技术、知识等要素的跨地域配置。进一步促进城乡联动发展，加强对乡村振兴产业的融资支持，积极推动各类要素向农村流动，使现代服务向乡村延伸。

二是完善服务创新和高质量发展的体制机制。注重数据要素价值挖掘，优化服务科创企业的基层组织架构和经营模式，开发适配科创金融新需求的投融资产品。加快数字化、智慧化平台建设，最大限度地发挥数据资产助推经济增长的正外部性。根据科创企业特点，打造技术改造贷、知识产权贷等多样化产品，满足其不同阶段的融资需求。

三是服务绿色低碳和人的全面发展。要将绿色低碳可持续发展贯穿金融服务各环节，助力形成人与自然和谐共生的局面。围绕"双碳"目标，优先支持大型绿色低碳项目融资，支持绿色产业发展，服务居民生活方式绿色转型。

第三章　共同富裕

（二）强化金融在促进消费和加快内需体系建设中的作用

在需求侧，金融应坚持扩大内需这个战略基点，系统布局与新发展格局相契合的服务体系，进一步增强金融服务对收入结构优化和消费需求升级的适应性。

一是服务收入分配改革，多渠道增加居民收入。以中低收入群体、中等收入群体为重点，提升产品服务质量和服务体验，为中等收入群体提供与其风险收益相适配的金融产品，支持高收入群体、企业家参与和兴办社会公益事业，进一步优化"橄榄型"收入分配结构。不断丰富理财产品供给，积极探索服务慈善金融的新模式。

二是适应"回流型"和"带动型"消费需求增长。把握开放机遇，健全便利化的金融创新体系，提升对境外消费回流境内的承接能力。构建本外币、内外贸、线上线下一体化的外汇业务产品体系。通过金融力量打通内需堵点、补齐短板，破除制约消费的服务屏障，持续提升对境外消费需求回流的服务能力，促进国内国际双循环的畅通有序、融合发展。[①]

（三）有效发挥金融市场的再分配作用

收入与财富的循环以金融市场为中介。财富存量总是处于金融市场之中，其收入或重归金融市场，形成财富增量，或退出金融市场，变成消费支出。收入流量达到一定水平后会受到税收调

[①] 陈四清：《以金融高质量发展促进共同富裕》，《中国金融》，2021 年第 20 期。

节，而处于金融市场的财富存量，则受到金融市场的调节，通过资产收益率进行流量和存量分配。

因此，需要培育健康的金融市场，防止产生逆调节作用。健康的金融市场可使更多人获得财产性收入，缩小贫富差距；而扭曲的金融市场，则可能连财富存量也被再次分配为"负资产"。金融市场的这种"双刃剑"效应若是再与能力差距相叠加，则财富差距、收入差距和消费差距都会在循环中不断扩大。

（四）重点鼓励普惠金融的发展

普惠金融可以为中小企业、个体工商户和贫困人口提供更加便捷、高效的金融服务，保障过程公平，提高可及性。普惠金融高质量发展还面临不少挑战，主要包括防止返贫、融入乡村振兴、扩大中等收入群体、推动普惠金融以及与财政、产业等政策进行密切协作，有效形成初次分配、再分配、第三次分配协调配套的基础性制度。鉴于此，下一步需在如下几个方面进一步深化改革。

一是缩小收入差距，形成普惠金融服务小微企业的政策合力。着力构建"敢贷、愿贷、能贷、会贷"长效机制，支持小微市场主体创新创业和可持续发展，增强初次分配的实力，缩小收入差距。充分发挥市场的决定性作用，通过金融市场拓宽小微企业的融资渠道。

二是缩小城乡差距，充分发挥普惠金融在巩固拓展脱贫攻坚成果同乡村振兴有效衔接方面的作用。不断优化、完善农村金融服务体系，推动城乡金融服务更加均衡。聚焦"产业兴旺"，不断创新金融产品和服务体系，盘活农村资产，增加农民财产性收入。

三是缩小地区差距，通过普惠金融改革试验区不断探索促进共同富裕的金融解决方案。发挥普惠金融在有效推进区域重大战略和区域协调发展战略中的积极作用，因地制宜、靶向施策、以点带面，深入推进普惠金融改革试验区建设。

四是增进民生福祉，为重点领域、重点人群持续拓宽金融服务渠道。加快完善老年人、残疾人、进城务工人员、大学生等群体的金融服务，有效支持相应的重点民生领域，促进创业增收，合理平滑消费，并探索通过支付结算、慈善信托等服务为第三次分配提供金融支持。

五是促进精神富裕，提升全民金融素养。大力培育积极向上的金融文化，强化公民的契约精神和诚信意识，增强居民和家庭的金融健康意识，为共同富裕奠定更加坚实的群众基础。加强金融教育顶层设计，系统推进将金融知识纳入国民教育体系，统筹开展集中性金融知识普及活动，帮助老百姓"守住钱袋子"。[①]

（五）推动财富金融创新发展

共同富裕是居民财富金融发展的根本目标，优化健全居民财

[①] 刘桂平：《努力以普惠金融的高质量发展助力全体人民共同富裕》，《上海证券报》，2021年12月17日。

富金融资产配置是实现财富保值增值、增加居民财产性收入的重要手段。鉴于此,提出如下几点建议。

一是通过推动居民财富金融创新发展,着力解决财富分化、扩大化问题。首先,明确中国居民财富金融发展要坚持服务实体经济和人民美好生活需要的理念,着重解决金融资源分配不均衡问题。其次,更多依靠数字化和金融科技弥补财富金融服务短板,将产品和服务延伸到偏远地区和中低收入群体,提升其财产性收入。最后,适当降低资产配置门槛,提高资产配置覆盖面和渗透率,兼顾各个收入群体的财富金融需求,加大力度普及金融知识教育,提高居民金融素养。

二是加快多层次资本市场建设,推动财富金融高质量发展。要落实"十四五"时期资本市场建设顶层设计方案,从多个层面着手进行优化升级,深化证券交易所、期货交易所、外汇交易中心等体制机制改革,进一步促进场内场外市场融通,打造符合中国经济金融实力和具有国际竞争力的多层次资本市场,创设更加丰富、多元的投资工具和金融产品。同时,鼓励更多境内外机构投资者参与中国多层次资本市场建设,完善境内外人民币资产配置配套服务。

三是加大居民财富金融服务创新和服务供给,优化居民资产配置结构和组合。既要满足不同居民财富群体的资产配置需求,优先以普惠性财富管理为发展重点,为更多的中低收入群体拓宽居民财富配置便利化渠道,也要结合居民财富群体的风险特征和投资偏好积极引导居民合理配置金融资产和房产。同时,建议持续健全财富金融分层分类体系，增强居民资产配置专业化水平，充分运用大数据、人工智能等金融科技工具，扩大金融机构财富管理智能化、数字化服务边界。

四是注重平衡好内外部风险与财富增值保值关系，促进居民财富金融稳健运行。必须牢固树立金融风险防范的底线思维，坚决不触碰监管"红线"，尤其要强化不同财富金融机构的主责主业和治理水平，做到"严监管＋严内控"，在收益性、风险性和安全性方面做好平衡。不仅要做好整个居民财富金融市场和行业的金融监管，促进存量金融产品安全平稳过渡，而且要把控好行业风险敞口，提升风险—收益意识。同时，应密切关注国际金融市场风险波动情况，及时做好风险前瞻性预测和风险预警，防止出现操作风险，确保居民财富金融平稳运行。①

二、强化财政的社会"血液"功能

财政是社会有机体的"血液"。实现共同富裕的充分条件是国家通过社会合力保障所有人获得基本能力，这需要强化财政作为社会"血液"的功能，强化财政作为国家治理的基础和重要支柱的作用，以现代财政制度为支撑，调整中央与地方在"权""钱""责"上的关系，调动两个积极性，缩小区域和城乡之间的发展差距，把解决人民群众，特别是低收入群众最关心的

---

① 唐建伟、邓宇：《共同富裕与居民财富金融发展》，《中国金融》，2021年第20期。

教育、医疗、住房等急难愁盼的问题放在突出位置，推进基本公共服务均等化；同时，统筹税收、财政支出、社会保险、投资消费等各方面资源，让公共政策、公共服务"跟人走"，夯实共同富裕的能力基础和制度基础。

（一）深化财政事权和支出责任划分改革

一是合理配置和清晰划分各级政府财政事权和支出责任，适度强化省级在统筹协调跨区域事务方面的职责，优化支持区域均衡发展的财政体制。探索跨区域的要素优化配置和分工合作机制，鼓励共建"飞地"产业园并完善利益分享机制，打造优势互补高质量发展的区域经济格局。

二是探索完善省与市县收入划分体制。贯彻分税制原则，根据税费属性合理划分收入，保护和调动市县发展积极性。提升省级财政统筹资源能力，更好发挥省级财政的均衡作用，强化财政体制"扩中""提低"的政策功能。探索建立省级以下财政收支均衡度评估机制，逐步提高财政初次分配均衡度。

三是进一步完善转移支付制度。明晰各类转移支付功能定位，优化转移支付体系和结构，更好发挥一般性转移支付、共同财政事权转移支付和专项转移支付的独特作用。建立健全动态的横向财政转移支付制度。根据常住人口数量及其变化趋势，建立更加精准、动态的财政转移支付、土地供给等制度。

（二）推进基本公共服务均等化

从目前到 2035 年，中国将处于创新驱动和财富驱动的发展阶段，当下需要把两者紧密结合起来。

一是逐步健全基本公共服务保障标准体系。探索建立目标明确、步骤清晰、水平合理、保障到位的基本公共服务均等化保障政策框架，完善基本公共服务保障标准确定机制和动态调整机制，推进基本公共服务更加普惠、均等、可及，保障标准和服务水平稳步提高。

二是着力办好义务教育，确保起点和机会公平。进一步明确规定义务教育中小学教师工资不低于当地公务员包含津补贴的实际收入水平。缩小中小学班额，减轻教师负担。调整政府教育支出结构，重点保证义务教育的需要，适当补助非义务教育。解决进城务工人员子女接受教育的问题。促进教育公共服务体系均等化，推动义务教育优质均衡发展。

三是健全多层次、城乡统筹的社会保障兜底政策体系，推进分层分类精准救助。首先，通过统筹税收、财政支出、社会保险等资源，重点解决低收入群体，特别是低保群体的基本生活保障问题，防止因病因灾返贫。其次，解决老年人看病就医问题。建议把职工医疗保险金中的统筹部分改为医疗保险税，由政府统一组织或购买医疗服务，对 65 岁以上的老年人实行免费基本医疗，基本医疗以外部分由个人或单位自愿缴纳商业医疗保险支付。最后，增强城乡居民基本养老保险制度吸引力，提高地方财政缴费补助，激励个人多缴费、长缴费。探索开展长期护理保险制度试点。

四是推进城乡公共文化服务体系建设。扩大公共体育场馆免费或低收费开放，博物馆、纪念馆免费开放财政补助范围，丰富全域高品质现代文化供给。

（三）扩大公共消费，促进人力资本的有效积累

政府的再分配政策主要有两类：转移支付和税收。前者旨在补低兜底，后者旨在调高削峰。政府还有一类政策是提供公共服务供大众消费，即公共消费。上述三类政策对共同富裕的促进作用各不相同，对"分配预期"的影响也不一样。现代国家都是三者并用，形成不同的组合。不同的组合所匹配的财政规模不同，政策力度大小不同，对分配预期的影响也不同。

财政规模占比大的国家形成"高税收—高福利"模式，但容易陷入"福利陷阱"，中国对此应保持警醒。鉴于此，当前应把政策着力点放在扩大公共消费上。

一是尽可能满足全体民众的基本需求，保障获取基本能力的机会平等。只有从财产和收入基准转向消费基准，才能真正从物本逻辑转向人本逻辑，更好地促进共同富裕。

二是基于公共风险最小化确定公共消费的"度"。无论是高税收，还是高福利，都存在"风险陷阱"。北欧国家以公共消费替代部分私人消费，相当于增加了个人收入，基尼系数自然变小了，但副作用是人们的劳动意愿普遍下降，最终将难以持续。因此，如何重构公共消费的函数关系，成了一个重大的理论问题，是按照福利最大化，还是公共风险最小化来确定公共消费的

"度"，其结果将是完全不同的。显然，我们应当选择基于公共风险最小化的公共消费。

（四）促进全民健康

健康是共同富裕事业的重要组成部分。全民健康要着眼于全人群、全生命周期，在生命各阶段提供社会满意和需要的医疗健康和卫生服务；着眼于共建共享，从以治病为中心向以人民群众健康为中心转变，从依靠医疗卫生系统向全社会整体联动转变；着眼于给每个人提供公平可及、系统连续的医疗卫生和健康服务。

近年来，中国财政在医疗卫生领域加大投入所形成的医疗资源仍处于条块分割状态，医疗资源浪费的现象屡有发生，与居民健康风险状况的匹配度不高，预防功能相对薄弱。今后需要从风险及预防的角度去探索和构建一条行之有效的破解之道。[①]

从防范化解健康公共风险的角度出发，进行有利于健康公共风险收敛的行为模式研究是控制风险的关键。只有从疾病管理转向预防管理，才能真正提高人民的健康水平，因此要建立健康风险理念。

财政在应对健康公共风险方面面临的挑战时要做到，一是从提供公共产品向防范和化解健康公共风险转变，以健康风险为导向编制预算；二是健全完善整合型医疗卫生服务体系，有效实现

---

① 刘尚希：《从风险的视角来看健康管理问题》，澎湃新闻，2021年5月16日。

医疗卫生资源更加优质均衡，基本公共卫生服务优质共享，医疗健康服务更加普惠公平；三是建立健全与高质量发展相适应的城乡一体、医防融合、优质高效的公共医疗卫生服务体系。

（五）公共政策"跟人走"

在中国的城镇化历程中，"人的城镇化"明显滞后于"土地的城镇化"。"十四五"时期，农村人口向城镇转移的趋势仍会继续，各项公共政策要进一步通过"瞄准"流动变化的人口分布来动态匹配基本公共服务，在建设项目规划、资金投入方向、转移支付坐标、公共消费供给等方面做出相应调整。

一是坚持项目规划"跟人走"原则，进一步优化行政区划和区域发展规划。城乡规划和项目布局应充分考虑产业集聚和人口分布的变化，优化空间规划，提升以中心城市、城市群和都市圈为主要空间形态的综合承载和资源优化配置能力。

二是坚持财政资金"跟人走"原则，进一步优化财政支出结构，提高资金配置绩效。在财政资金预算分配过程中，应动态地综合考虑投入的经济、社会和生态效益，回应群众对美好生活的向往。

三是坚持转移支付"跟人走"原则，进一步推进财政改革与社会改革的衔接融合。转移支付应避免追求绝对化、短期化的"公平"，有必要调整转移支付瞄准农村、中西部等特定地域的静态倾斜，转向基于人口流动的动态倾斜，让转移支付"跟人走"。

四是坚持公共消费"跟人走"原则，进一步强化人力资本积累和公共服务供给能力。各级政府应适度扩大"人的全面发展"这一类消费性支出占比，并不断提升公共服务供给的可及性、公平性和质量。

三、完善税收的调节作用

税收是促进共同富裕的有效手段，但在三次分配中有不同的功能作用。初次分配中税收尽量保持中性，以确保市场在资源配置中发挥决定性作用；再分配以政府为主，税收主要发挥调节作用；第三次分配以社会组织为主，税收主要发挥适度引导和激励作用。基于此，下一步的税收制度改革在促进共同富裕的进程中应主要在如下几个方面发挥作用。

（一）在初次分配中提高增值税"中性"程度，强化消费税调节作用

在增值税改革方面，需要提高增值税"中性"程度，减少对经济的扭曲，让市场在初次分配中发挥决定性作用。具体包括：一是税率三档并两档，继续减轻企业税负，减少税率相异的影响；二是增值税留抵退税试点制度进一步优化，直至实现彻底退税，进一步简化税收优惠政策，畅通增值税抵扣链条等。

在消费税改革领域：一方面继续把高耗能、高污染产品纳入征收范围，更好地发挥引导作用；另一方面，可以研究强化消费税在收入分配、引导消费以及寓禁于征方面的调节作用，并结合

中央与地方财政的分配关系，改革消费税征税环节，为将消费税收入下移至地方做税制准备。①

（二）政府再分配调整税收结构，以直接税为主增强对收入流量的调节功能

一是个人所得税改革有继续优化的空间。目前中国个人所得税覆盖面较窄、收入规模小、占比低，影响了其作为直接税的收入分配效果。从促进公平的作用来看，继续扩大综合计征范围、完善专项附加扣除项目、提升个人所得税的"累进"程度，应该成为个人所得税改革优化的重点，并在此进程中逐步扩大纳税人覆盖面。同时，需加大对高收入人群的征管力度。

二是推进房地产税立法。作为中国居民的财产主体，房地产构成了财产和收入差距的主要来源，房地产税的征收将对调节财富分配起到一定的作用。住房市场化改革以来，房地产市场的高歌猛进明显扩大了城乡贫富差距。征收房地产税，还可以改善住房租赁市场供给总量和结构，减轻年轻人的购房压力，对财富分配发挥间接的调控作用。

三是合理调节过高收入，规范资本性所得管理。针对"限高"措施可能引发的资产转移效应，应积极完善相关配套制度，及时堵塞制度和政策漏洞，提高高收入阶层可征税收入的透明

---

① 梁季：《更好发挥税收在推进共同富裕中的作用》，中国政策研究网，2021年10月26日。

度，加大富人向海外转移资产的代价。同时，完善税收征管制度，加大对高收入人群应纳税所得的税收征管。清理、规范不合理收入，加大对垄断行业和国有企业的收入分配管理，整顿收入分配秩序，清理变相增加高管收入等分配乱象。要坚决取缔非法收入，坚决遏制权钱交易，坚决打击内幕交易、操纵股市、财务造假、偷税漏税等获取非法收入行为。

（三）理性看待税收作用，防止产生政策幻觉

税收作为宏观调控的重要政策工具，既要充分发挥税收调节贫富差距的作用，也不能过度高估这一作用，更不能产生政策幻觉。以下几点需要注意。

一是税收调节高收入具有短期效果但边际效应递减。税收可以改变个人财富积累的速度，遏制收入与财富循环产生的"马太效应"，但无法对财富存量产生影响。随着时间延长，财富存量的边际影响增大，高收入者财产性收入占比快速提升，高收入者将更快地积累财富。因此，税收调节高收入的边际效应递减。

二是调节贫富差距不要过度依赖某一税种。比如，房地产税确实能增加一定的财政收入，但难以成为一个地方的主体税种，其调节贫富差距的作用也非常有限。

三是税收发挥调节作用是有条件的。在初次分配中，税收需要保持"中性"，确保初次分配的效率。再分配是强化税收调节功能的主战场，但也需要其他制度相配合，例如税收制度与财政支出制度的配合，减税降费制度与货币政策制度的配合，个人所

得税制度与社会信用体系的配合等。税收在第三次分配中的作用也是适当激励和引导，当其他政策条件不具备，整体社会治理水平有待进一步提升时，税收的调节作用也是大打折扣的。①

总之，实现共同富裕离不开税收作用的发挥，但税收也不是万能的。我们应理性看待税收的作用，不应过度夸大。税收代替不了市场主体的努力，也需要和其他公共政策工具一起发挥作用，激励市场主体创造财富。实现共同富裕需要一整套公共政策工具体系，税收是其中的一种，其作用的发挥要与定位相称。我们还需要强化对人人参与、人人努力的分配预期，不要让共同富裕的实现途径在方向上出现偏差。

---

① 梁季：《税收促进第三次分配与共同富裕的路径选择》，《人民论坛》，2021年第28期。

第三章　共同富裕

健全资本市场，
扩大中等收入群体*

资本市场健康发展，有利于投资者分享经济转型升级、企业成长壮大释放的红利，对增加居民财产性收入、扩大中等收入群体有积极作用，与此同时也会在一定程度上扩大收入差距。本文从资本市场的功能出发，分析实证资本市场促进中等收入群体扩大的机理和作用，并针对资本市场当前的不足之处，提出"六化"努力方向。

一、资本市场促进中等收入群体扩大的机理分析

改革开放以来，随着社会主义市场经济体制不断深化，我国中等收入群体迅速发展壮大。当前我国正处在经济结构调整的关键时期，扩大中等收入群体、激发中等收入群体消费活力，对推

---

* 本文为中国金融四十人论坛《2022·径山报告》《共富时代的大国金融》分报告《健全资本市场，扩大中等收入群体》的部分成果。课题负责人王毅系中国金融四十人论坛成员、中国光大集团副总经理。

动经济高质量可持续发展、实现全体人民共同富裕、维护社会和谐稳定，具有重要作用。

国际经验表明，人均国民收入超过1万美元后，居民家庭资产配置中金融资产的占比，特别是权益类资产的占比会显著提升，资本市场会对居民财富创造和收入分配产生重要影响。国家统计局统计数据显示，我国人均国民收入已跨越1万美元关口，中等收入群体超过4亿人，但与发达国家相比占比偏低，扩大中等收入群体规模和占比任重道远，持续深化资本市场改革仍然在路上。

资本市场通过发挥资源配置、价格发现、风险对冲和财富管理等功能促进经济发展，经济发展为资本市场繁荣提供基本面和信心支撑。一方面，资本市场有助于将经济体系中的储蓄转化为投资，通过财富效应刺激消费，分散过度集中于银行的金融风险，引导资源合理配置与流动，发挥"经济晴雨表"功能。另一方面，资本市场可能由于非理性行为和顺周期性加大金融风险发生的可能性。

市场普遍认为资本市场具有财富效应，但对收入分配的影响存在争议。一是认为资本市场繁荣会加剧收入分配不平等，但资本市场流动性的提升能改善收入分配差距；二是资本市场规模与收入不平等之间存在倒U形关系，即随着股市规模扩张，收入不平等状况先升后降。对于我国资本市场是否存在财富效应仍有争议，本文通过实证认为中国资本市场有一定的财富效应，扩大了中等收入群体规模，但也在一定程度上扩大了收入差距。

机构投资者的出现和发展，体现了市场分工专业化、投资组织化与社会化趋势，是资本市场发展程度的重要表现。机构投资者具有稳定市场、价值引导和财富创造的功能，但也有观点认为，机构投资者的高度同质性导致的"羊群效应"不利于市场稳定。养老基金作为一个特殊的机构投资者，其入市投资能推动金融产品创新、降低资产价格波动、促进资本市场发展，给各国资本市场带来深远的影响。

二、我国资本市场在扩大中等收入群体方面的作用

改革开放以来，我国居民收入水平大幅提升，收入来源从单一的工资性收入向多元化发展，经营、财产和转移性收入比重有所增加。2021年，我国城镇居民工薪收入占总收入的60.1%，较1990年低15.7个百分点；财产性收入占10.1%，较1990年高9.1个百分点；而农村居民财产性收入占比仍极低。从居民家庭财富配置结构纵向变动看，不动产、存款、理财和信托占比已经出现台阶式下移，股票、基金占比有所提升但仍偏低，利息收入仍是居民的主要财产性收入。从收入群体看，我国中等收入群体的财产性收入占比和金融资产占比仅略高于全部群体。

我国家庭金融资产占比低于全球平均水平，更低于拥有成熟资本市场的经济体，而货币及存款占金融资产的比重则高于大部分经济合作与发展组织成员。从国际横向对比看，人均GDP与居民非金融资产占比负相关，与居民金融资产中风险资产的占比

正相关。随着经济发展水平的提高和居民财富的增长，居民金融资产在总资产中的占比和风险资产在金融资产中的占比也会相应提高，资产配置和财富管理需求将稳步提升，资本市场将有较大发挥空间。

目前，我国已经形成主体多元、层次清晰、错位发展、互联互通的多层次资本市场，包括主板、创业板、科创板、北交所等场内市场以及新三板、区域性股权交易市场等场外市场；债券市场已经成为企业融资的重要渠道。市场参与主体类型日益丰富，保险、社保基金、企业年金、券商资管、私募基金、信托等机构投资者逐步入市。财富管理机构类型和产品谱系不断完善，形成包括银行系机构（银行理财部门、私人银行部门以及旗下理财子公司）、非银行金融机构（券商资管、保险资管、基金、信托等）和独立第三方财富管理机构在内的多元化机构生态体系，以及涵盖股票、债券、公募基金、私募基金、商品期货、金融衍生品、海外投资［QDII（合格境内机构投资者）］、FOF（基金中的基金）和基金投顾等的产品体系。截至2021年末，沪深证券交易所上市公司达4 615家，投资者数量超2亿人，总市值达到91.6万亿元，是全球市值第二大资本市场；参与期货市场交易的投资者数量超5 000万人，2021年单边交易规模超580万亿元；财富管理市场规模达134万亿元。

资本市场的发展壮大促进了我国现代金融体系建设，拓宽了居民投资渠道和财产性收入来源，为养老金体系和社会保障体系建设提供了有力支持。股票市场对居民收入的影响和财富效应的体现最为直接，股票资产已成为我国居民的重要财富。债券市场参与者以机构投资者为主，个人投资者投资渠道和投资标的较为受限，主要通过机构间接参与债券市场。养老基金资金来源稳定，是重要的机构投资者，在调节居民收入分配和促进资本市场发展中发挥着重要作用。养老基金入市使资本市场发展红利惠及全民，间接调节收入分配差距，并降低未来的收入不确定性，有利于减少预防性储蓄，促进消费；同时，养老基金入市有助于提升资本市场配置效率，引导理性投资氛围，降低资产价格波动，改善整体投资环境。从收益率看，社保基金成立以来的年均投资收益率达到8.51%，企业年金成立以来的平均加权收益率达7.3%，远高于居民直接投资收益率。

三、我国资本市场财富效应的实证检验

改革开放以来，我国经济和资本市场都快速发展。一方面，经济基本面的改善是支撑资本市场持续发展的基石，对股指走势的贡献率甚至可达50%以上。另一方面，资本市场的持续稳定发展通过收入效应、财富效应，对居民收入分配格局及实体经济产生深远影响。本文尝试构建了资本市场直接作用于经济增长的计量模型，但结果并不显著，这可能与趋势性、周期性、结构性因素多重叠加有关。因此，本文将实证检验的重点集中于股市和债市的财富效应、养老基金入市对资本市场和居民收入分配格局的影响。

（一）股票市场收入与财富效应的实证检验

从股市规模、流动性及居民股市参与度[①]三方面建模，衡量股市发展对居民财产性收入和居民消费支出的影响，及对城乡居民收入差距和消费支出差距的影响。模型结果显示，股票市场规模、参与度的提升能够显著影响居民财产性收入和消费支出；流通市值和居民股市参与度与人均财产性收入及人均消费支出正相关。股市规模每增加1 000亿元，居民财产性收入增加3.9元，消费支出增加24.3元；股市参与度每提高1%，居民财产性收入增加21.8元，消费支出增加169元。此外，股市流动性提高会缓解收入分配与消费支出不平等的情况，即流动性每提高1%，收入差距减少117.3元，消费支出差距减少300.1元。但股市规模和参与度提升会扩大城乡居民收入与消费差距，特别是参与度每提升1%，城乡收入与消费差距分别扩大31.6元和101.5元，这也在一定程度上加剧了不平等问题。

财富效应方面，我国股市投资者整体年度盈利规模呈逐年递增态势，但波动较大；分红收入持续增长，分红时点集中在每年的六七月份。模型结果显示，受投资者内部盈亏分化较大、分红占比不高的影响，股市规模、市场流动性、投资者参与度对投资者整体盈亏和分红收入的影响并不显著，但股市规模对高收入群体分红收入的影响十分显著。股市规模每增加1 000亿元，中、高

[①] 本文用流通市值和换手率反映股市规模及流动性，用居民期末股市持仓账户数占居民总人口的比重反映居民股市参与度。

收入群体享有的分红总额分别增加 0.05 亿元和 0.2 亿元。此外，居民也可以通过养老金（社保、企业年金）投资间接享受分红收益，即股市规模每增加 1 000 亿元，养老金分红金额增加 0.05 亿元。

进一步分析股市牛熊阶段、板块结构及上市制度对收入效应和财富效应的影响。收入效应方面，分阶段看，熊市中股市规模、市场流动性对居民收入与消费的影响更大，影响强度相当于牛市的 1.3~1.6 倍。分板块看，创业板规模、投资者参与度对收入分配的正向影响超过其他板块，主板流动性对收入及消费差距的负向影响超过其他板块。分制度看，核准制下，创业板"高换手率"对于居民收入的影响为负，说明"过度炒作"不利于提升居民收入水平；实行注册制后，创业板流动性影响不再显著，这可能与注册制实施时间较短有关。财富效应方面，分阶段看，投资者熊市入场普遍亏损，高收入群体亏损额更高；牛市中，中、高收入群体分红收入明显增加。分板块看，创业板规模对中、低收入群体分红影响较大，即规模每增加 1 000 亿元，中、低收入群体分红分别增加 0.05 亿元和 0.02 亿元；而主板规模对高收入群体分红影响显著，同等规模增长，高收入群体分红会增加 0.2 亿元。分制度看，创业板规模增长与流动性提升对投资者盈亏和分红影响均较为显著；实行注册制后，仅对盈亏影响显著，这主要是因为注册制下创业板、科创板股票价格增长更快，获取资本利得更加明显。

笔者还比较了中美资本市场股利支付和资本利得行为。从股利支付行为看，中美上市公司主要存在三方面差异：一是 A 股上市公司股利支付倾向明显高于美股，呈逐年上升趋势，创业板公司股利支付倾向最为强烈；二是 A 股上市公司现金股利支付率（29.6%）总体低于美股市场，主板、创业板股利支付率分别较美股低 14.2 个和 0.3 个百分点；三是 A 股上市公司分红能力低于美股，平均股息率仅为 1.5%，主板股息率较美股低 0.9 个百分点，创业板股息率仅相当于美股的一半。从资本利得看，与美股相比，A 股表现出"牛短熊长"、收益率低、波动率高、夏普比率[①]长期偏低的特征。2017—2021 年，上证指数、深证成指、创业板指的夏普比率分别为 12.8 倍、25.5 倍和 30.2 倍，不及道琼斯工业指数、标普 500 指数、纳斯达克指数同期水平（分别为 46.7 倍、61.5 倍和 77.2 倍）。这说明 A 股投资者获得的风险溢价相对较低，在一定程度上降低了投资者入市积极性。

（二）债券市场收入与财富效应的实证检验

我国债券市场以机构投资者为主，公募基金投资行为可以间接反映居民个人参与债市投资情况，其中债券型基金最具代表性。截至 2022 年一季度末，债券型基金规模 7.1 万亿元，占公募基金总规模的 28.2%，以中长期纯债型基金为主。中长期纯债型基金偏好金融债（持有市值占比为 65.3%），非金融信用债（持有市值占比为 27.0%）次之。中长期纯债型基金是典型的交易型

[①] 夏普比率（Sharpe Ratio）是基金绩效评价标准指标，用于衡量基金相对无风险利率的收益情况，公式为：夏普比率 =（年化收益率 − 无风险利率）÷ 组合年化波动率。

投资者，在收益率下行时增持债券配置，持债久期随收益率反向调整，杠杆水平随债券价格走势同向调整。通过实证检验发现，借助公募基金间接投资债市对居民消费有明显的正向推动作用，是实现财富保值增值的重要渠道。十年期国债到期收益率每上升1%，会带动居民收入增长1.1个百分点，有助于拉动消费（居民收入变量对消费的影响系数为正）。但需要说明的是，债市活跃度提升会对居民收入与消费产生显著的负向作用。这主要是因为，债市活跃度高时，信用利差扩大，信用风险上升，居民投资债市收益会有所减少，从而会缩小财产性收入与消费支出的规模。

（三）养老基金投资对居民收入分配效应的实证检验

2017年以来，我国养老基金入市规模稳步增长，截至2021年末，持有A股市值接近2万亿元，年均增速高达20.1%。实证检验发现，养老基金入市不仅对资本市场规模扩张有正向拉动作用，也对降低资本市场波动率有积极的促进作用。养老基金入市规模每增加1%，带动资本市场总规模增长0.62%，并使资本市场波动率降低0.02个百分点。2017年以来，我国居民个人入市交易整体呈现亏损状态，夏普比率为-7.4倍；高收入群体亏损相对较少，但其夏普比率也达到-5.2倍；同期，养老基金入市交易的夏普比率为8.6倍，投资者通过公募基金等渠道间接入市交易的夏普比率为3.7倍。这在很大程度上说明，以养老基金及其他资管产品间接投资替代个人直接投资，会对居民个人财富水平的提升、扩大中等收入群体的比重带来正面影响。通过实证检验还发现，资本市场规模增长有助于提升养老基金盈利水平，总市值每增加1%，会带动养老基金收益率增长1.03个百分点，且这种正向影响长期稳定存在。但市场流动性偏高，不利于养老基金收益率提升，全市场换手率每增加1%，会拉低养老基金收益率0.002个百分点，说明市场过度投机的氛围不利于长期资金保持稳定收益。

此外，养老基金偏好长周期配置资产，对长期投资理念有一定的引导作用。养老基金对退休收入具有保障作用，一定程度上可以降低家庭储蓄率。模型结果显示，养老保险保障水平提高与养老保险基金支出增加都有助于居民消费增长，参加城乡基本养老保险人群的平均消费倾向总体高于未参保人群，且平均消费倾向随年龄增长递增。但由于我国上市公司盈利能力不强、投资回报率不高、公司治理机制不健全、投资激励机制受限等问题的存在，一定程度上限制了养老基金长期投资效能的发挥。

四、加快推进资本市场改革开放

我国已跻身全球第二大资本市场，在服务实体经济、促进资本形成、实现价格发现、管理对冲风险、有效配置资源等方面的效能逐步显现，居民家庭资产配置中证券类金融资产占比日益提升。但我国资本市场财富效应偏弱，投机氛围较浓，制约了资本市场促进居民收入增长、扩大中等收入群体功能的发挥。

（一）股票市场的不足

一是股票市场功能定位不平衡，重融资、轻投资，"低分红、高波动、低收益、高风险"的现象仍然突出。二是上市公司内部治理机制不完善，"一股独大"现象较为普遍，机构投资者难以参与上市公司治理。加之信息披露不充分，一定程度上影响了股票的内在价值确定。三是投资者持股期限较短，部分机构投资者行为散户化。境内机构投资者持股期限平均只有 84 天，仅为全球机构投资者持股期限的 1/5，持股短期化现象较为普遍。四是场内权益类衍生品发展不足，多数品种上市时间较短，做空工具发展程度与成熟市场相比仍存在一定差距。

（二）债券市场的不足

一是债券市场品种不够丰富，缺少高收益债板块，无法满足有较高风险偏好和较强风险承担能力的机构投资者的投资需求。二是投资者投资偏好同质化，采取相似策略压缩了获利空间，加大了债市运行风险。三是债券市场相互分割，互相不联通，规则不一、标准不一，导致债券市场流动性低，存在非市场化的定价机制。四是地方债管理机制不健全，政府"隐性债务"快速扩张，风险隐患较大。

（三）资本市场的"六化"努力

第一，坚持理念政策"中性化"，夯实资本市场内生稳定性。改变投融资功能不均衡的现状，促进一、二级市场协调发展；扭转"宽多严空"政策导向，推动建立市场多空平衡机制；提升市场运行稳定性，探索建立资本市场重大风险应急响应机制。

第二，强化上市公司"公众化"，奠定价值投资基石。优化上市公司治理结构，通过股权制衡约束大股东机会主义行为，支持和鼓励专业机构通过股东大会提案和表决等方式积极参与上市公司治理，推动上市公司经营管理持续完善。强化以投资者需求为导向的信息披露，降低市场的信息不对称。鼓励和引导上市公司注重投资者回报，规范市值管理。完善退市相关制度和标准，形成进退有序的良性市场生态。

第三，促进中介机构"中立化"，营造价值投资环境。细化对中介机构的服务定位和行为规范要求，提高中介机构违法违规成本。强化分析师和投资顾问推介的审慎性和客观性，回归投研本源。扩大做市商交易试点范围，发挥中介机构增强市场流动性和维护市场稳定的作用。

第四，倡导投资者"机构化"，践行价值投资理念。推动投资者机构化，引导个人投资者通过专业机构参与资本市场。吸引中长期资金入市，强化基金管理人长期业绩导向。加强投资者教育和舆论引导，倡导长期价值投资理念。加大投资者保护力度，完善投资者适当性管理。推进个人养老金投资业务落地，充分发挥养老基金稳定资本市场、调节收入分配的功能。

第五，推进债券市场改革"纵深化"，提高违约处置效率。强化银行间与交易所市场的互联互通，建立标准统一、流程明确、规范透明的规则体系，加强政策协同。丰富债券品种，培育

第三章 共同富裕

高收益债市场，引入长期资金提升市场流动性。建立发行人分类监管制度，强化信息披露要求。建立多方协同的债券违约风险预防、预警、处置机制，坚持市场化、法治化原则，平衡好发展和去杠杆的关系。

第六，加速资本市场"一体化"，提升服务实体经济效能。完善转板上市规则制度，提高各层次市场的活跃度、流动性和价值创造能力。加快促进创新资本形成，支持优质科技公司自立自强。支持实体经济绿色低碳转型发展，鼓励符合条件的绿色低碳企业利用资本市场发展壮大。加快推出绿色金融产品，强化碳信息披露，推动市场主体践行绿色投资理念。

金融助力区域协调发展 *

与高收入区域相比，低收入区域的金融体系存在明显差距。造成这些差距的原因有些来自金融体系所处的外部环境，有些来自金融体系自身。补齐金融体系自身的短板，有助于促进区域间的资源自由流动、缩小低收入区域和中高收入区域的全要素生产率差距，是推动区域协调发展过程中必不可少的重要环节。

一、区域发展差距与金融资源配置的新特征

本文以 2011—2021 年省域间人均 GDP（名义 GDP/ 常住人口）的演变特征为观察起点，回顾了我国区域发展差距和金融资源配置格局的新变化。

---

* 本文为中国金融四十人论坛《2022·径山报告》《共富时代的大国金融》分报告《金融助力区域协调发展》的部分成果。本文作者张斌系中国金融四十人论坛资深研究员、中国社会科学院世界经济与政治研究所副所长。

（一）区域发展差距新特征

1. 区域间差距整体缩小，南北差距拉大

近十年，中国经济在持续增长的同时，区域间经济发展整体差距在缩小。2011—2021年，全国人均GDP年均增长8.4%，突破8万元。区域间的相对差距呈缩小态势：省域间的人均GDP变异系数从2011年的0.473降至2021年的0.438，居民人均可支配收入变异系数从0.443降至0.395（见图3-1）。但从国际比较看，我国省域间经济发展差距仍然偏大。例如，美国除华盛顿特区外，各州间的人均GDP变异系数约为0.185，远低于中国水平。

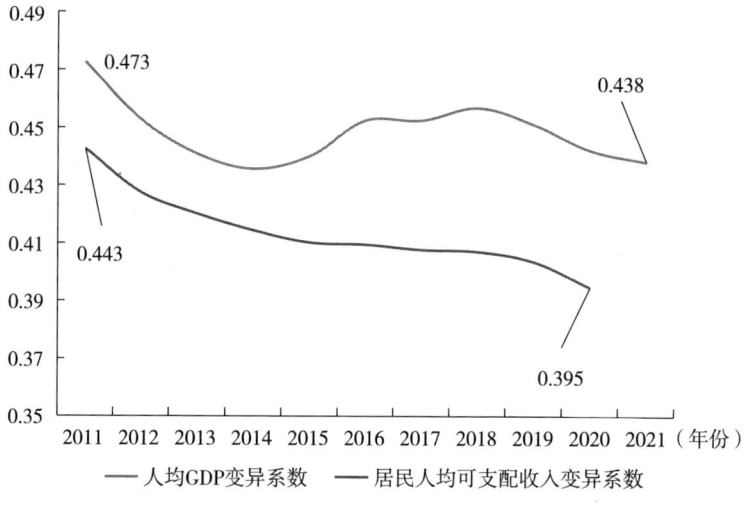

图3-1 省域间人均GDP变异系数和居民人均可支配收入变异系数

资料来源：Wind。

从地理区域的划分来看，省域间经济发展差距缩小主要体现

为中西部地区的经济追赶加快、东部和中西部[①]间的差距在缩小。中西部人口占全国人口的比重从53.6%微降至53.0%；其GDP占全国的比重从39.3%升至43.1%，提高了3.8个百分点；中西部人均GDP年均增速领先于东部和东北地区，2011年，中西部人均GDP（2.84万元）相当于东部地区的54.0%，2021年这一比例上升到了62.7%（见表3-1）。

在东部和中西部差距缩小的同时，南北差距在迅速拉大。2011—2021年，北方人口占全国的比重微降1.5个百分点至40.4%，GDP占比大幅下降7.6个百分点至35.2%；2011年，南北方人均GDP相差无几，北方还要略高于南方，到了2021年，南方人均GDP比北方高出1.74万元。十年间，南方人均GDP年均增速（8.7%）较北方高出2.8个百分点（见表3-2）。

表3-1　东中西部、东北地区GDP、人口占全国的比重及人均GDP变化

	GDP占比(%)		人口占比(%)		人均GDP(万元)	
	2011年	2021年	2011年	2021年	2011年	2021年
东北地区	8.7	4.9	8.1	6.9	4.17	5.72
东部	52.0	52.1	38.3	40.1	5.25	10.46
中西部	39.3	43.1	53.6	53.0	2.84	6.56
西部	19.2	21.1	27.0	27.1	2.76	6.26
中部	20.0	22.0	26.6	25.8	2.92	6.86

资料来源：Wind。

---

① 东部、中部、西部、东北地区划分来自国家统计局。东部包括：北京、天津、河北、上海、江苏、浙江、福建、山东、广东和海南。中部包括：山西、安徽、江西、河南、湖北和湖南。西部包括：内蒙古、广西、重庆、四川、贵州、云南、西藏、陕西、甘肃、青海、宁夏和新疆。东北地区包括：辽宁、吉林和黑龙江。

表 3-2　南北方 GDP、人口占全国比重及人均 GDP 变化

	GDP 占比（%）		人口占比（%）		人均 GDP(万元)	
	2011年	2021年	2011年	2021年	2011年	2021年
北方	42.8	35.2	41.9	40.4	3.96	7.03
南方	57.2	64.8	58.1	59.6	3.81	8.77

资料来源：Wind。

2. 中西部中低收入区域赶超效果明显，北方部分省份增长滞后

基于各省份十年间的人均 GDP 及其变化，我们可以从绝对收入水平和相对收入水平的变化两个维度来观察区域间的经济发展差距（见表 3-3）。

表 3-3　31 个省份绝对收入水平和相对收入水平变化

	人均GDP排名进步或持平	人均GDP排名退步
高收入组	北京（2）、上海（0）、江苏（1）、福建（6）、浙江（0）、广东（1）、重庆（5）、湖北（3）	天津（-4）、内蒙古（-5）
中等收入组	安徽（13）、江西（9）、四川（7）、湖南（5）、陕西（4）、海南（4）、山西（1）	新疆（-1）、山东（-2）、宁夏（-3）、辽宁（-9）
低收入组	云南（7）、西藏（5）、贵州（3）、河南（0）	广西（-2）、甘肃（-3）、青海（-4）、河北（-13）、吉林（-15）、黑龙江（-15）

注：括号中为排名变化值。
资料来源：Wind。

在 31 个省份中，将人均 GDP 排名前十位的省份定义为高收入组，排名后十位的省份定为低收入组，其余为中等收入组。将

2021年31个省份的人均GDP排名与2011年做比较，有19个省份的排名没有退步。其中有15个是南方省份，排名进步不低于五个位次的省份共有八个，全部为南方省份；而在排名退步的12个省份中，除广西外，其余均为北方省份。

在排名进步的省份中，重庆、湖北从2011年的中等收入组晋级到了高收入组；安徽、江西、四川和海南则从低收入组晋级到了中等收入组。排名退步的省份中，吉林、黑龙江排名退步高达15位，河北退步了13位，再加上青海，这四个省份从2011年的中等收入组退到了2021年的低收入组；此外，还有辽宁和山东从高收入组退到了中等收入组。

十年前的"最不发达"的省份赶超效果显著，它们集中位于南方的中西部地区，创造了较高的人均GDP增长率（见图3-2）。2011—2021年，在人均GDP年均增速高于全国水平（8.4%）的13个省份中，有七个在2011年属于低收入组，分别是贵州、云南、西藏、安徽、江西、四川和海南；其中前四个省份的人均GDP年均增长率高于10%，是全部省份中人均GDP增速最快的四个。

北方地区普遍面临着发展相对滞后的局面。2011—2021年，人均GDP年均增长率低于5%的六个省份全部位于北方地区，为河北（4.8%）、内蒙古、吉林、黑龙江、天津和辽宁（2.5%）。其中，天津和内蒙古2021年仍然位于高收入组，但排名较2011年分别下降了四位和五位；其他四个省份则在十年间从原来各自的收入组中退到更低的收入组。

第三章 共同富裕

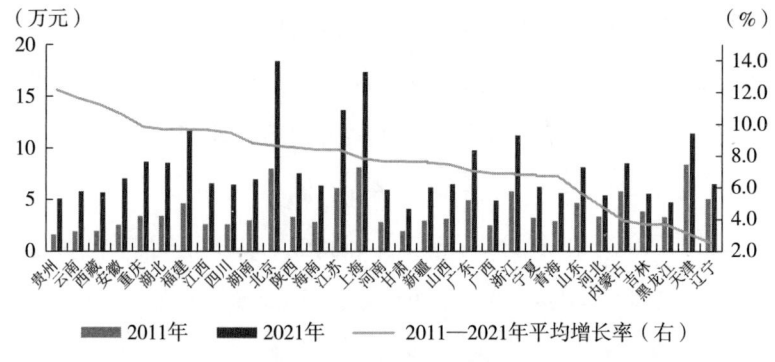

图 3-2　2011 年与 2021 年各省份人均 GDP 及年均增长率

资料来源：Wind。

（二）金融资源配置格局的新特征

1. 绝对收入维度的金融资源配置

从绝对收入维度观察，金融资源高度集中于高收入组，该区域的直接融资更发达。2021 年，高收入组常住人口占全国的比重为 35.0%。存款余额占比为 56.1%，贷款余额占比为 53.6%，分别高于其人口占比 21.1 个和 18.6 个百分点。高收入组 2021 年人均存款、贷款余额分别为 25.9 万元和 20.3 万元（见图 3-3），人均存款余额分别约为中、低收入组的 2.1 和 2.8 倍，人均贷款余额分别约为中、低收入组的 2.0 和 2.4 倍。

直接融资方面，不同收入组间的差距更加显著，直接融资资源更加集中于高收入组。2021 年，在新增股票融资中，约 72.4% 来自高收入组，约 21.4% 来自中等收入组，低收入组占比仅为约 6.1%；在新增企业债融资中，低收入组的比例基本可以忽略不计，来自高、中等收入组的比例分别为 73.1% 和 26.8%（见表 3-4）。高收入组人均新增股票融资和企业债融资分别为 1 771 元和 4 853 元，均大幅度高于中等、低收入组（见图 3-4）。

表 3-4　2021 年存贷款、新增股票融资和企业债融资在各收入组中的分布情况

	常住人口占比（%）	存款余额占比（%）	贷款余额占比（%）	新增股票融资占比（%）	新增企业债融资占比（%）
高收入组	35.0	56.1	53.6	72.4	73.1
中等收入组	36.7	27.4	28.3	21.4	26.8
低收入组	28.3	16.4	18.1	6.1	0.1

资料来源：Wind。

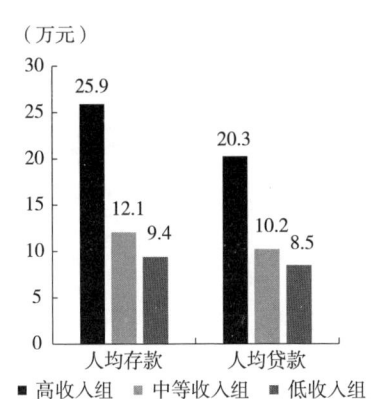

图 3-3　2021 年各收入组人均存贷款

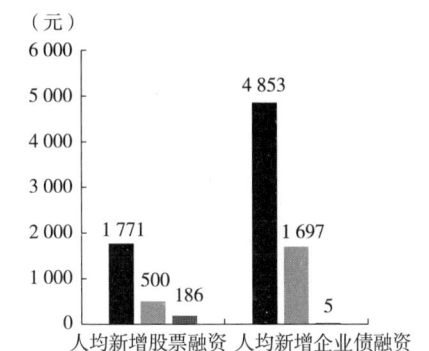

图 3-4　2021 年各收入组人均新增股票融资和企业债融资

资料来源：Wind。

2. 相对收入水平维度的金融资源配置

在相对收入维度，人均 GDP 排名下降的省份面临金融资源

流失局面，融资使用效率也在下降。将 2021 年 31 个省份的人均 GDP 排名与 2011 年做比较，将 19 个排名没有退步的省份归为"赶超（含持平）组"，其他省份均为"退步组"，可以发现如下情况。

退步组省份面临着明显的金融资源流失局面。2011—2021 年，退步组省份的存款余额、贷款余额、新增股票融资、新增企业债融资合计占全国的比重全部下降，降幅分别为 2.4 个、2.5 个、17.7 个和 18.8 个百分点，减少的比重同时体现为赶超（含持平）组省份的相应比例增加（见表 3-5）。十年间，退步组省份的人均存贷款增速分别低于赶超（含持平）组省份 0.8 个和 0.9 个百分点。直接融资方面的差距拉开则更为迅速。2013 年，赶超（含持平）组省份人均新增股票融资和退步组省份基本一致，人均新增企业债融资方面的差距也不至于过大。但到了 2021 年，赶超（含持平）组省份的人均新增股票和企业债融资分别是退步组省份的约 3 倍和 7 倍（见表 3-6）。

表 3-5　2011—2021 年存贷款、新增股票融资和企业债融资占比在赶超（含持平）组和退步组省份间的分布变化

	存款余额占比（%）		贷款余额占比（%）		新增股票融资占比（%）		新增企业债融资占比（%）	
	2011年	2021年	2011年	2021年	2013年	2021年	2013年	2021年
赶超（含持平）组	74.9	77.3	73.3	75.8	69.1	86.8	75.6	94.4
退步组	25.1	22.7	26.7	24.2	30.9	13.2	24.4	5.6

资料来源：Wind。

表 3-6　赶超（含持平）组和退步组省份 2011—2021 年人均存贷款及 2013—2021 年新增股票融资和企业债融资变化

	人均存款（万元）			人均贷款（万元）			人均新增股票融资（元）			人均新增企业债融资（元）		
	2011	2021	年均增速	2011	2021	年均增速	2013	2021	年均增速	2013	2021	年均增速
赶超（含持平）组	6.5	17.9	10.7%	4.4	14.4	12.5%	166	1 065	20.4%	1 476	3 143	11.4%
退步组	4.8	12.2	9.8%	3.5	10.6	11.6%	162	375	8.7%	1 041	428	-11.9%

资料来源：Wind。

从单位 GDP 增量对应的贷款情况来看，退步地区的融资使用效率也在下降。2012 年和 2021 年，退步组省份单位 GDP 增长所需的贷款均高于赶超（含持平）组省份。这期间，赶超（含持平）组省份单位 GDP 增长所需的贷款从 1.34 元降至 1.15 元，下降了 14.2%；而退步组省份单位 GDP 增长所需的贷款则从 1.87 元升至 2.95 元，提高了 57.8%（见图 3-5）。

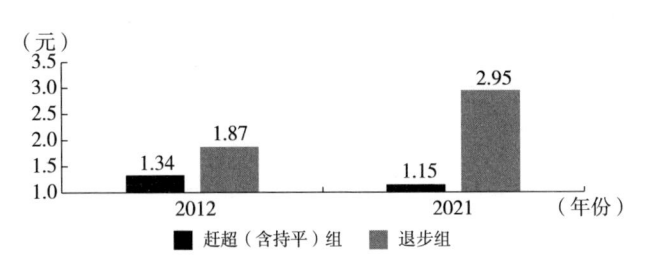

图 3-5　单位 GDP 增量对应的贷款增量

资料来源：Wind。

3. 不同地理区位划分下的金融资源配置格局变化

根据前文所述，进步明显的地区不少是原低收入的中西部省份，而退步省份基本位于北方地区（除广西）。全国直接融资则进一步向东部集中，中西部获得的间接融资资源增长明显，而北方在直接融资和间接融资上全面落后。

基于东中西部和东北地区的划分，从以贷款为代表的间接融资来看，中西部近十年来得到的贷款资源配置增长较快，有力地支撑了其经济增长。2011—2021年，中西部贷款余额占全国的比重从33.5%提高4.8个百分点至38.3%；人均贷款余额从2.6万元升至9.6万元，年均增速13.9%，领先于东部和东北地区。

从直接融资来看，东部地区近十年的直接融资发展速度远超其他地区，直接融资在东部地区的集中度大幅提高，中西部地区在直接融资层面追赶不及。2011—2021年，东部地区新增股票融资、企业债融资占全国的比重分别从37.5%和59.5%升至2021年的74.0%和77.4%，分别提高了36.5个和17.9个百分点；东部地区人均新增股票融资和企业债融资额十年间分别年均增长了38.6%和11.6%，2021年分别为1 579元和4 481元，均大幅高于其他地区。中西部地区的新增股票融资、企业债融资占全国的比重在十年间则分别下降了31.9个和11.0个百分点。

无论从间接融资还是从直接融资看，东北地区在金融资源格局的演进中，都处于落后地位。2011—2021年，东北地区贷款余额、新增股票融资、新增企业债融资占全国的比重全部下降，降幅分别为1.6个、4.6个和6.8个百分点。十年间人均贷款余额和人均新增股票融资额年均增速在各区域中均为最低，人均新增企业债融资额年均下降了0.6%。

二、区域发展差距背后的金融短板

传统上，中西部的低收入省份较多，造成低收入的原因往往是地理因素、各种生产要素投入质量和资源配置效率偏低等。近十年，拉大区域发展差距的不再是传统的中西部低收入省份，而是东北地区和其他一些北方省份。地理因素、生产要素投入质量难以解释新的区域差距拉大现象，产业和城市转型成为区域发展出现差距的新主导因素。

安徽、江西、四川、海南等十年前还处于低收入组的省份较好地推进了产业转型升级，在过去十年当中取得了较快增长，晋级到中等收入组。金融在其中发挥了重要作用，特别是对中心城市发展的基础设施建设融资和对企业的权益类融资助力了产业转型升级。东北地区和很多北方省份经济增长滞后的主要原因在于传统产业成长空间受到限制，新产业缺乏成长空间，产业和城市转型升级不顺利。这些区域的产业和城市转型升级遇到困境，背后的原因有多个方面，金融服务方面的短板包括以下几点。

第一，政府债务负担过重拖累了地方经济发展。在沉重的债务负担下，经济增长滞后区域面临着金融和实体经济部门之间的负反馈机制：经济活力不足—地方综合财力下降—偿债能力下降—融资成本上升和融资能力下降—限制公共管理和服务并增加非税负担—遏制地方经济活力。具体来看，地方经济缺乏活力，税收增长乏力。近十年来，受到减税降费、经济结构转型和经济下行压力等多方面因素影响，全国税收增速趋势性下降，但低收入地区降幅最大。2010—2015 年低收入地区税收年均增速为 18.5%，到了 2015—2020 年，年均增速则降至 3.5%，降幅达 15 个百分点，这一降幅分别较高、中等收入地区高出 1.6 个和 3.4 个百分点。同时，低收入地区税收占一般公共预算的比重以及政府性基金收入同样表现欠佳（见图 3-6）。

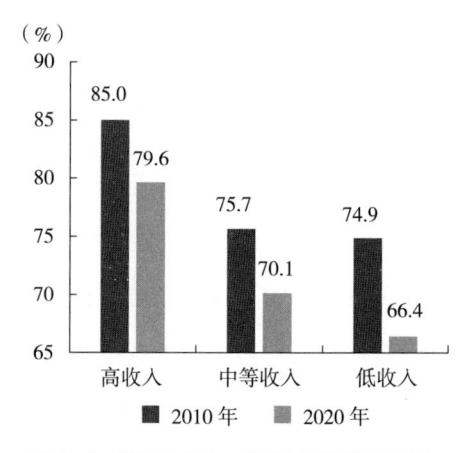

图 3-6　税收收入占一般公共预算收入比重

资料来源：Wind。

债务率快速上升，融资成本上升，融资能力下降。2021 年低收入地区政府显性负债率（地方一般债专项债余额之和 ÷ 综合财力，综合财力包括一般公共预算、政府性基金预算收入，以及接受中央转移支付收入）为 127.1%，较高、中等收入地区分别高出 31.5 个和 10.2 个百分点。黑吉辽冀等省份的显性债务偿还压力较大，地区内以政府信用为背景的城投平台融资也受到较大约束，融资占比迅速减少、相对融资成本显著上升。

地方政府财力捉襟见肘，公共支出受限，非税收入增加。经济增速滞后省份税收和融资能力下降，地方政府在提供公共管理服务和公共基础设施方面的能力和灵活性也受到限制。部分地方政府通过国有资源有偿使用收入、行政事业收费收入等非税收入弥补政府财力。低收入地区 2011—2021 年非税收入年均增速是 10.7%，不仅高于其他地区的非税收入增速，也比自身的税收收入年均增速要高出 4.2 个百分点。

第二，金融服务难以对接企业转型升级，特别是权益类融资的匮乏。产业转型升级的主要方向是从劳动和资本密集型投资转向技术和知识密集型投资，从物质资本投资转向人力资本投资，权益类融资是企业转型升级的关键支撑。对比皖赣川和黑吉冀，二者在这些方面表现出明显差距（见表 3-7）。

从总体融资规模上看，黑龙江 2021 年新增社会融资规模不及 2011 年的一半，吉林和河北 2021 年较 2011 年小幅增加，而安徽、江西、四川 2021 年新增社会融资规模较 2011 年都实现了翻倍。结构上，2014 年开始受金融同业治理以及《关于规范金融机构资产管理业务的指导意见》等政策的约束，各省（自治区、直辖市）委托贷款、信托贷款等表外贷款持续呈净减少状态。皖赣川融资渠道呈现多元化发展，新增企业债券和股票融资倍数级增加，2021 年新增直接融资较 2013 年分别增加 861 亿元、1 397 亿元、1 829 亿元，为企业持续发展创新注入活力，而黑吉冀直接融资欠缺，2021 年企业债券和股票融资呈现净融出状态。

第三章　共同富裕

表 3-7 2013—2021 年皖赣川和黑吉冀社会融资情况

年份	安徽 社会融资规模（亿元）			江西 社会融资规模（亿元）			四川 社会融资规模（亿元）		
	总计	其中：本外币贷款	委托贷款+信托贷款+未贴现银行承兑汇票	企业债券+股票融资	总计	其中：本外币贷款	委托贷款+信托贷款+未贴现银行承兑汇票	企业债券+股票融资
2013	4 969	2 876	1 435	475	3 898	1 987	1 447	316	7 137	4 125	1 867	596
2021	9 712	6 564	-710	1 336	8 291	5 562	-1 207	1 713	14 306	9 373	-1 030	2 425
变化	4 743	3 688	-2 145	861	4 393	3 575	-2 654	1 397	7 169	5 248	-2 897	1 829

年份	黑龙江 社会融资规模（亿元）			吉林 社会融资规模（亿元）			河北 社会融资规模（亿元）		
	总计	其中：本外币贷款	委托贷款+信托贷款+未贴现银行承兑汇票	企业债券+股票融资	总计	其中：本外币贷款	委托贷款+信托贷款+未贴现银行承兑汇票	企业债券+股票融资
2013	3 333	1 518	1 495	193	2 172	1 529	351	167	6 247	3 047	2 376	440
2021	1 581	1 774	-1 190	-160	3 038	1 838	-102	72	8 796	6 969	-675	-458
变化	-1 752	256	-2 685	-353	866	309	-453	-95	2 549	3 922	-3 051	-898

资料来源：Wind。

第三，区域金融资源配置没有充分发挥中心城市的集聚效应和引领作用。中心城市作为地区经济、政治、文化中心，不断吸引着外来的金融资本、物质资本，尤其是人力资本等生产要素，聚集了更多的高端制造业、高端服务业、重大新兴产业和高技术产业，依靠集聚效应、规模效应和范围效应成为引领地区发展的增长极。并且随着产业转型升级，新兴产业与高技术产业对人力资本要求更高，而人力资本在区域配置中往往向具有更多就业机会和更完善公共服务的中心城市集聚，带动中心城市在区域经济发展中作用的提升。

集中金融资源助力中心城市发挥聚集效应。一方面是要加大对中心城市的基础设施建设投入，为产业引入和后续发展打好基础；另一方面是围绕产业集群，为其发展、转型升级提供匹配的金融服务。中西部赶超省份的经验表明，伴随着中心城市聚集程度持续提高，省（自治区）内中心城市和非中心城市发展差距会以更快的速度缩小。

人均 GDP 排名上升最快的安徽、四川中心城市发挥的集聚效应尤其明显。2010—2020 年，合肥常住人口从 571 万人增加到 937 万人，增幅为 64.1%，常住人口占全省人口的比重从 9.6% 提升至 15.3%，GDP 占比从 21.9% 提升至 26.0%；成都常住人口从 1 405 万人增加到 2 095 万人，增幅为 49.1%，常住人口占全省人口比重从 17.5% 提升至 25%，GDP 占比从 32.3% 提升至 36.5%。排名退步的省份，不仅人口总体净流出，中心城市的人口流入与排名进步省份中心城市相比也很有限。2010—2020 年东北三省常住人口大量净流出，辽宁、吉林、黑龙江常住人口净流出分别为120万人、348万人和662万人。同期，沈阳和长春常住人口分别增长了96万人和139万人，增幅分别为11.9%和18.1%，哈尔滨常住人口减少63万人，增幅-5.9%（见图3-7）。

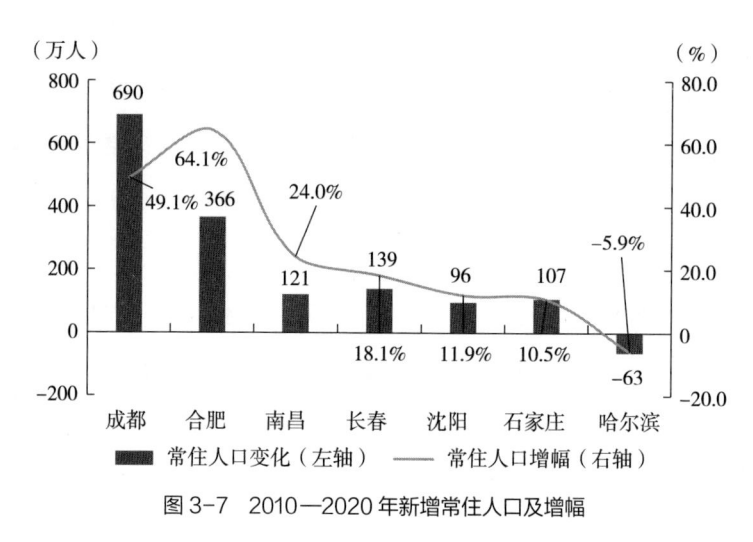

图3-7　2010—2020年新增常住人口及增幅

资料来源：Wind。

第四，中小金融机构公司治理问题突出。2012年以来，全国大型银行在排名退步省份的贷款业务占比呈收缩趋势，员工数持续减少，同时贷款不良率持续攀升。排名退步省份的中小金融机构风险频发，公司治理问题尤为突出。《中国金融稳定报告（2021）》表明，绝大多数省份存量风险已经压降，截至2021年二季度，辽宁、甘肃、内蒙古、河南、山西、吉林、黑龙江等省份高风险机构数量较多，包揽了排名退步前五名中的四个，即黑龙江（↓15）、吉林（↓15）、辽宁（↓9）、内蒙古（↓5）。特别是 2022 年 5 月中国银行保险监督管理委员会（以下简称"银保监会"）对外披露："2021 年以来，在金融风险重灾区的辽宁，已有 63 名中小银行'一把手'被采取留置和刑事强制措施。"排名退步省份金融机构内部治理问题可见一斑。

第五，缺少针对地方经济发展特色的金融服务。我国采取的是中央集中的金融监管模式，地方在金融基础设施建设、金融机构以及金融产品设立方面空间较小。与此形成对比的是，低收入区域与高收入区域面临情况迥异的经济基本面，对金融服务的要求有很大差异。金融体系缺乏足够的弹性来服务经济增长滞后区域的经济发展。经济活力与真实利率高度相关。

一是针对企业部门，低收入地区面临更高的融资成本。2016—2021 年，信用债利率整体下行，但低收入地区信用债利率持续处于最高水平，且与高收入地区的利差逐渐扩大，从 57 BP（基点）扩大到 117 BP（见图 3-8）。低收入地区在债券市场上融资难、贵，还要面对更高的银行贷款成本。如图 3-9 所示，选取黑龙江、吉林、河北这三个位于低收入组且十年间人均 GDP 排名下滑超过十位的省，三省 2021 年企业贷款加权平均利率分别为 5.06%、5.42%、5.40%，较全国水平分别高出 45 个、81 个和 79 个 BP。十年间人均 GDP 排名提高 13 名、从低收入组晋级到中等收入组的安徽，企业贷款加权平均利率为 4.65%，与全国水平相当。高收入组的上海、北京的贷款加权平均利率更低，分别为 4.20% 和 3.76%。

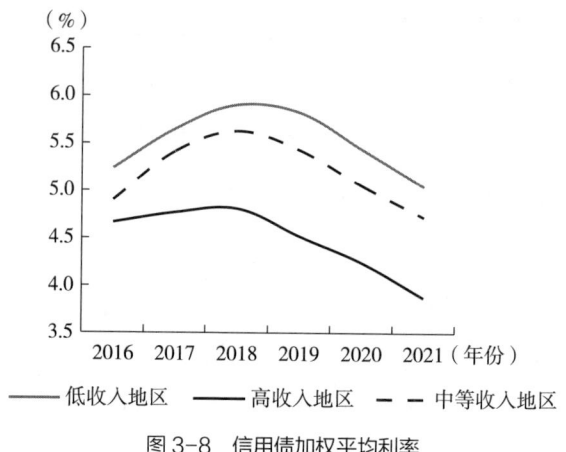

图 3-8　信用债加权平均利率

资料来源：Wind。

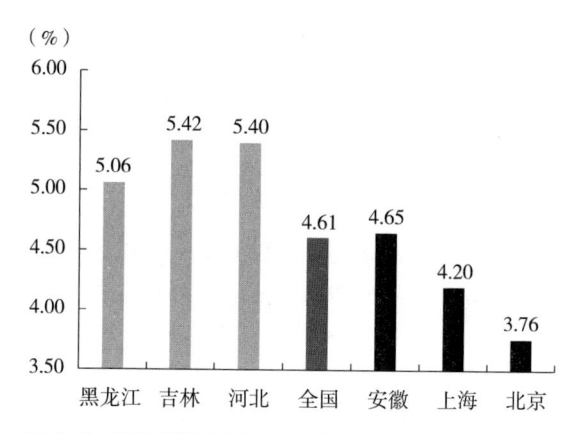

图 3-9　部分省份及全国 2021 年企业贷款加权平均利率

资料来源：中国人民银行。

二是针对居民部门，缺少与地方经济相匹配的金融服务价格弹性。相对其他形式的贷款，房地产贷款对应的是不动产，可以排除跨区套利，采取差异化的住房抵押贷款政策。低收入地区的房地产市场普遍低迷,但是低收入地区居民所面临的房贷政策和利率与高收入地区没有显著区别(见图3-10)。低收入地区过于严格的住房抵押贷款环境给当地居民带来了过高的债务成本,也难以起到调节当地房地产市场的作用。

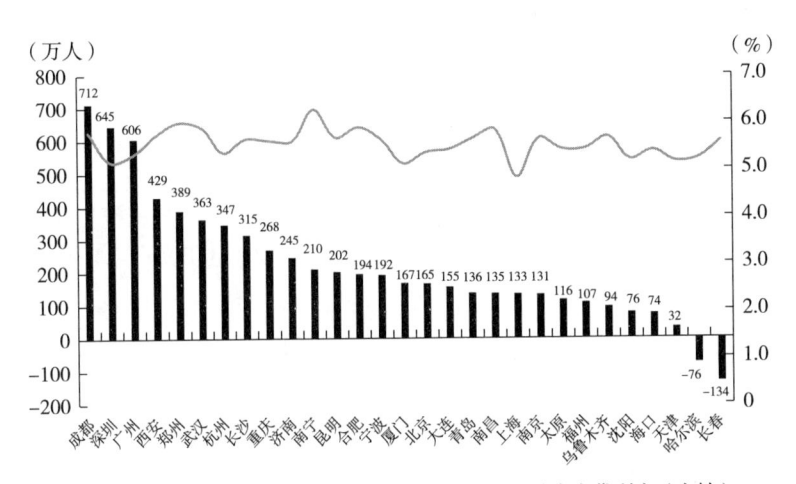

图3-10 主要城市2020年1月首套房贷平均利率与近十年间常住人口净增量

资料来源:Wind。

三是针对政府,在低收入地区和产业转型压力比较大的地区中,市场失灵现象更普遍,需要更加多样化的政策性金融机构帮助缓解市场失灵压力。地方缺乏足够的授权和能力设立类似的金融机构。现有的政策性金融机构虽然也能针对某个地区设立专门的政策性金融服务措施,但是覆盖范围受到限制。

区域间的人均收入趋同来自两股力量:一是低收入地区通过自身努力缩小其与高收入地区的全要素生产率差距;二是生产要

第三章 共同富裕

素，特别是劳动力的跨区域自由流动。从国际经验来看，劳动力的跨区域自由流动是实现区域之间收入趋同的重要支撑。金融助力区域间协调发展，不仅要关注低收入地区的金融短板，也要关注高收入地区在吸纳低收入地区劳动力方面存在的金融短板。

我国的都市圈房价过高为人口流动竖起了过高的围墙，都市圈高房价背后存在着都市圈建设中投融资机制方面的短板。都市圈的高房价与都市圈建设的融资模式有关。在都市圈建设过程中，地方政府高度依赖土地销售收入，以土地销售收入为杠杆撬动更多信贷资源支撑基础设施建设。都市圈土地供应数量有限，价格疯涨，高地价促成了高房价。这种模式下都市圈扩张和外来人口流入受到较大限制。作为对比，还可以考虑另外一种模式：通过地方政府发行长期低成本债券的融资方式获得资金，投资于都市圈的基础设施建设，都市圈扩容扩大了税基，以此偿还债券融资成本。这种模式下要求尽可能地保持土地供应弹性和较低的土地供应价格，都市圈房价能够实现较大幅度的下降，容纳更多的外来人口，助力区域协调发展。

三、政策建议

区域发展战略是我国实现区域协调发展的重要举措。观察中西部发展战略和东北老工业基地振兴战略，相比较而言，通过政策性金融支持基础设施建设—更好地承接产业转移—产业和人口流入增强和集聚效应—区域政府信用和企业信用提升—吸引更多金融资源能够形成较好的正反馈机制。在某些特定企业或者行业的纾困方面能发挥一些作用，但是难以建立可持续的增长机制。

实现我国区域经济协调发展，金融政策方面的工作重点有以下四个。

一是补上低收入地区的金融服务短板，助力低收入地区产业和城市的转型升级。具体包括：第一，降低经济增长滞后区域的隐性债务负担，对公益类建设项目相关的存量债务要尽可能地置换为低成本、长周期的债务，对增量部分要尽可能使用政府信用债务；第二，发展多层次的权益类融资，助力产业转型升级；第三，合理发挥产业投资基金对有发展潜力产业的引导作用，财政资金通过引导、担保、兜底等方式充当后盾，协同完成支持产业发展和转型升级的重任；第四，建设资金重点支持区域内的人口和产业流入的城市建设，发挥中心城市的集聚效应和引领效应，支持区域内的人口流动；第五，规范金融监管，严厉打击各种金融诈骗活动。

二是做好大都市圈建设相关金融服务。从低收入地区到中等、高收入地区的人口流动是实现区域协调发展的重要支撑，大都市圈是吸纳低收入地区人口的主要区域。我国的都市圈房价过高，通过增加都市圈的住宅用地供应，以及发行债券为都市圈建设融资，可以大幅降低进入都市圈购房和生活的门槛。

三是探索更有针对性的地方特色金融服务体系。我国采取中央集中的金融监管模式，针对地方经济基本面的特色金融服务不够灵活。在中央对经济发展滞后区域的金融支持政策中，信贷资源的支持很重要，同样重要的是设计和培养与地方经济相匹配的区域性金融基础设施、金融机构和金融产品。可以探索更加灵活的区域性金融服务措施，包括与当地房地产市场和经济基本面发展相匹配的差异化住房抵押贷款政策、区域资本市场、多样化的政策性金融服务等。

四是发挥普惠金融、数字金融促进区域协调发展的积极作用。构建普惠金融成本可负担、商业可持续的长效机制是关键，数字化是普惠金融发展的重要方向。具体措施包括：第一，持续加快建设全国性金融信用信息基础数据库、区域性金融服务平台等金融基础设施，发展市场化第三方征信机构，有效降低资金供给与需求间的信息不对称；第二，完善风险分担补充机制，加大各级政府融资担保公司和风险补偿基金对中小微企业、"三农"等的增信、风险补偿和风险分担，撬动更多金融资源进入普惠领域；第三，数字化赋能普惠金融发展，有效减少银企间信息不对称，服务触达传统金融不能覆盖的、包括中小微企业在内的长尾客户群体。

第四章
高质量发展

完善金融支持科技创新体系*

当下中国正经历百年未有之大变局,国际竞争越发体现为科技实力的竞争,加快科技创新,促进科技更有效地转化为现实生产力,既是新时代中国更加积极参与国际竞争的需要,更是构建新发展格局的需要。

一、我国金融支持创新的现状与问题

如今,我国已经进入高质量发展阶段,但在科技领域仍存在一些亟待解决的问题。一是基础科学研究短板突出,重大原创性成果缺乏,关键核心技术受制于人的局面没有得到根本性改变。二是人才发展体制机制不完善,原始创新能力较弱,仍缺乏顶尖人才和团队,特别是缺乏能够心无旁骛、长期稳定深耕基础理论

---

* 本文为中国金融四十人论坛课题《完善金融支持科技创新体系》的部分成果。课题负责人张晓慧系中国金融四十人论坛资深研究员、中国人民银行原行长助理。课题组成员:朱鹤、钟益、盛中明、张佳佳、祝修业、宋晨曦。

的人才队伍。三是科技成果转化能力不强，我国科技成果转化率最高只有 30%，而发达国家可以达到 60%~70%。

工业革命以来的历史证明，金融是科技重要的支撑力量，是将技术进步转化为现实生产力的催化剂。目前，我国金融支持科技创新体系仍处于相对初级的起步阶段，现行金融体系与科技创新的融合度还不够高，科技创新对资金资本的需求与金融体系的资金供给尚不匹配。主要体现在两方面。

（一）财政资金是现阶段政策支持科技创新的主要资金来源，但囿于资金规模和体制，财政资金的支持力度有限，且存在"头重脚轻"的现象

科技创新活动具有产出不确定、研发投入规模大、公共外溢性以及回报周期长等特征，在一些具有公益性、政策性、战略性的基础技术创新方面，需要依靠财政提供长期持续的资金与政策支持。当前，财政资金是我国政策支持科技创新的主要资金来源。财政支持科技创新有明显优势，其目的性强、成效显著，但囿于资金规模和体制，财政资金的支持力度相对有限，现有模式的实际效果不及预期、可持续性不高。具体而言包括以下几个方面。

第一，国家财力比较单薄，需要支持的领域众多，对科技的支持不够全面、深入，缺乏对整个科研体系的系统化支持。财政资金来源单一，资金额度有限，既无法全面覆盖科技创新发展的各个领域，也很难就单一领域进行深入投资。

第二，单纯的财政拨款模式在向下分解时，很难避免人为因素的干预。财政资金的分配方式受到条块分割等体制性因素的影响，不能完全契合科技自身的规律。财政资金往往更加偏向规模较大的国有企业，中小创新企业可获得的资源和能力方面的机会不均等、信息不对称。

第三，财政拨款支持的科研项目很多都停留在论文、课题、样品阶段，没能进入实体经济变成市场产品。不少研究成果与中国实际工业技术实践存在明显脱节，大量理论研究未能转化为实际应用或产出并对实体经济做出贡献，大部分专利不能直接转化为生产力。

第四，财政对科技创新的资金投入缺乏约束机制，难以与社会配套资金形成合力。科技项目往往重立项、轻验收，管理方式对项目承担单位也没有经济约束，导致企业对科技资金的使用效率缺乏实质性的关注，造成财政资金使用的低效益，难以起到示范、引导和调控的作用，也不易带动社会资金的投入。

（二）金融与科技创新的融合度还不够高，科技创新对资金资本的需求与金融体系的资金供给尚不匹配

第一，在我国金融系统中占据主导地位的银行业，对科创资金需求的满足度还有较大提升空间。根据银保监会的统计，2020年银行业金融机构支持战略性新兴产业的贷款为3 304亿元，但仅占2020年新增贷款19.6万亿元的1.7%。投贷联动是银行支持科创企业的常见方式，但目前以这种方式撬动的银行贷款规模还

十分有限，占银行存量贷款规模的比重不足2%。政策性银行也是金融体系支持科创的一股力量，但在项目选择上往往跟财政资金有相当的重合度，在现实中发挥了财政资金的配套功能。

第二，债券市场和股票市场未能充分发挥直接融资的优势，在支持科技创新中起到的作用明显不足。中国证券业协会发布的2020年证券公司债券承销业务专项统计数据显示，17家证券公司承销发行20只创新创业公司债，合计金额135.2亿元，占当年企业部门债券发行总额的比重不到1%。在股票市场，创业板中计算机、通信、传媒和电子行业的335只股票，首发募集资金规模共1 726亿元，占同期权益类融资的比重不到10%。科创板为科创企业提供了新的融资平台，成效比较明显。截至2021年8月，科创板共上市336只股票，首发募集资金规模为4 175.9亿元，在支持科创企业的力度上明显高于主板和创业板。

二、金融支持创新体系效率不高的原因剖析

导致金融支持创新体系效率不高的最根本原因是以间接融资为主的社会融资模式与科创企业的融资需求不匹配。集中体现为"四个矛盾"和"两个缺位"。

（一）银行体系追求本金安全和收益确定性与科技创新和成果转化存在不确定性之间的矛盾

金融机构的经营活动追求的是本金安全和投资收益的确定

性，这在以银行信贷为代表的间接融资模式中更为凸显。在债务关系中，为了确保本金安全并维持收益的确定性，债权人往往更加关注债务人的短期风险、抵押品状况。间接融资下的信贷资金受制于银行的风险标准、严格的监管要求等，需要将每一笔贷款收回，难以做到关注长期回报。

创新活动天然具有较高的不确定性，相应地，科创企业创业失败的概率也比较大。科技创新的不确定性由其本身的发展规律决定，存在技术传导路径的不确定性、科技成果转化过程的不确定性和商业回报的不确定性。据标准排名城市研究院等（2017）的研究，中国的科创企业五年期存活率不足18%。银行在发放信贷的过程中往往会存在一定程度的所有制和规模歧视，导致具有更强技术创新动力的民营上市公司和小规模公司面临融资难和融资贵问题。

（二）中国金融资本注重当期稳定现金流的"短钱"特点与从科技创新到实现产业化生产是一个长周期之间的矛盾

我国的金融资本往往更为注重固定期限内的稳定现金流，即具有一定的"短钱"性质。这种"短钱"性质一方面源于我国以间接融资为主体的融资结构。间接融资中的债务关系，以在一定期限内取得相对固定的收益为条件，实践中的银行信贷更是需要季度付息和在相应期限还本。因此，债务资金实际上是一类"短钱"，即对其货币时间价值的占用往往被约束在较短期限内。另一方面，金融资本的"短钱"性质还源于我国亟待完善的科创支持体系。我国的科创支持体系与政府意愿高度相关，除了直接的财政补贴，与政府关系密切的产业投资基金以及部分银行贷款都与政府的支持策略有关。这导致我国对科技创新的支持存在"脉冲式"的特征，很容易受到政府换届、"五年计划"等影响，因此科创获得的资金支持往往存在巨大波动。

但是，科技创新的全过程周期一般较长，对科创企业而言，那些对短期收益不敏感、专注追求长期回报的资本才是最理想的融资来源。从基础研究到技术应用再到产生商业回报，平均而言需要 3～5 年。在这 3～5 年里，投资者不仅无法在单个项目上获得稳定的投资收益现金流，还要承担巨大的投资失败风险。直接融资的长期性与科创的长周期特征可以更好地匹配。世界各国的经验表明，科技创新主要依靠直接融资，而我国直接融资市场的发育与发达经济体相比还存在较大差距。

（三）中国金融体系习惯于服务大企业、为大项目给"大钱"的特点与早期科技创新阶段需要"小钱"之间的矛盾

我国以银行信贷为代表的间接融资体系往往存在规模偏好，倾向于建立资金规模较大的债务关系，有给"大钱"的习惯。信贷资金的规模偏好由商业银行的盈利需求和业务模式决定。贷款规模越大不仅会带来收益绝对值的扩大，银行的贷款业务平均成本还会随着贷款规模的上升而下降。同时，为尽可能减少银行承担的潜在信用风险，在经营中，商业银行会将成熟的大企业与其他企业进行区分，而成熟的大企业自然也需要规模较大的

融资。因此，银行尤其是大型银行通常更愿意为大型企业提供规模大的融资服务，而不愿为资金需求规模小的企业提供融资服务。

但是，科创企业在早期发展阶段更多地体现为人力资本投资，并不需要很多的土地和设备，即需要"小钱"。随着科技创新进入产业化阶段，此时，科技企业会需要来自银行体系的支持，但是在规模上很难与传统的大型工业企业相比，具体的融资模式也与原有的粗放型信贷投放有所区别。

（四）金融体系"重抵押"与科技企业"轻资产"之间的矛盾

我国以间接融资为主的金融体系具有"重抵押"的特征，较为突出的就是商业银行以抵押品价值确定贷款额度的商业模式。商业银行与贷款企业之间存在信息不对称，出于风险控制的考虑，就必然要求企业提供足够的抵押和担保。土地、房产等固定资产是最受欢迎的抵质押品，长期发展自然形成了银行贷款重土地、房产抵押的问题。

现实中绝大多数科技企业的核心资产并非土地、设备、厂房，而是人才、技术和知识产权，在投资层面也体现出重研发、高人力成本、轻资产的特点。这类资产普遍存在公允价值难以确定、质押登记难、交易流转难等问题。在科技企业发展的早期阶段，经常面临经营暂时浮亏、无担保、无抵押的问题，因此很难从"重抵押"的金融体系中获取长期资金支持。

（五）进入门槛高、融资工具少、激励机制不完善等问题导致直接融资市场在支持创新的过程中缺位

一是主板股票市场准入门槛普遍偏高，新三板和区域性股权市场的流动性不足，难以对中小型科创企业融资形成有效支撑。沪深主板市场上市门槛较高，不适合为科创企业服务。创业板上市门槛较主板市场要低，但其对上市企业营业收入要求偏高。科创板主要为新兴产业提供融资平台，但同样也是为行业内的大公司、大企业提供融资服务。新三板是多层次资本市场建设中承上启下的枢纽环节，虽然进入门槛较低，但退出渠道有限、流动性较差，转板难度大。区域性股权市场也存在登记结算法规不明确、权属不清晰、交易模式受限等问题。

二是债券市场现有工具和发行标准不利于中小科创企业融资。一方面，我国债券市场交易品种不够丰富，高技术企业债券和促进创新企业持续发展的中长期浮动利率债券发展不充分。另一方面，债券发行流程较长，难以及时满足科创企业融资需求，且债券发行制度也较少关注研发能力，制约了科创企业从债券市场获得融资。

三是缺乏相对完善的退出机制。国内风险投资市场的发育程度偏低，没能充分激发各类资本投资科创企业的积极性。科创企业在起步和发展阶段难以快速上市，因此产权较好的流通性是风险投资得以持续的前提。但是，我国产权交易市场发育尚不健全，科创企业及风投机构无法相对便利地实现产权的交易和转移，没能给风险投资提供相对完善的退出机制。

（六）配套措施不清晰、科技金融中介不充分、风险分担和补偿机制不完善导致相关政策在金融促进创新的过程中缺位

一是金融支持科技创新的配套政策和激励机制尚不完善。一方面，多地监管机构都明确要求银行对支持科技创新进行差异化制度安排，但银行实际落地情况差异较大，存在专业人员欠缺、贷款尽职免责认定标准不清晰、尺度难以把握等问题，缺乏针对性的奖励及风险补偿机制。保险公司的专利险、产品研发险、关键设备研发险等科技保险也较少有财政补贴。另一方面，专业性科技银行仍属空白，"股权+债权"融资模式受限。我国"科技银行"是以银行分支行为主，在考核机制等方面都受到总行的管理和制约，科技贷款同样沿袭普通经营贷款模式，无法开展"股权+债权"融资模式。

二是科技金融中介服务缺失限制了金融服务科创的能力。科创企业涉及的知识领域较广，专业性和技术性较强，而科创企业自身提供的信息又存在夸大技术价值、隐藏风险的道德风险，金融机构与科创企业之间也存在严重的信息不对称。同时当前金融和科技复合型人才严重缺乏，科技金融中介服务难以满足需求，公共金融综合服务平台缺失。资产评估机构、会计师事务所、律师事务所等中介机构本身掌握的信息有限，难以准确评估科创企业的项目价值。

三是风险补偿和分担机制不完善。实践中，主要是通过财政补贴、风险补偿基金来实现对科创投资的风险补偿，以及通过科技保险、科技担保进行风险分摊。当前的风险补偿和分担的具体

方式比较单一，缺乏系统性，难以做到风险与收益相匹配。

三、金融支持创新体系的国际经验启示

一是以银行为代表的间接融资体系对科创支持还存在巨大的延展空间，关键在于如何规范地拓展银行的业务范围以及增强其服务科创的能力。德国的全能型银行，既可以直接投资并持有企业股份，又可以通过中小企业贷款基金，用证券化等方式帮助广大中小企业拓宽资金来源。日本在20世纪90年代完全解除了对银行业务范围的限制，银行的各个子机构得以为科技企业提供全生命周期的融资服务。这对目前仍以间接融资为主体的中国金融体系有重大的借鉴意义。

二是直接融资应当是金融支持科创最直接、最有效的方式，关键在于在构建多层次资本市场的同时，要完善风险分担与退出机制，以便最大限度地实现金融支持科创过程中风险与收益的平衡。交易机制完善、流动性高、退出机制健全的多层次资本市场，可以对接不同类型、不同发展阶段的科创企业。科学规范的多层次资本市场的制度设计又可为投资者在收益与风险之间做出可靠的抉择，从而增强其投资科创企业的积极性。

三是政府应该建立健全简洁、高效的科创支持制度体系。美国小企业管理局的设立极大地提升了美国各类科技创新型小企业的成功概率。日本通过《中小企业创造法》支持对科技型中小企业进行风险投资。以色列则用法律形式明确科学家在资金使用中

的支配地位。我国应结合自身实际，做好顶层设计，增强支持科创的制度供给。

四是财政资金的支持不可或缺，其资金支持不仅应淡化收益目标，而且应注重发挥财政资金的信用增进和风险分担作用。当前科创获得资金支持不足的重要原因在于其风险较大，在现行体制下，金融体系的资金较难大规模进入科创领域。一方面，财政资金应淡化收益目标，例如，以色列政府支持科技研发并未以商业成功作为主要考量，也不要求过高的投资回报，甚至对失败的初创公司实行了债务豁免。另一方面，财政资金的信用增进和风险分担作用应得到着重发挥。

五是避免过度行政干预，有效发挥市场作用。各国的启示是政府应搭建好平台、做好对私人资本的投资引导。政府的适时退出，也是不与民争利的体现，有助于财政资金的循环使用及发挥更大效益。例如，美国政府较少干预资本市场，企业发行股票和债券较自由，为直接融资市场提供了广阔的发展空间。又如，以色列市场化的风险资本有效地将科技和资本进行对接，使以色列成为世界上公认的创业和创新技术中心之一。外资和私人资本共同参与，政府提供资金并制定相关规则，但通常并不负责具体运营。

四、政策建议

一是设立"专精特新贷"，选择四大行和部分中小银行进行试点，初期不超过十家。要求各行制定试点方案和试点区域。由全国人大授权央行等金融管理部门制定支持科技创新的规章条例，适度放宽对商业银行直接投资企业股权的严格限制。

二是建立与科创企业相适应的信贷评审体系和金融产品体系，制定专门的科创企业信贷政策和业务流程。鼓励银行积极开展信用贷款、知识产权质押贷款、股权质押贷款等融资业务的模式创新。完善现有的会计制度，重点体现出科研人员和知识成果的资产价值，更好地反映出新经济的发展特征。

三是以大型商业银行为试点，构建银行股权投资基金。尽早明确银行理财计划与信托计划（或基金资管计划）相同或相似的主体地位资格。推动商业银行人事管理模式变革，增强相关业务管理层的稳定性。调整银行的考核制度，适当降低对支持科创相关的机构或人员的短期盈利能力方面的考核。

四是中央银行设立并用好结构性货币政策工具，向银行系统定向提供支持科创和产业循环的长期流动性，作为补充银行资本金的特殊方式。2021年，中国人民银行系统通过开展关键核心技术攻关融资对接，做好"支持企业技术进步专项信用贷款"，激励引导金融机构为相关企业提供了充足的支持。这种做法应当坚持。

五是推出满足不同阶段科创企业融资需求的直接融资工具和金融产品，允许大型金融机构，尤其是政策性银行和开发性金融机构，发行长期债券或其他长期股权、类股权类金融产品，用以支持科技创新、基础研究所需要的长期稳定资金投入。

六是推动长期资金进入资本市场支持科技创新，丰富市场工具和品种，持续推动各类中长期资金积极配置支持科创的资本市场产品。提高各类养老金、保险资金等长期资金的权益投资比例，鼓励包括社保基金在内的各类养老金、企业年金和保险资金等长期资金进入科创市场。

七是财政资金应合理分担重大创新活动可能引致的创新风险，发挥财政资金在科创的不同领域、不同阶段对金融的支撑和托底作用。重点支持芯片、新材料、新能源、高精尖设备和工业软件等存在"卡脖子"难题的技术领域，对为解决"卡脖子"难题做出突出贡献的创新成果提供有效激励，形成示范效应。

八是实施更加开放的人才引进政策，加大在科技人才的薪酬待遇、社会保障、税收优惠等方面的财政支持力度。给予科研人员更多的创新路线决定权和经费使用自主权。充分体现创新要素的市场价值，将财政奖励与直接补助相结合，完善科技人才在创新价值提升和科技成果转化中的权益分享机制。

商业银行如何通过转型支持经济高质量发展*

一、经济高质量发展对商业银行提出新要求

(一)高质量发展是全面建设社会主义现代化国家的首要任务

党的二十大明确指出,高质量发展是"全面建设社会主义现代化国家的首要任务",是中国式现代化的本质要求之一,也是未来五年全面建设社会主义现代化国家开局起步时期的主要目标任务之一。以经济高质量发展为主题,党的二十大做出两方面战略部署。一方面,构建高水平社会主义市场经济体制。毫不动摇巩固和发展公有制经济,毫不动摇鼓励、支持、引导非公有制经济发展,对国资国企改革、民营企业发展、全国统一大市场、优化营商环境等提出要求。另一方面,建设现代化产业体系。坚持把发展经济的着力点放在实体经济上,推进新型工业化,加快建

---

* 本文为中国金融四十人论坛《2019·径山报告》《中国金融创新再出发》分报告《商业银行如何通过转型支持经济高质量发展》的部分成果(经作者修改补充)。报告负责人杨凯生系中国金融四十人论坛学术顾问、中国工商银行原行长。

设制造强国、质量强国、航天强国、交通强国、网络强国、数字中国。新一代信息技术、人工智能、生物技术、新能源、新材料、高端装备、绿色环保等新的增长引擎加速构建，现代服务业更加优质高效。上述两方面战略部署将成为经济金融领域推动高质量发展的重要指引。

（二）商业银行必须把服务高质量发展作为经营的根本目的

当前，中国经济正由高速增长阶段转向高质量发展阶段，经济增长模式从要素驱动向创新驱动转变，高端制造业、高新技术产业和现代服务业快速发展。2022年1—10月，高技术制造业增加值同比增长8.7%，比规模以上工业增加值同比增速高4.7个百分点；高技术制造业投资同比增长23.6%，比全部制造业投资同比增速高13.9个百分点，持续发挥引领和带动作用；信息传输、软件和信息技术服务业生产指数同比增长1.1%，明显快于全部服务业增长，表明经济数字化转型速度加快，产业升级发展态势持续。

金融是实体经济的血脉，为实体经济服务是金融的天职、是金融的宗旨。支持实体经济发展壮大是中国商业银行经营发展的重要任务。同时，实体经济的运行状况也决定和影响着银行业的生态环境。商业银行必须聚焦主责主业做强做优，全面提升对实体经济的服务效率和水平，促进经济和金融良性循环健康发展，把更多金融资源配置到经济社会发展的重点领域和薄弱环节，助力新经济、新动能快速发展，走出具有中国特色的现代金融发展之路。

（三）新经济、新动能对商业银行服务提出新需求

与传统重资产企业相比，高端制造业、战略性新兴产业和服务业企业具有以下主要特征。一是资产运营更趋轻型化。重资产企业一般具有庞大的有形资产，而战略性新兴产业往往是创新型的、运用更多人力资本的。服务业企业则是一些偏消费型的、服务型的企业。二是生产方式更趋个性化。传统重资产企业是大批量、标准化生产，服从规模经济的要求；而高端制造业企业则往往采取以互联网为基础的、智能化的个性化定制方式。三是组织方式更趋小型化。传统重资产企业的生产组织方式属于大规模集中生产、全球分工；而"专精特新"企业和服务业企业主要以小微、民营企业为主，组织方式呈现小型化、专业化、扁平化特征。四是技术运用更趋网络化。随着服务一体化进程的加快和信息技术的逐步成熟，"互联网＋金融""供应链＋金融""生态＋金融""产业＋金融"等模式不断涌现，高端制造业、战略性新兴产业企业多成为连接生产端和消费端的"中央处理器"，并在更高的维度上打通了行业壁垒、整合了产业格局。

因此，新产业、新动能的培育和发展，对商业银行信贷模式转型提出了新的要求，以往为大客户、大企业、重资产行业服务的抵押型信贷模式已不尽适用，急需商业银行进行创新调整。另外，与传统重资产客户注重"稳定性"和"当前价值"不同，高端制造业、战略性新兴产业客户更关注"成长性"和"未来价值"，因此金融需求更加多元化，专业性更高。这就要求商业银行在提供贷款类融资服务的同时，加大对财务顾问、基金资管、

资产证券化、股权投资、债转股等综合融资服务的供给。

二、商业银行支持经济高质量发展的现状及问题

（一）商业银行积极支持经济高质量发展

近年来，银行业在提升专业性，服务实体经济高质量发展方面取得了显著成效。2022 年三季度末，金融机构本外币贷款余额 216.6 万亿元，其中企业[①]贷款余额 137.1 万亿元，占比为 63%。

工业中长期贷款增速持续提升。2022 年三季度末，本外币工业中长期贷款余额达 16.1 万亿元，同比增长 23.3%，比各项贷款增速高 12.6 个百分点。

普惠金融服务进一步实现"量增、面扩、价降"。2022 年三季度末，普惠小微贷款余额达 23.2 万亿元，同比增长 24.6%，比全部贷款增速高 13.4 个百分点；普惠小微授信户数 5 389 万，同比增长 31.7%。银保监会数据显示，2022 年前十个月，新发放普惠型小微企业贷款利率 5.28%，较 2021 年下降 0.42 个百分点。

制造业、科创企业信贷支持力度持续加大。2022 年三季度末，人民币制造业中长期贷款余额同比增长 30.8%，比各项贷款余额增速高 19.6 个百分点。银保监会数据显示，2021 年末银行业金融机构科技型企业贷款余额较年初增长 23.2%。

---

① 非金融企业及其他单位。

第四章　高质量发展

（二）商业银行支持高质量发展存在的短板

与供给侧结构性改革推进过程中实体经济的金融需求变化相比，商业银行在金融供给方面的调整步伐稍显滞后。由于金融供需结构的不匹配，叠加相关法律法规等制度安排滞后，金融监管能力不适应金融市场变化等因素，商业银行服务高质量发展的能力不足成为当前经济运行中的一个重要问题。主要表现出"三个不匹配"。

1. 银行服务体系结构与实体经济多层次、多元化的需求结构不匹配

从银行体系结构来看，大中型银行占主导地位，区域金融机构比重偏小，但不少区域金融机构本身又存在不足，一是实力偏弱，二是管理欠规范、法人治理结构不完善，经营风险较大，导致金融供给和需求错配、竞争激烈与服务短缺等现象并存。2022年三季度末，大型银行和股份制银行资产总额占银行业资产总额的比重为59%。同期，包括城商行和农村金融机构在内的区域性银行占比仅为26%。与此同时，各类金融机构也都在力争规模扩张，出现了全国性银行向海外发展，区域性银行向全国及海外发展，地方性银行向区域性及全国发展，农村信用合作社向城市发展的趋势。比如，我国现有1 000多家农村商业银行，其中大部分开展了省内跨区域经营，尤其是互联网技术广泛运用之后，许多农村商业银行开始借助联合贷款等模式实现跨区域经营，逐步从地方银行走向区域性银行，并表现出贷款垒大户的倾向。再

比如，自从 2006 年城商行第一家异地分行开业以来，在追求规模效应的驱动下，城商行表现出明显的跨区域扩张冲动，扎堆进入长三角等经济发达、金融环境良好的区域，瞄准大客户、大企业，以期在短期内做大规模，实现利润增长。在迅速扩张的过程中，全面风险管理未能及时跟上，酿成了一些区域性、地方性的问题。而经济落后地区、中小企业、民营企业、涉农行业在获得更多金融资源方面的竞争力亦不强，这加剧了金融资源在地区间分布的不平衡。

从业务定位来看，我国各类商业银行没有明显的差异化核心业务，业务经营同质化现象严重。无论是国有商业银行、股份制商业银行还是城市商业银行都拥有从本币业务到外币业务、从零售业务到公司业务、从各类代理业务到信用卡业务的多元化业务范围。而从国际比较来看，即使是像花旗银行和摩根大通银行这样的全能型跨国银行，也表现出明显的经营差异化。

从客户定位来看，我国各类商业银行仍习惯于紧盯公司大客户和个人高端客户。这种趋同既导致了各银行的非理性竞争，削弱了银行的风险控制能力和盈利能力，也使得一般性银行服务相对过剩，差异化、特色性的银行服务又明显不足，尤其是科技企业、小微企业融资难、融资贵问题始终难以得到根本解决。

2. 新兴产业、小微企业特点与商业银行传统信贷审批模式不匹配

一方面，商业银行重实物抵押的业务方式与轻资产企业的融资需求难以契合。商业银行针对传统经济增长模式，从降低成本和防控风险的要求考虑，基本形成了一套固有的抵押贷款模式。但长期以来，抵押贷款中又普遍存在高估信贷抵押物价值的现象，传统的抵押贷款方式的风险防范能力也十分有限，事实上已经使商业银行承担了本不应承担的风险。而对于高新技术、服务型、小微、民营等主体来讲，专利技术、知识产权等"软"无形资产价值较高，"硬"固定资产占比相对较低。但无形资产的认定和估值难度较大，抵质押贷款难度较大。2021年，中国银行业金融机构知识产权质押融资业务当年累放贷户数仅为8 414。而信用担保方面，政府在担保机构设立和管理、担保损失补偿机制和风险控制等方面的支持力度仍有待进一步加大，融资担保公司普遍存在注册资本少、后续补偿机制不足等问题。由于上述因素的存在，高新技术、服务型、小微、民营等轻资产企业更加难以匹配商业银行传统信贷审批模式，严重制约了商业银行对其提供金融服务的能力。

另一方面，商业银行传统的审批体系，对新兴产业、小微企业而言明显不相适应：一是信贷审批流程复杂，据了解，不少银行线下业务新增客户从申请到业务办理一般需要2~3个月，放款时间多在六个月左右。对新兴产业、小微企业来说，存在准入标准偏高、决策链条过长、经营效率过低等诸多问题。二是大中型商业银行虽然普遍成立了普惠金融事业部和小微企业专营机构，但在尽职免责、考核激励等制度安排上还有待完善，基层服务小微企业"敢贷愿贷能贷会贷"长效机制仍需进一步全面深入落实。三是依靠大数据控制信贷风险能力不足，在一定程度上也降低了银行给小微企业贷款的意愿。截至2022年三季度末，普惠小微企业贷款占金融机构人民币贷款的比重只有11%，与小微企业的经济贡献比较起来，融资获得率仍有待进一步提升。

3. 银行信贷供给能力与实体经济需求量不匹配

受新冠肺炎疫情冲击、经济下行压力等因素影响，我国商业银行资产质量压力有所增大，不良贷款余额增加，2022年三季度末，商业银行不良贷款余额2.99万亿元，较2021年末增加了1 442亿元，达到2003年有统计以来的历史高点。同时，商业银行普遍面临较大的资本补充压力，制约了银行进一步扩大信贷投放的能力，在一定程度上影响了商业银行支持实体经济的能力。

三、商业银行服务实体经济的国际经验借鉴

（一）美国银行业

美国是一个以资本市场为主的国家，但美国银行业在服务实体经济方面仍然发挥重要作用。从组织体系来看，美国小企业管理局发挥政策引导作用，目前与该局合作的商业银行多达3 000家。从业务结构来看，商业银行一方面大力开展针对企业、个人客户的传统存贷业务，另一方面借助发达的资本市场，通过投资银行、资产管理等业务深度参与资本市场运作，赚取投行、资管、交易等非息收入。

(二)欧洲银行业

与美国相比，德国、法国、英国的金融体系中间接融资比例明显更高，公司与银行之间联系紧密。欧盟国家对中小企业的金融支持，已经在强化法律基础和完善战略框架的基础上，形成了一个较为完整的体系。一方面加强银政合作，为政府主导的中小企业融资计划提供金融支持。另一方面募集债权基金，帮助中小企业解决融资难题。此外，依托金融科技，不断深化开放银行建设。"开放银行"是近年来兴起的一种平台化经营模式，利用开放应用程序接口技术向第三方共享客户财务信息，使得传统银行的业务从封闭式转变为场景化，有效提升了银行的服务能力。

(三)日本银行业

长期以来，日本主要通过"主办银行制"来服务各类企业。主办银行是中小企业的主要贷款人，提供较大份额贷款，并负责为关系企业组织银团贷款。主办银行与中小企业的深度合作能较好解决信息不对称问题，并且在放贷时不再拘泥于抵押和担保，有利于降低融资成本。近年来，日本"主办银行制"已经逐渐淡出，但日本银行业与各类企业合作的密切程度仍然是很高的。

(四)共同的规律性方法

根据以上分析发现，虽然各国银行业支持实体经济的具体模式有所差异，但有一些共同的规律性方法值得总结与思考。

1. 多方营造有利于中小企业发展的经营环境

从美国、欧洲、日本的实践看，我们发现了一条共同的经验，即促进中小企业的高质量发展，需要政府、银行、企业、社会的联合施策。国家层面强化法律基础，完善战略框架，建立风险共担机制，构建出一个较完善的中小企业金融服务体系；商业银行作为这个体系的一个重要组成部分发挥作用，通过银政合作、银银合作等方式，加强对中小企业的金融支持。

2. 各类银行各展所长，发挥合力

大型银行具有网络、资金、科技等优势，地方性金融机构更为贴近小微客户，各类商业银行应当充分发挥优势互补的作用。此方面德国最为典型，其以中小企业为主要服务对象的金融机构包括储蓄银行、州立银行、复兴信贷银行及合作银行等，共计约2 000家。其中，储蓄银行的商业银行性质比较明显，州立银行是公立银行，复兴信贷银行是政策性银行，合作银行是由私人和团体组织的互助性集体金融机构。这些银行差异化定位，服务对象广泛覆盖从管理规范的中型企业到工匠作坊，逐步构成了风险共担、收益共享的中小企业社会化融资体系。

3. 在与企业建立长期稳定关系的基础上，注重加强信息的收集、处理与应用能力

根据国际银行实践，具体举措包括：构建供应链企业信息平台，随时监控供应链上下游中小企业情况；运用科技手段，收

集、挖掘、整合、分析中小企业客户行为，构建客户视图；在此基础上，对客户进行聚类分析，研究客户发展潜力和短板，有效甄别优质客户、潜力客户和一般客户等。

4. 提前介入、识别扶持有前景的初创企业

如瑞穗银行从 2014 年开始，组建专门负责扶持初创期企业的团队，在全国挖掘 IT（信息技术）、机器人、再生医疗等潜在成长领域及有望上市的企业客户，除为这些企业提供贷款外，还将初创企业介绍给大商社、大企业及本集团证券、信托子公司等。法国巴黎银行等金融机构则陆续推出了支持金融科技创业公司的基金，旨在支持和投资那些为金融服务开发新平台的初创公司。这类基金一般会直接投资并收购创新型初创企业的少数股权，还会间接投资于人工智能、大数据、区块链、数字安全等重点技术。

5. 以科技手段革新银行服务中小企业的专业能力

近年来，应用于中小企业金融服务领域的金融科技创新层出不穷。如荷兰资产管理公司 ING 集团推出了一款数字鞋盒（Digital shoebox）应用程序，帮助中小企业管理收据账单，中小企业通过手机摄像头扫描各类收据和账单，数字鞋盒收到扫描图像后自动分析并引导企业进行转账；该应用程序还能帮助企业实时记录收入、支出、税收等账务。再如，西班牙桑坦德银行和大众银行（Banco Popular）针对中小企业客户联合推出 1|2|3 专业服

务，该服务通过1|2|3专业账户实现，账户持有人可获得优惠贷款，并能获得银行提供的包括800名专业管理人员、便捷的数字产品和一系列定制服务在内的多样化金融服务。

四、政策建议

（一）完善多层次资本市场

1. 加快资本市场基础设施建设

一是提高信息披露监管要求。一方面加大正向激励力度，将信息披露质量与再融资、股权激励等事项紧密挂钩，另一方面加大惩治力度，提高违法成本。二是持续改进和完善以机构投资者为参与主体的询价定价机制。三是引导机构投资者、中长期资金入市。一方面有助于为企业提供更稳定的资金来源，另一方面也有助于提高整个市场的抗风险能力。

2. 稳步发展区域性股权交易市场

作为多层次资本市场的重要组成部分，区域性股权交易市场在落实地方政府扶持中小企业政策措施、拓宽中小企业融资渠道、支持创新创业等方面具有积极作用。建议区域性股权交易市场在交易规则、相关制度设计上可与其他板块协调推进，支持更多中小企业经过区域性股权交易市场培育后，进入资本市场融资和发展。

3. 简化中小企业的上市审批流程

建议在科创板、创业板和北交所试点注册制的基础上，全面推进主板市场的注册制改革，简化中小企业上市步骤和审批流程，着力降低上市费用，提高中小企业进入资本市场融资的积极性与主动性。

4. 打通不同层次之间市场的转板通道

打通转板通道，能够形成一个优胜劣汰的激励约束机制，促进资本市场健康发展。

（二）引导建立银行业差异化服务格局

1. 引导大型银行加快转型

一是改进传统抵质押融资模式，推动信贷业务转型。商业银行要不断深化内部体制机制改革，重点推动创新机制、激励约束机制、资源配置机制、风控机制等深化改革，加大制造业中长期贷款投放力度，增强科创金融服务能力，提升服务高端制造业、战略性新兴产业、现代服务业的专业性、适应性。二是加强运用金融科技手段，实现"线下软数据＋线上大数据"相结合的全面风险评估。同时，开发更多不同功能、不同风险级别的标准化线上产品，推动产品销售向自动化、批量化方向发展，提高融资效率，降低运营成本。

2. 敦促区域银行进一步回归本源、回归本地

如城商行作为地方性金融机构，应坚持"服务地方经济、服务小微企业、服务城乡居民"的市场定位，注重挖掘本地化业务机遇，转变跨区域规模扩张的思路，以全新的理念和创新模式服务当地重点战略性产业、小微企业，在区域内实现负债与资产的有效匹配。

3. 依托金融科技，加快推动银行业数字化转型

银行业金融机构要全面融入数字中国建设大局，主动加强先进金融科技的前瞻开发和有序应用，为我国金融基础设施自主可控、可靠转型提供助力和支撑。打造智慧银行生态系统，促进数字化转型与经营转型深度融合，强化系统、账户、平台、渠道等基础设施和基础制度建设，推动业务、产品、服务等数字化升级。强化价值创造、促进开放融合，构建数字产业"新生态"，构建适应现代化经济体系的数字金融新格局。

（三）优化商业银行外部生态环境

1. 深入推进利率市场化改革

持续完善以公开市场操作利率为短期政策利率和以中期借贷便利利率为中期政策利率、利率走廊有效运行的央行政策利率，逐步收窄利率走廊区间，保障利率走廊机制的作用充分发挥。持续释放贷款市场报价利率改革效能，充分发挥存款利率市场化调

整机制作用，坚持利率市场化改革取向，健全市场化利率形成和传导机制。

2. 完善法律体系和守信环境

一是健全完善小微企业立法体系。借鉴发达国家经验，及时健全、完善小微企业立法体系。二是完善基础数据体系。加快小微企业信用体系建设，推动工商、税务、社保、海关等部门数据整合、共享，建立公共开放、信息完善的综合信用服务平台，实现与商业银行的数据对接。三是加快担保体系建设，完善小微贷款的风险外部补偿体系。扩大政策性融资担保体系规模，完善公共资金对超额风险的分担机制。四是高度重视会计师事务所、律师事务所、咨询公司、信用评级公司等中介体系，以及小微企业履约意愿和能力建设在内的诚信体系建设。

3. 加强政策保障，缓解商业银行资本补充压力

一是探索对资本补充工具发行人进行分层分类管理，引导和激励商业银行注重提高资本质量。二是进一步扩大资本补充工具的投资者范围。明确基金、银行理财、信托和社保基金等投资资本补充工具的相关规则。三是比照永续债 CBS 操作模式[1]，提高

---

[1] 2019 年 1 月 24 日，中国人民银行决定创设央行票据互换工具（Central Bank Bills Swap，CBS），公开市场业务一级交易商可以使用持有的合格银行发行的永续债从中国人民银行换入 CBS。CBS 的推出，增强了市场认购银行永续债的意愿，提高了银行永续债的市场流动性，从而支持银行发行永续债补充资本。

商业银行二级资本工具的流动性。四是增强银行信贷资产的流动性。

4. 充分发挥结构性货币政策工具作用，引导商业银行精准支持实体经济重点领域

持续优化科技创新再贷款、设备更新改造专项再贷款等结构性货币政策工具，充分发挥政策的精准性和直达性，引导商业银行更好地支持现代化产业体系建设，服务高质量发展。

（四）全面提升风险治理能力

1. 深刻认识金融风险防范的重要性

始终从社会经济生活的全局认识风险、治理风险，坚持未雨绸缪、见微知著、亡羊补牢、举一反三，以"不可须臾大意"的责任感，推动防范化解金融风险取得更明显的成效。提高风险防控的整体性、有效性，落实全面风险管理责任，牢牢守住不发生重大风险底线。

2. 提升风险防控能力

进一步强化总体国家安全观，全力维护粮食、能源资源、重要产业链供应链等安全，服务构建新安全格局。深化对风险演变特征和规律的认识，精准把握风险传导路径、方式、载体等的新变化，有效防范跨业务、跨机构、跨市场、跨行业的交叉性金融风险。不断完善全市场格局、全风险图谱、全周期管理的风控体系，做到前瞻性布局、精准化施策、差异化管理，确保各类风险"看得清、摸得透、管得住"。

3.引导商业银行全面夯实资产质量

推动商业银行把好资产准入关，盘活存量用好增量，优化信贷结构。做好风险化解，加大信用风险排查力度、广度、深度，提升不良资产化解效率，增强风险抵补能力。

建设金融支持民营企业发展的长效机制*

一、我国民营企业经营和融资现状

我国民营企业自改革开放以来取得了巨大发展，具有"56789"的特征，即贡献了50%以上的税收，60%以上的国内生产总值，70%以上的技术创新成果，80%以上的城镇劳动就业，90%以上的企业数量。"十四五"时期，经济发展力量的源泉将从传统优势向以超大市场规模和创新为核心的新优势转变，民营企业是新优势的重要组成部分。

（一）民营企业的间接融资现状

融资难题在一定程度上限制了民营企业的发展。我国的社会

---

* 本文为中国金融四十人论坛《2020·径山报告》《走向"十四五"：中国经济金融新格局》分报告《建设金融支持民营企业发展的长效机制》的部分成果（经作者修改补充）。报告负责人刘晓春系上海新金融研究院副院长。报告执笔人为刘晓春、周琼、肖蕾、祝修业。

融资体系主要以银行贷款为主，民营企业也高度依赖银行贷款。从民营企业的间接融资情况来看，2016年前后，受去杠杆等因素的影响，民营企业在新增贷款中的占比明显下降（见表4-1，4-2）。

表4-1 境内企业新增贷款规模

（单位：亿元）

	境内企业贷款年增额	国有控股企业	集体控股企业	私人控股企业	港澳台商控股企业	外商控股企业
2012年	44 700.52	14 462.33	5 779.73	23 331.53	1 153.72	-26.79
2013年	47 417.42	16 652.02	3 730.59	27 227.62	387.09	-579.89
2014年	47 381.06	28 300.70	2 480.29	16 090.34	607.23	-97.49
2015年	50 350.71	34 635.87	3 420.64	9 545.42	1 935.33	813.44
2016年	58 093.00	48 348.00	1 652.00	6 307.00	1 226.00	559.00

注：Wind中此数据只到2016年。
资料来源：中国人民银行，Wind。

表4-2 境内企业新增贷款占比

（单位：%）

	国有控股企业	集体控股企业	私人控股企业	港澳台商控股企业	外商控股企业
2012年	32.4	12.9	52.2	2.6	-0.1
2013年	35.1	7.9	57.4	0.8	-1.2
2014年	59.7	5.2	34.0	1.3	-0.2
2015年	68.8	6.8	19.0	3.8	1.6
2016年	83.2	2.8	10.9	2.1	1.0

注：Wind中此数据只到2016年。
资料来源：中国人民银行，Wind。

2018年以来，国家更加重视解决民营企业的融资问题，并取得了明显的成效。民营企业、小微企业贷款在新增贷款中的占比有所提升。[①]从各类银行的贷款结构来看，越是小型银行业金融机构，小微企业贷款在其贷款余额中的占比越高。从贷款成本来看，民营企业利息费用增速下降和占比提升，说明金融机构对民营企业的支持力度有所加大。从时间序列来看，同类型银行普惠型小微企业贷款占贷款余额的比重稳步上升（见表4-3）。

（二）民营企业的直接融资现状

从直接融资来看，股票融资规模自2016年后有所收缩。从2014年起，民营企业当年股票融资规模均超过国有企业，2016年后股票市场新增融资量持续收缩，企业融资渠道收窄。

债务融资方面，近年来民企债券净发行量下降幅度最大，地方国企净发行量增加最多。债券违约事件集中出现，且民营企业违约债券回收率显著低于国有企业，2018年下半年民营企业产业债信用利差达到历史最高点，此后有所回落，但仍处于高位。2018—2022年，国有企业债券发行和偿还金额同步增加，民营企业债券融资金额变化不显著，且净融资额为负，近两年情况进一步加剧（见表4-4、图4-1、图4-2）。

---

① 中国人民银行《2018年第四季度中国货币政策执行报告》《2019年第四季度中国货币政策执行报告》。

表 4-3 2018—2022 年各类银行业金融机构普惠型小微企业贷款占贷款余额比重

	2018 年末（小微企业贷款）			2019 年末		
	余额（亿元）	占此类机构贷款余额比重（％）	占小微企业贷款余额比重（％）	余额（亿元）	占此类机构贷款余额比重（％）	占普惠型小微企业贷款余额比重（％）
大型商业银行	71 022	10.79	21.21	32 571	5.02	27.92
股份制商业银行	45 652	17.91	13.63	21 612	7.38	18.52
城市商业银行	62 622	49.31	18.70	17 415	9.92	14.93
农村商业银行	69 619	58.12	20.79	43 207	27.38	37.03
合计	334 923	24.57	100.00	116 671	9.13	100.00

	2020 年末			2021 年末			2022 年三季度		
	余额（亿元）	占此类机构贷款余额比重（％）	占普惠型小微企业贷款余额比重（％）	余额（亿元）	占此类机构贷款余额比重（％）	占普惠型小微企业贷款余额比重（％）	余额（亿元）	占此类机构贷款余额比重（％）	占普惠型小微企业贷款余额比重（％）
大型商业银行	48 328	6.63	31.65	65 560	8.02	34.37	84 347	9.27	36.78
股份制商业银行	27 660	8.31	18.12	33 723	9.27	17.68	39 032	10.15	17.02
城市商业银行	22 175	10.96	14.52	26 669	11.53	13.98	31 682	12.49	13.81
农村商业银行	51 782	28.18	33.92	60 547	28.69	31.74	68 731	29.68	29.97
合计	152 672	10.53	100.00	190 747	11.73	100.00	229 336	12.87	100.00

注：Wind 中无各类机构 2019 年小微企业贷款余额数据，因此用 2018 年数据。

银保监会注释：自 2018 年起，进一步聚焦小微企业中的相对薄弱群体，重点监测统计普惠型小微企业贷款，即单户授信总额 1 000 万元以下（含）小微企业贷款。自 2019 年起，邮政储蓄银行纳入"大型商业银行"汇总口径。农村金融机构包括农村商业银行、农村信用社、农村合作银行和新型农村金融机构。

资料来源：银保监会，中国人民银行，Wind。

表4-4　2018—2022年企业发行和偿还债券金额（分企业性质）

（单位：亿元）

企业性质	2018年 发行金额	2018年 偿还金额	2018年 发行－偿还	2019年 发行金额	2019年 偿还金额	2019年 发行－偿还
民营企业	5 830	6 669	−840	4 329	6 838	−2 509
外商独资企业	1 063	632	431	554	925	−371
外资企业	315	401	−86	151	344	−193
集体企业	192	209	−18	133	267	−134
其他企业	186	289	−103	117	223	−107
公众企业	1 712	762	950	1 559	1 577	−19
中外合资企业	561	351	210	722	490	232
空白	321	51	270	953	202	752
中央国有企业	21 694	15 844	5 850	28 831	23 120	5 710
地方国有企业	42 149	32 032	10 116	55 240	36 279	18 962
总计	74 023	57 241	16 780	92 589	70 265	22 324

企业性质	2020年 发行金额	2020年 偿还金额	2020年 发行－偿还	2021年 发行金额	2021年 偿还金额	2021年 发行－偿还
民营企业	6 414	7 003	−588	4 609	7 613	−3 004
外商独资企业	941	1 004	−63	842	1 375	−533
外资企业	134	310	−177	52	213	−162
集体企业	77	168	−92	20	184	−164
其他企业	96	177	−81	116	154	−38
公众企业	2 420	2 324	96	2 519	2 786	−267
中外合资企业	624	554	70	523	876	−353
空白	117	79	37	154	101	54
中央国有企业	37 069	30 572	6 497	36 889	35 718	1 171
地方国有企业	75 463	47 608	27 854	86 277	61 081	25 196
总计	123 355	89 799	33 553	132 001	110 101	21 900

续表

企业性质	2022 年		
	发行金额	偿还金额	发行－偿还
民营企业	3 611	6 069	−2 458
外商独资企业	339	910	−570
外资企业	64	169	−105
集体企业	23	38	−15
其他企业	135	117	18
公众企业	3 060	3 426	−366
中外合资企业	256	532	−277
空白	196	11	186
中央国有企业	36 738	37 015	−277
地方国有企业	79 336	66 412	12 925
总计	123 758	114 699	9 061

注：统计口径为银行间市场＋公司债＋企业债；公众企业多为金融机构；企业性质为"空白"的多为金融企业和公用事业单位。

资料来源：Wind。

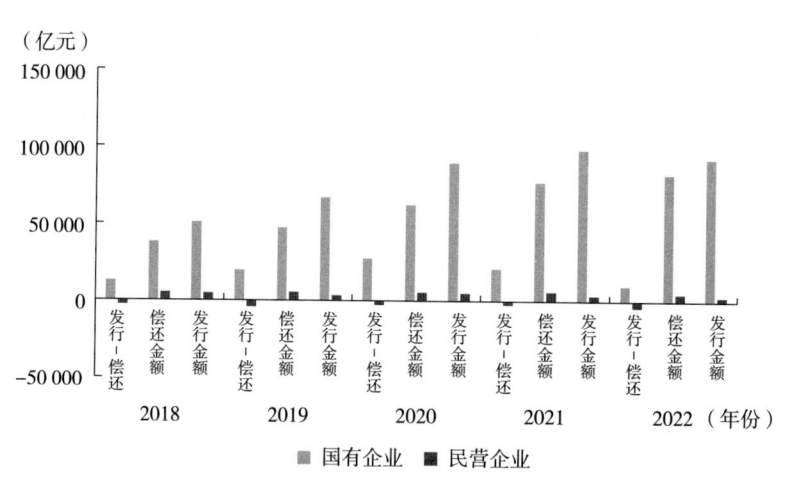

图 4-1　2018—2022 年企业发行和偿还债券金额（分企业性质）

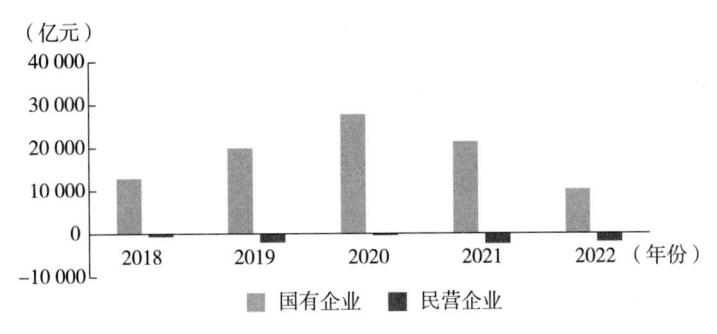

图 4-2　2018—2022 年企业净融资额（分企业性质）

（三）国际比较和总结

经济合作与发展组织调查显示，2018 年各国中小企业贷款占全部企业贷款比重的中位数为 40.41%，我国为 64.96%，高于其他发展中经济体和多数发达经济体。同时，我国中小企业贷款不良率处于低位，中小企业贷款利率与美国接近，低于其他发展中国家。从总量来看，中国的信贷供给相当充分。民营企业融资在融资总量中的占比处于相对合理的水平，中小微企业贷款占比处于世界较高水平。

民营企业当前存在的融资难问题，不是总量上的融资难，而是结构上和微观层面的融资困境。这主要体现在两个方面。第一个方面，部分企业是高杠杆基础上的再融资难。第二个方面，企业个体获得融资的流程难。民营企业融资成本相对较高，这是市场风险定价的结果，不能据此认定存在所有制歧视。近年来，小微企业贷款增速较快、利率明显下降，积极的一面是有效缓解了小微企业的融资难和融资贵问题，但也在一定程度上导致定价体系扭曲，不能完全贯彻风险定价原则。

当前世界正经历百年未有之大变局，国际政治经济形势复杂多变，贸易保护主义、逆全球化等不利因素增多。多个国家形成一定的资产泡沫，债务高企，各国经济增速普遍承压，新冠肺炎疫情严重影响了全球社会经济发展，对我国民营企业的生存和发展提出新的挑战。

二、我国民营企业融资困境的成因

民营企业融资难、融资贵主要体现在高杠杆基础上的再融资难、具体融资过程复杂和融资成本相对较高，是多种因素共同作用的结果。

（一）供给端原因

从供给端来看，经济快速发展使融资供给端强调规模效应，追求体量和速度。在对融资效益与效率的权衡中，市场主体往往更倾向于为大型企业和大型项目优先提供服务。由于供给端的风险偏好，相对而言，民营企业债务的不良率普遍高于其他类型企业，政策的非预期变动往往给民营企业造成非预期的影响，金融机构对员工的严格考核和严厉处罚，在一定程度上加深了民营企业融资的不畅。

（二）需求端原因

从需求端来看，民营企业融资难的症结在于融资有效需求不足。

大型民营企业作为地方经济的重要支柱，往往是地方政府政绩的主要载体，部分民营企业将自身问题社会化，造成权责的不对称。借助于粗放式的高速发展，通过偷税漏税、打政策擦边球、提供虚假信息等行为博取短期利益，规范性不足。

很多大型民营企业受观念和经验限制，对资产负债管理重视程度不够，表现为短借长用，期限错配，资产负债内部结构不合理，往往伴随着高负债，更多依靠短期借款、票据融资，易受流动性变化的影响。2017年起，中国全力推进防风险和去杠杆，总体杠杆水平得到一定控制，但在工业企业内部，不同所有制企业的杠杆率却出现了显著分化，国有控股工业企业杠杆率继续下降，但民营工业企业杠杆率却出现了较大幅度的上升（见图4-3）。

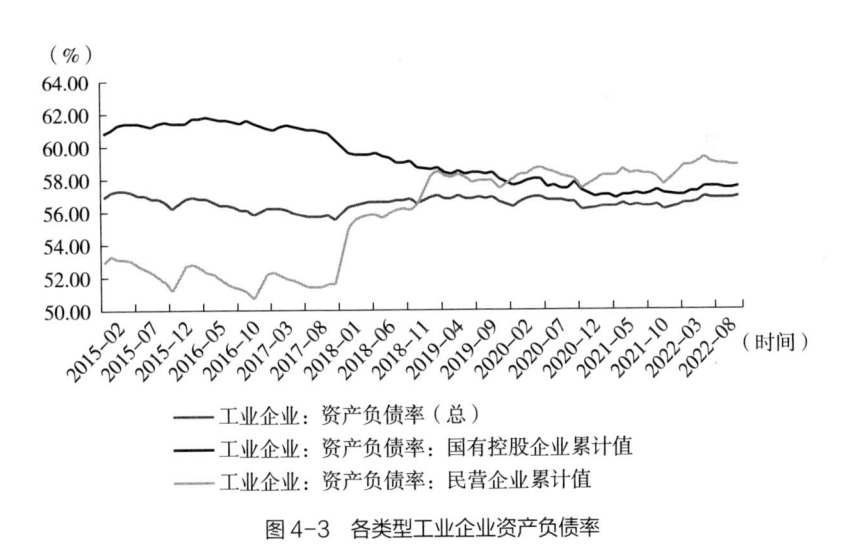

图4-3 各类型工业企业资产负债率

资料来源：Wind。

中小民营企业大多缺乏规范的财务管理制度，许多评估融资可行性的关键指标处于"黑箱"状态，给资金供给方增加了调查成本。他们合法合规经营观念弱，容易引发税务风险、劳动纠纷、法律隐患、环保风险、行政处罚等政策风险，甚至出现逾期、失信、跑路等问题，造成金融机构对中小企业融资能力缺乏信心。

应收账款拖欠问题进一步困扰着中小民营企业。很大一部分中小民营企业依附于产业链上的大企业，应收账款往往被拖欠，而中小企业普遍资金实力弱，应收账款占比往往较高，一旦资金流中断，中小民营企业更难从银行获得贷款。近年来，我国开始清理拖欠民营企业、中小企业账款工作，企业的资金紧张情况得到一定程度的缓解，但仍有地方补贴拖欠、政府采购款拖欠等问题存在。

（三）公共政策与环境因素

宏观调控政策对民营企业有明显的外部性，在政策的实际执行中仍存在差别对待等问题。我国一些地方政府直接鼓励、扶持，甚至干预具体企业经营来促进地方经济发展，对企业正常经营和市场发挥决定性作用造成干扰。

当前的法律法规在执行过程中存在量刑不一、选择性执法等问题，一些法律法规仍然沿用旧的经济观念和法律观念。2017年开始，最高检、最高法对此类问题进行纠正，但有些地方在执行中又走向了另一个极端，例如，民营企业间或民营企业和金融机构间的诉讼，以保护民营经济为名不受理或不执行。

突发性危机，如大型自然灾害、公共卫生事件、金融危机等带来的冲击也不容小觑。新冠肺炎疫情的暴发一定程度上冲击了民营企业的正常经营。

（四）结论

总的来看，民营企业融资困境是由供给端因素、需求端因素、公共政策与外部环境因素和突发性危机共同影响的结果。民营企业融资难集中体现在有效需求不足，主要是民营企业的贷款和融资需求超过其自身的支付能力。融资过程复杂，受供给端因素和政策环境的影响，融资成本相对较高是市场风险定价的结果。

民营企业之间存在着"规模歧视"，少数民营企业的个体行为影响整体信誉和形象。解除民营企业融资困境，需要建立金融支持民营企业发展的长效机制。

三、建立金融支持民营企业发展的长效机制

（一）坚持竞争中性原则

建立金融支持民营企业发展的长效机制，首先应该激发民营企业的活力，确保市场经济的公平竞争秩序，应该保证和强调竞争中性原则。

坚持市场在资源配置中所起的决定性作用，有利于完善社会

主义市场经济体制，克服政府对资源配置干预过多的问题。这并非意味着不重视政府的作用，而是为了更好地发挥政府作用，形成有利于科学发展的宏观调控体系。

竞争中性强调通过公平的市场竞争机制，消除因所有制造成的资源配置上的扭曲状态。坚持竞争中性，才能使企业更好地发挥市场主要参与者的功能。长效机制下应当使民营企业能够经受市场的检验，通过市场来决定民营企业的发展前景。

（二）完善法律保障和政策引导

我国现行的《中小企业促进法》提出国家鼓励各类金融机构开发和提供适合中小企业特点的金融产品和服务，引导金融机构增加小型、微型企业融资规模和比重，对缓解我国民营企业融资难起到积极作用。2018年以来，司法系统多措并举，全面清理不利于民营企业发展的法律和规范性文件，为民营企业提供优质高效的法律服务。但当前的法律法规仍有一些阻碍中小企业融资的限制存在。

本文对进一步完善法律保障和政策引导提出如下建议。

1.进一步完善《中小企业促进法》

首先，建立为中小企业融资提供增信的国家担保体系，要明确规定各级政府担保机构的组成方式、资金来源、持续的资金补充方式、业务运作模式等。

其次，为应收账款、知识产权、存货、机器设备等担保品的确权、流通、处置等立法，确保担保品可确权、可流通。应要求相关部门积极建设相关担保品的流通市场，以使担保品真正成为有效担保品。合格的担保品，其价值应独立于借款人本身还款能力之外，并具备良好的变现能力，除非是能直接带来现金流的版权、使用许可证等，其他与借款人经营状况密切相关的担保品作用不应被高估。

最后，在已有的中小企业发展专项资金和中小企业发展基金的基础上，建议规定财政对向中小企业提供融资的金融机构给予补贴或税收优惠，增强金融机构对中小企业提供融资的积极性。

2. 研究出台我国的"准时付款法"

《中小企业促进法》对中小企业追偿应收账款的规定在实际中并没有得到很好的执行，一方面是由于法律缺乏细化规定，另一方面是由于中小企业诉讼、维权成本高。进而出现了在问题突出时以"运动"方式集中整治的情况。2020年7月，国务院发布了《保障中小企业款项支付条例》，在付款期限、迟延支付的损失赔偿等制度规定上有了显著的进步，但仍存在一些不足：一是只保障中小企业而未将大型企业纳入；二是解决此问题的主责部门分布在不同区域，地方政府执行条例的方式和尺度可能存在差异。

现阶段，在执行和落实好《保障中小企业款项支付条例》内容的基础上，仍然需要一部规范整个市场的"准时付款法"，对商业交往中的付款行为做出可操作的法律规定，提升执法的可行性和尺度的统一性。这有助于民营企业获得法律保障，加快资金的流转速度，减少空转债务，从而降低整体负债率，节约社会成本，使民营企业资金"紧运行"的问题得到更好的解决。

3. 在相关法律法规中完善对商业信息披露的规定和要求，明确定罪标准，加大执法力度

民营企业融资难，在很大程度上是由没有获得市场信任造成的，关键原因就是不诚信、不全面披露信息，有时甚至为获得融资而故意提供虚假信息。

我国《刑法》第一百六十一条存在的问题，一是没有对哪些是"依法负有信息披露义务的公司、企业"进行明确解释，一般理解为上市公司。但打击不诚信披露信息、提供虚假信息，不应局限在上市公司，对有股权、债权融资的企业应该都适用。二是20万元以下罚金的经济处罚过低，应予提高。第一百七十五条对骗取贷款、票据承兑、金融票证罪，对以欺骗手段取得银行或者其他金融机构贷款、票据承兑、信用证、保函等进行了罪行界定，但关于"欺骗手段"亦无具体的司法解释，需要明确。

4. 国际经验借鉴

美国形成了相对成熟的小微信贷融资体系。首先，美国建立并不断完善小企业融资法律体系，确定小企业特殊地位及其融资保障原则。《小企业法案》鼓励发放长期贷款，将小企业管理局与借款人进行隔离，防范道德风险。《小企业投资法案》《小企业融资法案》《小企业经济政策法案》《小企业技术革新促进法案》

等20多部法律法规实现充分的信息披露，业务活动透明高效，充分利用贷款二级市场，在分散风险的同时扩大了贷款人的授信能力。美国普通金融立法也高度强调赋予小企业"公平"权利，例如，美国消费者金融保护署要求金融机构针对少数族裔业主、女性业主和小企业业主，恪守公平信贷原则，并向其报送与之相关的信息。

其次，针对应收账款账期问题，美国联邦政府1982年制定了《准时付款法》并多次修订，绝大多数州也参照联邦法律制定了自己的准时付款法。这一法规主要针对美国政府采购，规定得非常细致。在美国，由于有明确的法律条款威慑，政府的应付账款支付比较及时。

最后，反欺诈条款和严格执法。美国的反欺诈条款适用于所有公司，其《证券交易法案》第10（b）条和证券交易委员会（SEC）的10b-5规则广泛禁止任何性质的公司使用"与买卖任何证券有关的任何操纵或欺骗手段"。美国证券交易委员会对私人公司的常见欺诈行为均有监督权力，执法较为严厉。

除美国外，中国香港廉政公署（ICAC）、新加坡贪污调查局（CPIB）、英国重大欺诈案件调查局（SFO）等都有权调查私营机构的欺诈、腐败犯罪等行为。

（三）民营企业和中小企业要赢得市场信任

对民营企业来说，想要获得融资，就必须赢得市场的信任，而不是博取社会舆论的同情。民营企业应当减少对政策和政府的依赖，直面市场进行经营和竞争。民营企业应当健全现代企业管理制度，提升资产负债管理能力，应当知法懂法，熟悉政策方向，依法合规稳健经营。

民营企业尤其是中小民营企业，应注重流动性风险管理，运用总资产周转率、应收账款周转率、资产负债率、银行借款总额、银行信用额度等指标构筑现金流风险预警体系模型，有效化解现金流风险对企业生产经营的影响。当现金流偏离正常状态时，分析造成该种状态的原因，提前采取防范措施。

（四）优化地方政府职能

地方政府应当真正做到"放管服"，减少对具体企业经营发展的直接干预。地方政府应当深化简政放权，进一步激发市场活力；营造公平、法治、有序的发展环境，转变监管理念，强化政府的法定职能意识；应当优化公共服务，完善公共服务供给机制。结合实际情况，地方政府应当加大对特定行业、区域的支持力度，助力经济恢复。

新冠肺炎疫情的暴发使中国大量小微企业和个体工商户受到冲击，这些企业数量巨大而分散，扶持政策要落实到位有不少困难，需要加大对特定行业、特定区域政策的支持力度，进一步畅通社会供应链和资金链，防范企业资金链断裂。

（五）激发金融机构活力

金融机构应强调长效发展理念和经营方式，以战略眼光客观看待风险，防止短期行为给企业经营和融资活动带来的冲击。

第一，完善追责考核制度。银行等金融机构应当根据自身发展战略和客户战略设立相应的不良资产容忍度，缓和企业融资和信贷人员风险责任之间的目标冲突。

第二，建立新型的银企关系。这并非要重新建立"主办银行"或"主银行"模式，关键是银行要对有发展前景的新兴企业、中小企业和遇到暂时性困难的企业，做到能够识别、加以扶持、建立长期关系。企业应该选择相对稳定的服务银行，诚实、全面地披露各类信息，争取银行充分、持续的信任。

第三，完善贷款品种和期限政策。企业不仅有临时性资金需求，也有中长期周转性流动资金需求。监管的相关规定应进行调整，解决"无还本续贷"的治标不治本以及与贷款风险分类原则相抵触的问题。

（六）创新融资模式

创新的融资模式应当有针对性地为不同类型、不同发展阶段、不同性质及行业的企业提供有效的解决方案，或补充企业发展所需资金，或加快资金清算等，从而达到支持企业长期健康发展、减少企业融资总额、降低负债率和融资成本的效果，而不是单纯获取资金、增加信用，以及无谓地增加企业的负债率和融资成本。笔者建议，应建立针对小微企业各个发展周期的系统化融资供给体系，改变成长阶段及周期均过度依赖银行融资的现状。针对初创期、成长期，以及其他银行不宜介入的阶段，提供更加多样化的融资工具。

总体来看，长效机制能够有机协调民营企业与金融体系产生交互的各个组成部分，使各参与方之间的有效互动形成良性循环，进而不断改进和完善金融支持民营企业发展的各个环节。从运行方式来看，长效机制遵循市场规律，能够完善规则制度，减少行政干预，激活参与主体活力，充分发挥市场在金融资源配置中的决定性作用。从长期来看，长效机制注重与时俱进，充分考虑我国"十四五"时期超大市场规模的"新优势"，注重结构调整和模式优化，有助于推进经济高质量发展。

充分发挥金融功能，
为增强经济韧性注入创新动力*

党的二十大报告将"实现高水平科技自立自强，进入创新型国家前列"纳入2035年我国发展的总体目标，并以三个"第一"，即科学技术是第一生产力，人才是第一资源，创新是第一动力，再次强调了创新驱动对于中国的重大意义。

面对复杂严峻的内外形势和新冠肺炎疫情的反复冲击，中国2022年上半年经济增长率仍实现了2.5%的正增长。疫情之下的大考验，再次证明了增强经济韧性的重要性，也为后疫情时代的经济工作思路提供了指引。随着疫情防控政策的优化，经济受疫情反复的影响也迎来了边际改善，这也意味着：接下来经济工作的重点要真正重新回到稳中求进的"求质"转型路径中，要利用好创新这个牵动经济社会发展全局的"牛鼻子"，通过对产业链、供应链大规模深层次的重构，有效加速先进生产要素的流

---

* 本文为中国金融四十人论坛《2019·径山报告》《中国金融创新再出发》分报告《金融创新支持实体经济创新》的部分成果（经作者修改补充）。报告负责人田轩系清华大学五道口金融学院副院长、教授。

动和高效集聚，为经济发展"稳"字当头、稳中求进提供有力支撑。

不同于常规活动，创新是具有高风险、长周期、高失败率的开创性事业，因此，打好新时代以求质为目标的创新攻坚战，首先必须建立健全相应的制度保障。而作为实体经济的血脉，金融通过构建高度匹配创新周期的体系，为创新提供长期的制度与流动性支撑。只有合理的激励机制设计与完善的金融市场结构相得益彰，才能真正为技术创新提供源源不断的活水，推动企业发展，并达到整个社会的进步。

根据国家统计局发布的数据，2022年一季度，我国金融业在国民经济中所占的比重约为9.15%，高于与我国经济结构类似的其他发展中国家。虽然我国有较高的金融规模占比，但在金融业有效支持创新，尤其是技术创新型中小企业方面，我国与发达国家相比还有较大的差距。因此，未来我国的金融体系需要在宏观、中观以及微观层面进行相应的制度创新，才能以更高精度适配以创新为内核的高质量发展要求。

一、宏观层面：以市场化、国际化、法治化推进构建新型金融体系

从宏观角度来看，第一，要通过继续深化金融市场双向开放，为增强创新内生动力提供支持。已有学术研究表明，金融市场开放对于推动创新具有重要意义。从19世纪末到20世纪初的

30多年里，各国资本市场特别是股票市场的自由化对全球经济产生了深远影响。2005年，据Bekaert等人的研究统计，资本市场的开放与自由化每年为经济体贡献了1%的GDP增长率，促进了金融效率和竞争力的提升。2021年，Moshirian、Tian等人通过研究全球20个发达与发展中经济体金融自由化的数据也发现，资本市场开放通过推动技术创新促进经济增长，其背后的原因在于：资本市场开放之后，能够为企业提供更加充足的资金支持，减少了企业的资金约束，在更大程度上释放了企业的创新能力。同时，海外投资的放开增强了本国投资者与外国投资者之间的风险共享能力，进而促进了企业进行更多高风险的技术创新尝试。此外，资本市场自由化会吸引外国投资者持股，从而提高国家创新水平。2017年，Luong、Tian等人对26个经济体在2000—2010年的创新活动进行了研究，结果显示国外机构投资者能够通过监督渠道、保险渠道和知识溢出渠道三种作用机制，在促进企业创新方面发挥关键作用。

第二，以提升直接融资比重为抓手，发展多层次资本市场，是激励我国实体经济创新的重要手段。长期以来，银行信贷等间接金融服务是我国社会融资中的绝对主体，股权市场的功能仍未得到充分发挥。然而，相关学术研究发现，股权市场的风险与收益共享机制实际上更加适用于有较高失败风险的创新型企业。此外，2022年，Liu和Tian通过研究发现，创业投资者可以通过对股价信息进行学习，进而调整自己的投资策略，这也进一步证实了股权市场对于改善资源配置效率的另一种作用：股价的信息含量能够被及时反馈给投资者，引导投资者将资金投向更加优质的创新项目，进而改善资源配置的效率。相比之下，债务融资不存在类似的价格反馈机制，并且债务融资一般需要有担保品和抵押物。通常而言，创新型企业具有较高的失败风险，对于偏好低风险、有形资产抵押的银行来说，创新型企业很难满足债务融资的条件，导致创新型企业很难从债务市场获取低成本的资金。基于以上研究，我们可以确认，近年来我国以注册制改革为关键的直接融资市场构建，对促进金融支持实体经济创新具有深远意义，给企业创新的融资及管理带来了新机遇。未来，应当进一步提升直接融资比重，加快建设"进退有序"的多层次资本市场，为创新企业和投资人提供全生命周期的融资退出支持。

第三，进一步规范宏观调控权力边界，切实稳定市场主体政策预期。2017年，Bhattacharya、Tian等人通过分析全球43个经济体的跨国数据发现，国家的政策对于企业创新影响不大，但是政策的不确定性会在很大程度上抑制企业创新。不确定的政策直接影响创新人才的流动及一个国家的创新活动，同时会使企业投资更加谨慎，进而抑制技术创新。而创新活动恰恰是一个长期的投资，所以要想从根本上保护创新、激励创新，必须保证宏观政策的连续、完整和稳定，确保市场预期平稳。

第四，以区域股权市场为抓手，提升市场活跃度与服务质效，为形成循环有序的多层次资本市场体系创造良好条件。2022年，Tian和Xu基于中国473个城市设立高新技术产业园区的制度背景研究发现，高新技术产业园区的建立能迅速拉动当地科技创新和创业，同时对周边城市的科技创新具有正向的溢出效应。该研究表明，高新技术产业园区对于双创的切实拉动作用，主要通过以下三个方面实现。首先，建立起高新技术产业园区的地区具有更低的企业所得税和土地转让溢价，更能吸引早期创投的资金，进而缓解了企业融资的困难，降低了企业融资成本。其次，建立起高新技术产业园区的地区具有更低的行政花销和更为简便的办事流程，为相关企业提供了便捷的营商环境。最后，高新技术产业园区优厚的条件为企业吸引了众多优秀研发人才。在构建区域性创新生态方面，我国已经拥有很多成功经验，如在1988年启动的"火炬计划"的带动下，以北京中关村为试点的一大批国家级高新园区开工建设并投入运营。2020年，全国169家国家高新区园区生产总值达135 566.2亿元，相当于全国GDP的13.3%，区域创新经济引领作用显著增强，有效支撑带动了区域经济发展。但从客观上看，我国区域性创新政策仍存在提升空间。从全国来看，区域间不平衡、不充分的发展情况仍然存在，创新型经济发展较好的区域目前仍集中于粤港澳、长三角、京津冀等经济发展成熟度较高的地区，同时以武汉为中心的中部崛起带、西部成渝发展带也在创新领域呈现出较好的发展态势。未来，区域性创新生态的优化构建，需要在产业渐次辐射及推进、人才充分流动、政策的跨区域一致性等方面着重解决地区间落差的问题，统筹规划，以核心城市的连接形成区域内的资源高流动性发展带，从而辐射带动整个概念区域的创新发展。

二、中观层面：培育"宽容失败"的投融资环境

从中观的角度来看，首先，大力发展天使投资及创业投资行业，为创新企业构建更专业的多层次融资渠道，提高金融体系作用于实体经济的效率。创业投资行业在对初创企业及其创新活动的投资方面有着传统银行贷款业务和其他融资方式无法替代的作用，其原因在于：一方面，企业的创业和创新是一个大概率失败、小概率成功的长周期活动，这显然不同于传统贷款业务面临的大概率还款、小概率违约的风险结构，因此，对于以银行业为代表的传统金融机构而言，很难以既有的、依靠大数定律分散风险的业务模式来兼容企业创业创新活动的融资；另一方面，对于企业创业创新活动的投资面临着较高的道德风险问题，需要了解底层业务的专业化机构与被投企业一同进行积极的公司治理和业务管理，这种投后管理模式也是传统金融机构所难以实现的。上述两方面表明，发展创业投资行业，是有效激励企业创业创新活动、解决中小高新企业"融资难"问题的必由之路。具体来说，创投企业助力中小企业创新主要有以下四种途径：一是为企业创新提供资金支持；二是积极参与企业经营管理，培育企业的创新能力，并为企业提供关系网络等增值服务；三是采用分阶段投资对被投企业实行监督管理；四是采用辛迪加模式，分散风险，聚合优势及技术，为企业带来更多资源，从而促进创新活动。

除了传统的独立风险投资（IVC），大力发展企业风险投资

（CVC）市场也对促进我国企业创新具有战略性意义。企业风险投资是指直接投资于外部创业企业的企业基金，不包括企业内部投资或者第三方投资，其投资目标是服务于基金所属企业的战略发展规划。①企业风险投资作为企业战略性开拓市场、丰富产品服务多样性的手段，逐渐成为企业内部创新与外部创新的重要工具。企业风险投资在设立动机、组织结构、投资决策及投资效果上与传统意义的风险投资存在较大差异，在促进企业创新方面也表现出不同的特征。在激励创新上，相关研究显示，企业风险投资比传统的风险投资在培育所投企业创新方面更胜一筹。具体而言，第一，企业风险投资能够帮助所投企业与母公司，甚至其他被投资的企业在技术上建立纽带，这些技术纽带能够帮助企业更好地开展创新活动。②第二，企业风险投资较长的基金周期能够满足创业企业进行漫长的创新研发，投资团队薪酬对创业企业的业绩和创新成果并不敏感，企业风险投资不以投资的财务回报为第一目标。因此，相较于传统的风险投资，企业风险投资能够给予被投企业更多的耐心与容忍，从而对被投企业的创新研发有正向的促进作用。

其次，要进一步深化银行业改革创新，促进新技术深度融合。作为中国资本市场中最重要的金融中介，银行的信贷供给在很大程度上决定了企业的融资约束，进而对企业的创新活动产生

---

① Chesbrough，2002。
② Robinson，2008；Fulghieri 和 Sevilir，2009。

影响。卢峰和姚洋（2004）、苟琴等（2014）的研究发现，我国银行信贷资金配置中存在严重的所有制歧视问题，即银行更倾向于将贷款发放给国有企业，这导致依赖银行融资的中小企业普遍存在"融资难、融资贵"的问题，信贷配置效率的低下阻碍了企业创新水平的提升。相关研究还发现，银行竞争水平的提升、股份制银行和城商行的发展，有利于银行充分了解被投企业的经营模式和创新业务、保护中小企业的知识产权信息并降低融资成本，从而促进中小高新企业的创新活动。由此可见，提升我国银行业竞争水平，促进股份制银行和城商行的蓬勃发展，对于解决我国中小企业"融资难、融资贵"问题、促进企业创新具有重要意义。与此同时，随着银行对于传统业务的自我创新以及信息技术的不断发展，银行业态的多元化也可以有效发挥支持企业创业创新活动的作用，如"投贷联动"创新业务模式，以及大数据、网络银行与供应链金融等新业态的产生，是促进我国传统银行业更好地与实体经济融合的重要手段。一方面，网络银行可以依托互联网企业独有的大数据进行信用风险评估，从而以低成本、低利率的优势更有效地开展贷款业务；另一方面，大数据和云计算技术的发展也使得银行传统偏向保守的风险管理模式发生变化，呈现出更强的个性化，甚至变被动管理为主动管理，这使得银行信贷在一定程度上具有了以往股权投资所独有的优势。

最后，完善相关体制机制，培育"宽容失败"的投资与交易环境，是金融促进实体经济创新的根本法则。不同于常规经营活动，技术创新周期较长、失败概率较大、风险高，因此传统基于业绩的薪酬合约并不足以激励创新。2014年，Tian和Wang通过构建创业投资机构的风险容忍发现，对失败更容忍的创投机构能够显著激励被投企业开展创新活动，特别是对于那些面临高失败风险（即处于经济衰退期、运营初级阶段以及所属行业为制药等创新难度大、成本较高的行业）的企业，失败容忍对企业创新的边际激励效果更强。此外，营造聚焦长期价值的氛围，对企业创新也具有重要影响。一项关于股票流动性对企业技术创新影响的研究表明，公司股票的流动性越高，其创新产出数量和质量就会越低。造成这一现象背后的机制是：当公司股票的流动性高时，容易带来外部收购压力并吸引短期"投机型"投资者，从而导致公司高管短视，牺牲长期投资，追求短期盈利。同时，"宽容"的信息披露制度对企业的创新行为也具有深度影响。2020年，Fu、Kraft、Tian、Zhang和Zuo研究了美国上市公司信息披露频率的变化对于上市公司创新行为的影响，发现信息披露频率的提高增加了公司管理层的短期压力，使其更关注于公司的短期运营，从而显著减少了公司的创新行为。与之类似，2018年，Agarwal、Vashishtha和Venkatachalam在研究了公募基金持仓披露频率与公司管理层短视行为之间的关系后发现，公募基金持仓披露频率的提高显著提高了基金经理对于短期业绩的关注程度，进而传导至公司层面，使得公司管理层的短视行为增加，降低了公司的创新数量与质量。2013年，He和Tian就金融分析师对企业创新的影响进行了研究，发现金融分析师的追踪显著降低了企业的创新数量与质量，这是因为：一方面，金融分析师追踪越多，公司越受到市场追捧，吸引了过多的短期投资者和投机者，从而给企业经营者带来了较大的短期压力，为追求突出的业绩表现，削减长期投资和研发支出，进而造成企业创新减少；另一方面，金融分析师追踪越多，投资者掌握信息越多，公司更可能处于被兼并收购的危险之中，使得公司管理层不得不采取防御战略，牺牲企业创新，进行常规的短期投资来提高公司的业绩表现。这一系列的研究表明，只有培育出"宽容失败"的投资与交易环境，才能从根本上激励实体经济长期稳定发展。

三、微观层面：建立聚焦激发创新潜能的公司治理体系

从微观的角度来看，首先，优化公司激励制度，激发创新人员及管理者战略性投资行为，是提升企业创新力的原生动力。与一般性质的工作不同，创新工作具有高风险、长周期的特性，因此激励创新工作相较于激励一般性质的工作会面临更大的挑战。2011 年，Manso 的理论研究提出，激励创新最有效的合约是既要在短期容忍创新失败的风险，又要在长期给予激励对象丰厚的回报，这种最优的激励计划可以通过采取股票期权的形式，并且结合延长有效期和提供激励对象保护机制等多种方式来实现。我国学者对我国上市公司股权激励计划的研究表明，股权激励能够给公司创新带来正向影响，其中股票期权对企业创新有显著的正向影响，而限制性股票对企业创新的正向影响并不显著。这是因为股票期权拥有不对称的收益曲线，在股价下跌时激励对象可以通

过放弃行权而免受损失，而在股价上涨时候，激励对象也可以利用股票期权获得股价上涨带来的收益；然而限制性股票拥有对称的收益曲线，在股价下跌时会导致激励对象蒙受损失，给激励对象带来惩罚，这可能导致激励对象不敢投入高风险的创新工作。

此外，双重股权结构对创新性企业的发展具有举足轻重的作用。区别于同股同权制度，在双重股权结构中，公司股份被划分为高投票权股份和低投票权股份，高投票权股份拥有更多的决策权。双重股权结构在美国比较普遍，纽约证券交易所和纳斯达克市场均允许上市公司采用这样的股权结构。2018年4月24日，港交所发布IPO新规，允许公司采用该结构上市。2020年1月，优刻得科技股份有限公司在科创板上市，成为我国第一家采用双重股权结构的A股上市公司。初创企业在多轮融资过程中，创始人团队可能由于股权被稀释而丧失对公司的控制权。而一旦创始人丧失对公司的控制权，一方面可能导致初创企业偏离既定发展路径，另一方面会影响公司的管理团队、组织架构的稳定性，从而不利于公司的长远经营。另外，上市公司在经营过程中，经常遭受"门口的野蛮人"觊觎，恶意收购成为公司控制权稳定性的最大威胁。由于双层股权结构中的高投票权股份一般仅向公司创始人或管理层发行，机构投资者或恶意收购者即使购买到足够多的普通股，也很难获得公司控制权，对公司管理层产生威胁，因此双重股权结构能够有效保证公司控制权的长期稳定。

与此类似，公司控制权的稳定性对公司创新行为具有重要影响。2017年，Chemmanur、Tian研究了反收购条款对公司创新的影响，发现反收购条款显著提高了公司的创新产出数量和质量。反收购条款对公司创新的促进作用在信息不对称程度更高、产品竞争更激烈的公司中更加明显，这说明反收购条款能够保护管理层免受资本市场短期业绩的压力，从而能够专注在有利于公司长期价值增长的创新活动上。

四、总结与建议

总体而言，探索金融创新支持实体经济创新的方法和路径，核心思路在于在资本对收益要求的短期性与创新活动周期长、高失败概率的长期性之间找到平衡，完成有效匹配，使资本能够有效地、长期地支持企业创新创业活动。总结前述分析，结合当下中国金融创新实际情况，得出以下几条政策建议。

（一）宏观制度层面

对外进一步推进资本市场自由化与金融市场对外开放。放宽对境外银行、证券、保险等机构投资者的准入和持股比例限制，充分发挥境外机构投资者通过监督治理、管理层保障、知识溢出等渠道对企业技术创新的积极作用。

对内增强政策的连贯性、稳定性、一致性，降低政策的不确定性，从而促进企业技术创新。加强以国家高新技术产业园区为代表的创新生态体系的建设，帮助企业更好地获得融资支持、承受更少的行政负担和管理成本、更多地享受高新技术产业园区所在地区人才培养和引进体系的优势，从而整合区域资源，促进企业技术创新。同时，树立国有企业竞争中性原则，为民营企业创造更加公平、透明的竞争环境。

进一步提升直接融资比重，加快建设"进退有序"的多层次资本市场，为创新企业提供全生命周期的融资支持。明确科创板定位、聚焦"科创"，在成长性基础上强调特色，在专业化背景下体现灵活。科创板应以最高效地发挥为科技创新型企业融资的功能、最有效地支持企业进行技术前沿创新为目标，在市场准入、信息披露和监管规则设置上更具灵活性和针对性。

（二）中观金融市场层面

培育"宽容失败"的创新环境。应当通过扶持天使投资及创业投资行业，缓解创投企业的资本约束，提供有限的亏损补偿，通过促进创业投资专业化、组织化、基金化等方式提升创业投资企业对失败的容忍度。

深化银行业改革创新，促进传统银行业支持企业创新。一方面应当着力建设股份制银行和城商行，并鼓励各大银行拥抱新业态，如"投贷联动""硅谷银行"等业务模式；另一方面应当鼓励传统银行业引进新技术，如大数据、云计算等都会改变传统的风险管理模式，信息颗粒度的提升也将使得传统银行业更好地支持中小科技企业的创业创新活动，缓解"融资难、融资贵"问题。

发展多元融资手段，提升金融体系效率。应当合理发挥影子银行的功能作用，对于没有涉足过高杠杆和风险外溢的影子银行体系应当予以承认和鼓励，并将影子银行体系进一步合理纳入监管。同时在创投行业之外，应当在明确相关概念界定的基础上发展天使投资等多种创业投资方式，培育天使投资人群体，使得创业企业更容易获得资本支持。

（三）微观金融工具层面

为创新型企业提供更加丰富的金融工具、激励机制和更加灵活的制度安排，通过减少信息披露频次和短期盈利要求、允许采用双重持股结构、优化管理层股权激励模式等，化解创新型企业在业绩的短期性和创新的长期性之间面临的矛盾，促进企业创新。

构建房地产发展新模式 *

中国房地产行业在快速成长的同时，不可避免地遇到了很多问题。有些问题来自情绪，即对问题本身并没有很好的定义和认知；有些问题是特定发展阶段难以避免的成长"烦恼"；还有些问题一直得不到解决，并威胁到国民福利提升和行业健康成长。我们把对房地产问题的各种讨论概括为"三高"现象：高房价、高负债、高度金融化。本文通过对"三高"现象的认识及其背后原因的分析，辨析房地产市场发展中存在的问题，并回应一些人们普遍关切但存在争议的问题。

房地产行业的高增长正在面临趋势性拐点，大量房地产企业面临前所未有的经营困境，房地产市场给宏观经济稳定带来了挑战。中央明确提出要"建立房地产发展新模式"，建立新模式的前提是找出、辨析当前和未来房地产市场发展存在的主要矛盾，

---

* 本文为中国金融四十人论坛课题报告《构建房地产发展新模式》的部分成果。作者张斌系中国金融四十人论坛资深研究员、中国社会科学院世界经济与政治研究所副所长。

在此基础上提出解决方案。

一、理解"高房价"的成因和影响，离不开对土地供给弹性的考察

中国的房价收入比保持在高位，大城市尤其突出，与全球知名城市相当。但中国高房价更突出的特点是：我国都市圈房价收入比显著高于国际水平，把大部分新进入者挡在了都市圈外面，遏制了我国都市圈的发展。

以美国纽约为例，根据2022年上半年的挂牌交易价格计算，纽约都市圈边缘的斯塔滕岛与布朗克斯，部分区域的二手房均价为3 800～5 700美元/平方米，合人民币为2.5万～3.6万元/平方米，房价收入比降至5以下；英国伦敦郊区的房价收入比也降至3以下。这意味着如果不去追求纽约、伦敦核心区域的住房，普通家庭用3～5年的收入即可达到都市圈一套房产的购置支出。但在中国，北上广深这些大城市较偏远郊区的房价收入比也均超过15，有的区域甚至接近30。不仅大大高于美国纽约、英国伦敦的郊区房价收入比，也大幅高于我国三四线城市房价收入比（10左右）。都市圈过高的房价收入比，超出了中低收入群体的负担能力，遏制了都市圈扩张，在大都市工作的普通工薪阶层难以在大城市安家。

土地供给弹性不高是导致高房价的最重要的不合理因素，让购房者在承担高房价带来的痛苦时，并没有享受到对应的福利改

善。从全国 100 个大中城市的数据看，房地产用地的供应力度并未随着房价攀升而提高。相反，由于房地产用地供给弹性不足，出让单价连年走高，成为推动房价攀升的重要原因，这在住宅用地上体现得更为明显。2008—2021 年，100 个大中城市建设用地出让中住宅类用地的占比从 38.5% 降至 33.1%，住宅类用地的出让单价则从 2 254 元/平方米升至 12 998 元/平方米，13 年间提高了近六倍，年均涨幅 14.4%。考虑到还有很大比例的工业、基建和公共管理用地由无偿划拨方式供应，住宅用地的相对高价程度在实际中会更加显著。

高房价会带来一系列问题，包括遏制流动人口的消费、遏制资源配置的优化、加剧地区间的发展差距等。

二、高负债对应了大量沉淀资产，这让房企几乎丧失了自救空间

房地产是资金密集型行业，但从行业比较和国际比较来看，中国房地产行业的债务水平极高，并非依靠行业属性就能解释。从行业比较来看，上市房地产企业的资产负债率在所有非金融行业中最高，2020 年达到 79.3%（见图 4-4）。从国际比较来看，2010—2020 年中国上市房地产企业的资产负债率也大幅高于主要发达国家（见图 4-5）。

对于房地产企业高负债的流行解释是高周转模式导致了房地产企业的高负债。但从财务角度看，"高周转"的结果应该是房

地产企业的资产周转和收入实现速度加快，理应对应着资产周转率的提高、对债务依赖程度的下降。但现实情况恰恰相反：在高周转模式高歌猛进的同时，房地产行业的资产负债率不降反增，资产周转率也在显著下降（见图4-6）。这表明，房地产企业在商品房开发和销售方面采取高周转模式的同时，还有相当一部分资产的周转率是非常低的，并最终拉低了房地产企业的整体资产周转率。基于此，我们可以推断在积累资产存量时，房地产行业形成了规模较大的、难以通过销售收入和运营收益覆盖的"沉淀资产"。

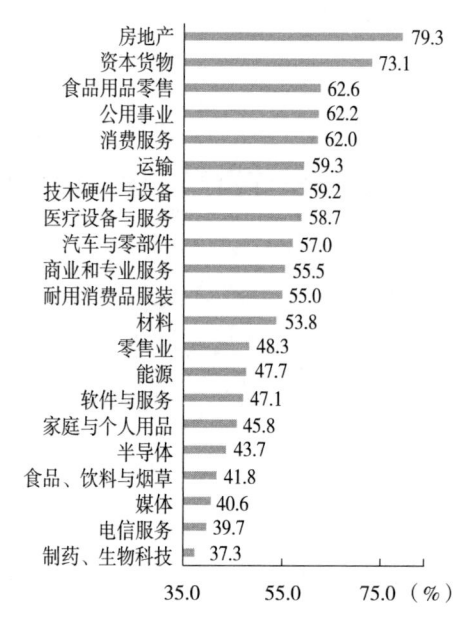

行业	资产负债率(%)
房地产	79.3
资本货物	73.1
食品用品零售	62.6
公用事业	62.2
消费服务	62.0
运输	59.3
技术硬件与设备	59.2
医疗设备与服务	58.7
汽车与零部件	57.0
商业和专业服务	55.5
耐用消费品服装	55.0
材料	53.8
零售业	48.3
能源	47.7
软件与服务	47.1
家庭与个人用品	45.8
半导体	43.7
食品、饮料与烟草	41.8
媒体	40.6
电信服务	39.7
制药、生物科技	37.3

图4-4　2020年中国上市公司资产负债率行业分布

注：图中数据为A股上市公司及H股上市、主营业务在境内的公司合计。
资料来源：Wind，经作者自行计算。

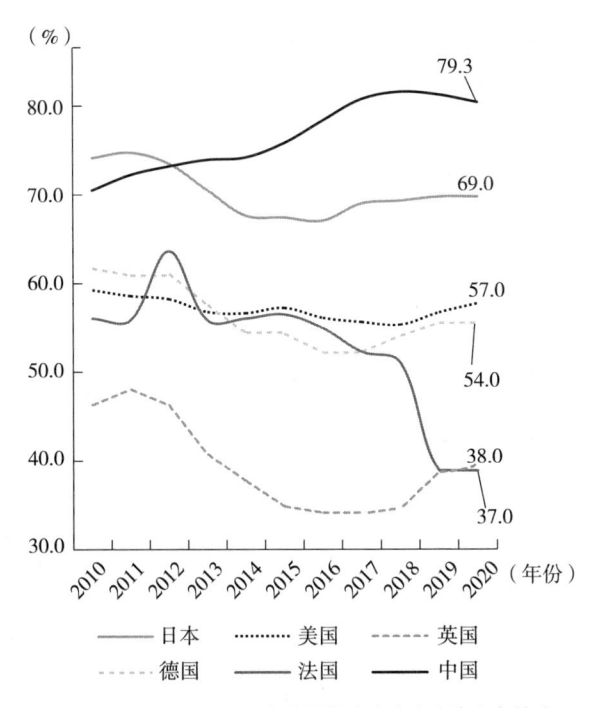

图 4-5 2010—2020 年主要国家上市房企资产负债率

资料来源：Wind，经作者自行计算。

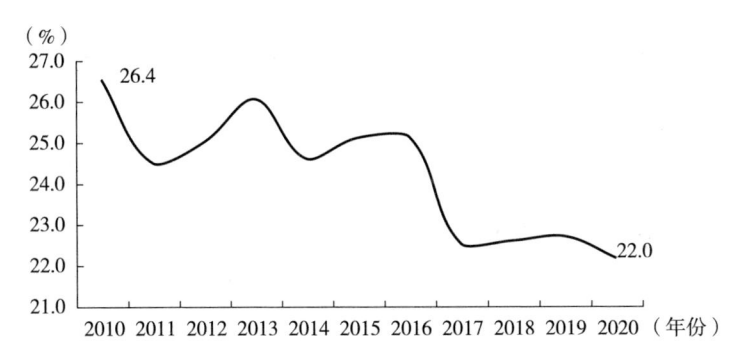

图 4-6 2010—2020 年国内全部上市房企（含 H 股）总资产周转率走势

资料来源：Wind，经作者自行计算。

从公开资料观察，这些"沉淀资产"主要来自三个方面。

一是土地"限地价、竞配建"模式中房地产企业的配建建筑。即在土地拍卖中，当报价达到最高限制地价后，竞买方式转为在居住用地中竞配建公共租赁住房的建筑面积，凡接受最高限制地价的竞买人均可参与竞配建，报出配建公共租赁住房建筑面积最大者竞得地块。

二是房地产企业在拿地时被要求自持住宅。2016年9月，北京试点采取限定销售价格并将其作为土地招拍挂条件的措施，鼓励房地产开发企业自持部分住宅作为租赁房源。此后，全国多地效仿这一规定，在房地产开发项目建设条件意见书中要求房地产开发企业在新建商品房住宅项目中自持一定比例的住房用于租赁。

三是配套政府要求的产业地产。对一些资金实力稍弱的房地产企业，尤其是区域性房地产企业而言，通过各种间接手段获取相对廉价的土地成为其持续经营的可选路径。房地产企业参与产业园区建设、产城融合等方式就成为间接获取土地的重要渠道。

我们根据公开数据初步测算了房地产行业的"沉淀资产"和相应的负债规模。2010—2020年，房地产行业共形成"沉淀资产"总额为24.7万亿元。若以国家统计局公布的历年房地产行业资产负债率计算，可得2010—2020年房地产行业沉淀负债为19.08万亿元。这些缺乏现金流的资产不断累积，纵使房地产企业可以通过"高周转"不断加快可售资产的周转进度，也难以提高整体资产周转率、降低资产负债率。

沉淀债务难以产生足够的现金流，但债务和付息支出仍会持续存在，房地产企业的现金流将会被持续损耗。按照 8% 的平均融资成本计算，2020 年，房地产企业沉淀债务累计达 19.08 万亿元，需要为其支付 1.5 万亿元利息，相当于当年营业总收入的 12.9%。进一步地，房地产企业受困于沉淀债务和现金流紧张，难以正常运营，将通过影响政府、工业企业信用基础和居民风险偏好，制约全社会的信用扩张。

三、"高度金融化"的背后是部分领域和环节的金融化程度不够高

在一般的讨论中，房地产"高度金融化"有两层含义，第一层含义是房地产本身的投资属性较强，房地产是中国居民资产的最主要组成部分。根据中国人民银行发布的数据，中国城镇居民家庭资产中有近六成是房地产。而美国、日本居民部门资产中总房地产的占比分别仅为 25.1%（2021 年）和 18.3%（2020 年）。家庭资产过度集中于房地产，主要有三个方面原因：一是对房价持续上涨的预期；二是金融资产的投资回报率较低，投资工具匮乏；三是持有房地产的成本较低，我国对持有存量房地产还没有广泛开征税收。

"高度金融化"的第二层含义是中国房地产相关融资在全社会融资中的占比较高（见图 4-7），并由此引发了关于"房地产挤占制造业信贷资源"的担忧。房地产企业大量举债，也有多方面

原因。一是部分房地产企业通过大量运用债务杠杆扩张规模，以此实现业务超常规发展。二是房地产企业在地方政府的要求下，为了配合拿地和开发持有了大量缺乏现金流回报的"沉淀资产"，并由此形成了债务的滚动积累。三是房地产融资的正规金融渠道较窄，房地产企业不得不大量借助高成本的非正规融资渠道，这也加剧了房地产企业的被动高额负债。

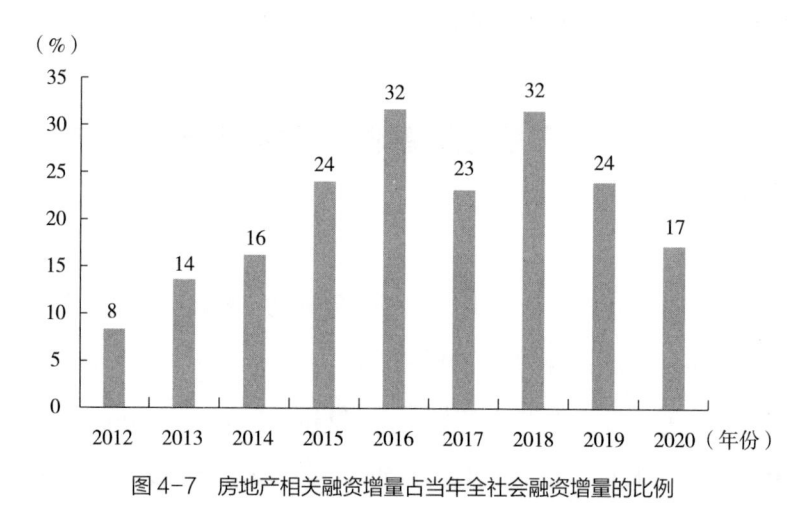

图4-7 房地产相关融资增量占当年全社会融资增量的比例

资料来源：Wind，经作者自行计算。

针对居民部门举债购房、金融机构将大量资金提供给住房抵押贷款或者房地产企业，一种看法认为信贷资源过度涌入房地产部门，挤压了其他部门的发展；另一种看法认为房地产住房抵押贷款和开发商贷款的增长创造了全社会的购买力，支撑了其他部门的产品和服务需求，以及其他部门的发展。

这两种看法哪个能站得住脚，要看当时的宏观经济环境。如果市场自发的信贷需求旺盛，信贷资源过度流入房地产行业会挤占其他部门的发展机会。如果市场自发的信贷需求不旺盛，金融部门缺乏优质信贷客户，则房地产行业相关的贷款不会挤占其他部门发展。不仅如此，房地产行业的贷款，无论是按揭贷款还是开发贷款，都会促进企业、政府和居民的收入增长，支撑全社会购买力的增长，以及其他部门的发展。

我国在2012年以后，资本密集型行业跨过了发展高峰期，市场内生的企业部门信贷需求大幅下降。这种环境下，房地产行业的相关贷款支撑了全社会的信贷增长，支撑了对企业商品和服务的购买力，对其他行业发展起到的作用是支持而不是挤占。

因此，当前看到的房地产与金融部门的广泛联系不宜简单理解为"房地产绑架了金融系统"，解决问题的关键也不是让房地产与金融部门脱钩，而是要重新建立起基于商业规则的、透明可监管的融资渠道，来满足房地产企业的融资需求。

四、房地产进入新时代，潜在住房需求会显著减少

学术界普遍认同，城市化、人口红利和城市更新改造是推动中国房地产持续繁荣的极为重要的三个因素。当前，上述三个结构性因素都发生了明显变化，或带动未来5~10年中国新增住房需求系统性下降。

首先，快速推进城市化的阶段已经过去，城镇化率或接近拐点。虽然我国城镇化率与发达经济体仍有差距，但由于统计口径

层面存在差异，我国 65% 的城镇化率可以相当于欧美发达经济体 75% 的城市化率水平。这已经接近城镇化率的"天花板"水平。其次，我国大部分城市已经基本完成城市更新，未来全国范围的城市更新需求显著下降。最后，我国正进入老龄化社会，未来新增的购房人群规模在不断减少。

2021 年，吴璟和徐曼迪对上述三个结构性因素带来的住房需求绝对规模做了定量拆分，并对未来 5~10 年的新增住房需求做出了趋势性预测。测算结果表明，2020 年后的十年间将出现较为明显的下降，2021—2025 年年均城镇新增住房需求约为 656 万套，2026—2030 年年均约为 455 万套，分别较 2011—2015 年下降 33% 和 53%（见图 4-8）。其中，城市更新带来的新增住房需求下降是导致未来新增住房需求下降的最主要原因。

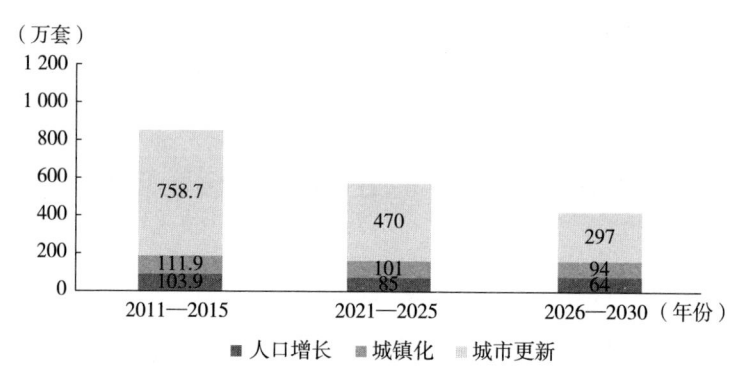

图 4-8　2021—2030 年新增住房需求预测

资料来源：吴璟和徐曼迪，2021。

国际比较也表明，目前我国人均住房面积与发达国家人均住房面积的差距已经比较小。发达国家中人均住房面积最高的国家是美国（接近 70 平方米），德国、法国和英国的人均住房面积相差不大（40 平方米左右），而日本的人均住房面积只有 22.8 平方米。根据住建部公布的数据，2019 年我国城镇居民人均住房建筑面积为 39.8 平方米，按照 1.3 的系数折算成使用面积大概是 30 平方米，与欧洲发达国家相差 10 平方米左右，显著高于日本的水平。考虑到当前我国人口总量已经基本保持稳定，人均住房面积的提升空间有限决定了我国未来新增住房需求的增长空间相对有限。

五、打造服务新市民的房地产发展模式

在未来十年甚至更长时间里，普遍性的房价上涨压力不再是房地产市场的主要矛盾。个别大城市可能依然面临住房供不应求和房价上涨压力，大部分城市房价上涨压力将会得到极大缓解，部分人口流出城市可能主要面临房价下行压力。再加上对购买住房的高首付比限制，以及其他各种限制购买住房的政策落地，房价上涨不再成为房地产行业存在的突出问题。

资金过度流入房地产行业并挤占其他行业发展信贷资源的判断在当前和未来环境下不再成立。在信贷需求不足的环境下，通过房地产行业带动的信贷增长对全社会购买力增长，对其他部门的销售收入和利润增长是重要保障。当前和未来主要担心的问题并非房地产行业占用过多的信贷资源，而是该行业的信贷收缩。

"三高"现象下，房地产市场发展进程中存在的突出问题主

要有两个。一是以进城务工人员为主体的大量劳动力在大城市工作但难以负担都市圈的高房价。二是房地产的高销售和高盈利一去不复返，房地产企业盈利难以覆盖巨额"沉淀资产"带来的利息负担，未来相当长时间内房地产行业面临资产负债表缩表压力。房地产企业破产不仅会给金融市场带来冲击，更重要的是与此相关的住房抵押贷款、房地产行业上下游关联企业贷款、由卖地收入支撑的地方政府平台贷款都会受到严重冲击，这将影响到全社会的信贷扩张，引发需求收缩和宏观经济不稳定。

针对以上两个突出问题，笔者提出房地产新模式下的解决方案。一是面向新市民的都市圈建设方案；二是稳定房地产行业发展的债务化解方案。

面向新市民的都市圈建设方案主要包括两方面内容：一是面向新市民的住房或租赁房供给，不仅是房屋供给，也包括相应的教育、医疗配套资源供给，尤其是中小学教育供给；二是面向新市民的住房购买力支持。建设方案当中，无论是建房还是提供教育和医疗服务，都要尽可能地利用新市民和企业的市场自发力量，政府发挥的作用是对开发住宅所需的土地交易、设立学校和医院开绿灯，对低收入群体给予一定的税收优惠政策支持。考虑到新市民定居对经济增长和税收的贡献，都市圈建设并不会增加额外的财政负担。

供给方：第一，为没有户籍和自有住房、长期在该城市工作的打工者发放"长期工作签证"，以此作为新市民的身份；第二，允许郊区集体建设用地转为新市民合作建房用地，不占用当地住宅用地指标；第三，支持为新市民提供众筹合作建房服务，新市民合作建房免税，新市民合作建房在出售时只能卖给其他新市民；第四，现有开发商持有的工业、商业等缺乏现金流回报的房地产可变更用途，改造为新市民住房，可用于出售或者租赁给新市民；第五，鼓励企业为新市民及其家庭成员提供医疗、教育服务，鼓励正规职业医生开设诊所，鼓励开设新市民子弟学校，为新市民教育和医疗服务提供税收优惠和开设场地政策支持。

需求方：设立针对新市民的住房金融互助机构，该类机构应采取股份制公司形式，保持多家竞争的市场格局；机构的资金来源于新市民的低息存款和政府贴息债券，资金用途是针对新市民的低息贷款，贷款额度与新市民的存款时间和数量挂钩。

推进房地产行业债务重组的切入点是优化房地产企业资产负债表，关键措施包括两个方面：一是确保房地产销售收入不过度下滑，有新的现金流支撑房地产企业的偿债能力；二是盘活房地产企业现有的部分"沉淀资产"，减轻房地产企业存量债务负担。因此，稳定房地产行业发展的债务化解方案也包括两方面内容。

一方面，推动住房抵押贷款利率市场化，缓解居民部门的偿债负担，稳定居民部门的购房需求。根据2021年张斌等人的测算，按照发达国家的平均水平，住房抵押贷款利率大概要高于同期国债利率的1.5%。同样是以银行为主的金融体系，德国和日本的住房抵押贷款利率与同期国债收益率的利差只有1.15%左右。目前，中国住房抵押贷款利率是以五年的贷款市场报价利率为基准，2021年四季度个人住房贷款平均利率是5.63%，同期五年期国债到期收益率均值是 2.75%，二者的利差为 2.88%。2021 年四季度，个人住房贷款规模是 38.3 万亿元。参照发达国家 1.5% 的平均利差水平，房贷利率有 1.3~1.6 个百分点的下降空间，对应的居民房贷利息支出每年可减少 5 000 亿~6 000 亿元。房贷利率下降带来的利息支出减少不仅可以缓解居民部门的偿债负担，改善居民的现金流，也可以稳定居民部门的购房需求。从历史数据来看，居民部门的按揭贷款与住房抵押贷款利率有比较明确的负相关性。

另一方面，采取"贴息 + REITs"（贴息 + 不动产投资信托基金）模式盘活"沉淀资产"，在化解房地产企业债务风险的同时增加面向中低收入群体的住房供给。"贴息 + REITs"模式的核心思路是借助金融市场，通过资产证券化的方式把房地产企业的部分"沉淀资产"转化为具有准公共资产属性的公共住房。这样既能够在一定程度上缓解房地产企业面临的债务压力，同时也能增加地方政府的公共住房供给。最初可以选择部分三线城市试点上述模式，待积累一定经验后，采取项目转化备案制并逐步在全国范围推广。

新发展阶段下全球产业链重塑和中国的选择[*]

在全面建成小康社会、实现第一个百年奋斗目标之后，我国开启了全面建设社会主义现代化国家新征程、向第二个百年奋斗目标进军，这标志着我国进入了新的发展阶段。与此同时，我国发展环境面临着深刻复杂的变化。在此背景下，中央提出了"构建以国内大循环为主体、国内国际双循环相互促进的新发展格局"。在党的二十大报告中，相关内容得到了进一步阐述："我们要坚持以推动高质量发展为主题，把实施扩大内需战略同深化供给侧结构性改革有机结合起来，增强国内大循环内生动力和可靠性，提升国际循环质量和水平，加快建设现代化经济体系，着力提高全要素生产率，着力提升产业链供应链韧性和安全水平，着力推进城乡融合和区域协调发展，推动经济实现质的有效提升和量的合理增长。"

---

[*] 本文为上海浦山新金融发展基金会课题《全球产业链重构与中国应对》的研究成果。作者徐奇渊系中国金融四十人论坛特邀研究员，中国社会科学院世界经济与政治研究所研究员、副所长。

其中,"提升产业链供应链韧性和安全水平"是增强国内大循环内生动力和可靠性的产业维度,而"推进城乡融合和区域协调发展"则是增强国内大循环内生动力和可靠性的空间维度。与此同时,要"提升国际循环质量和水平,加快建设现代化经济体系",这也对产业链供应链的竞争力、升级优化提出了要求。从供给视角来理解双循环的新发展格局,产业链供应链的安全和竞争力是两个重点。总体上,产业链竞争力主要对应我国经济发展阶段的更高要求,数字技术和绿色经济的发展为产业升级提供了新的技术路线。同时,产业链安全主要对应中美冲突和新冠肺炎疫情冲击。当然,这两方面的逻辑也有一定的交集。例如,中美冲突不仅使得我国更加重视产业链安全,而且也使得推进产业链升级优化、提升竞争力更为紧迫。出于这种外部压力的驱动,我们也强调产业链升级,但是其根本的出发点仍然是产业链安全。

如果没有中美冲突的背景,疫情冲击、数字化、绿色化这三个因素对全球产业链的影响将更具中性意义。例如,在没有中美冲突的背景下,数字化、绿色化这两个技术范式变化带来的影响,将更多体现为传统行业与新兴产业之间的更新迭代。但是有了中美冲突的背景,数字化以及伴随的信息全球化,对中美缺乏互信的状态提出了挑战,甚至进一步激化了中美互信赤字方面的矛盾。

正是从这个意义上,我们在分析全球产业链重塑的过程中,将中美冲突作为一条主线,疫情冲击、数字化、绿色化作为三条辅线。基于此我们得出了以下六个方面的主要结论。

一、数字时代全球化背景下，中美冲突具有特殊复杂性

现有研究普遍注意到了中美冲突既面临意识形态方面的挑战，同时也可能面临"修昔底德陷阱"式的挑战。同时，在数字技术发展的背景下，由于军民两用技术界限达到前所未有的模糊状态，这使得中美冲突也比历史上的相似案例更具特殊的复杂性。

当前，全球化已经从传统贸易一体化、生产一体化，演进到了数字化时代。相应地，全球化的跨境流动载体也从跨境商品销售、跨境资本流动，演进到了跨境信息流动。[①] 在数字化时代，海量信息的跨境流动关系到国家安全，因此军民两用技术界限、国家安全边界日益模糊。中美在数字化领域的遭遇和冲突，在美苏、美日关系当中是未曾有过的。

这种数字技术带来的融合与两国信任度下降之间的矛盾，和意识形态冲突、"修昔底德陷阱"等命题纠缠在一起，使得中美之间的关系变得更为复杂和脆弱。这甚至决定了两国在传统的贸易规则、投资环境等领域的冲突都退居于次要矛盾的地位，而信息领域这样直接事关国家间顶层科技力量角逐、直接事关国家安全的冲突变得越来越突出且难以驾驭，甚至反过来进一步恶化了传统的贸易、投资领域之间的矛盾和冲突。我们也要尝试以更大的智慧和耐心来面对这一领域的冲突。

---

① 徐奇渊、赵海，2019。

二、全球产业链重塑将呈现多元化、数字化、低碳化

未来全球产业链的发展将呈现出三个特征：首先，跨国公司将通过多元化产业集聚以增强产业链的抗风险能力。多元化的过程可能导致中国面临一定程度的产业外移，但这与纯粹的产业外移不同。在此背景下，我们如何进一步改善营商环境，如何确保我国供应链体系的稳定性、可预期性，给全球生产网络提供信心和保证，将关系到中国未来在全球供应链中的地位。这对于评估我国与外国（尤其是对美国之外国家）的经贸关系稳定性、权衡经贸制裁措施也是重要的考虑因素。

其次，随着全球要素禀赋格局的变化，全球产业链将在中长期呈现知识化、数字化和资本化趋势。在此过程中，全球分工的比较优势格局将被重新定义。一些国家虽然拥有劳动力成本比较优势，但是数字经济发展滞后、相关基础设施面临瓶颈。发达国家在个人隐私保护和商业效率之间的权衡也面临障碍。相较而言，中国在研发，尤其是应用环节具有显著优势，但是也面临着一定的隐忧，尤其是美国一些机构给中国扣上所谓"数字威权主义"的帽子，并试图在网络世界和数字经济领域的国际标准中孤立中国，从而限制中国在数字化时代的竞争优势，这需要引起高度重视。[1]

最后，生产方式的低碳化将主要影响依赖能源出口，或正处

---

[1] 马盈盈、崔晓敏，2021。

于工业化进程的发展中国家。在低碳化的背景下，出口导向、工业化的发展模式可能面临额外的约束。2021年3月，欧盟议会通过的"碳边境调节机制"（CBAM）决议，以及美国早在2008年对碳关税的立法进行的失败尝试——《沃纳—利伯曼法案》，都列出了免于征税的国家清单。这些享受豁免待遇的国家体量不大，受影响较小。但是另一些仍处于工业化扩张阶段的国家（例如，越南、印度），以及依赖于高碳资源的国家（例如，石油出口国），其发展空间将可能面临约束。相较而言，中国受到的影响较小。中国工业化已经从粗放扩张进入创新驱动阶段，出口贸易内涵碳也已经开始下降。同时，中国的绿色技术、绿色产业、绿色金融市场发展较快，这使得中国能够缓释低碳化带来的冲击。

总体上，全球产业链的多元化布局使得部分发展中国家暂时从中受益。但是在资金成本长期保持低位的背景下，数字技术对劳动力的替代可能改变传统的比较优势逻辑，绿色低碳也将成为后发国家赶超的额外约束条件。可见，对于全球经济格局而言，数字鸿沟、绿色鸿沟可能使得国与国之间的阶层更趋向于固化，后进发展中国家的赶超之路可能变得更加艰难，对于中国而言，其影响有利有弊，需要综合评估。

三、我国产业链的全球影响力和脆弱性并存

中国在全球高中心度产品中的八成产品的出口上具有优势，

供应链呈现出较强韧性。根据联合国工业发展组织的分类标准，中国是唯一拥有全部大、中、小工业门类的国家。

2017—2018年，HS6位码下全球贸易共包括3 556种中间产品，中国对其中2 247种产品的出口规模位列全球前三，并且出口858种高中心度产品（该数量仅次于美国位居全球第二），其中的693种中间品的出口规模位列全球前三（其中444种在2017年和2018年均排名第一）。这意味着中国在高出口中心度的中间品贸易中，具有重要的出口优势。这也印证了在2020年2月前后，中国在新冠肺炎疫情暴发时对全球供应链的重要冲击，引发了全球的高度关注。

同时，也要客观理性地认识到中国供应链的脆弱性。中国在两成高中心度的产品出口中并不具有优势，而且中国外贸呈现"大进大出"的特点，中国出口的一些高中心度产品本身的生产过程，也需要从国外进口大量的中间产品。根据我们设计的产品层面复合脆弱性指标，电机—电气—音像设备、机械设备、光学—医疗等仪器是中国供应链脆弱性最高的三个行业。我们还构建了指标体系，根据产业链的脆弱性将2017年中国进口的所有3 285种中间品分为以下四类。[①]

第一类，62种中间品。其全球出口中心度、中国的进口集中度双高，这类中间品面临贸易摩擦和疫情等外部冲击时脆弱性最强，进行供应链备份的难度也最大。应重点关注和评估这类中间品。

---

① 崔晓敏等，2020。

第二类，812 种中间品。我国的进口集中度较低，从现实来看，这类产品的供应链脆弱性弱。当前，这类中间品可能进口规模较小、容易降低进口集中度，但在中长期，如果进口规模明显提升，则其市场集中度也将向全球较高的出口中心度收敛。在这种情况下，这类中间品可能会转变成为第一类脆弱性最强的情况。对这类中间品，要着眼于长远、加强产业链安全规划。

第三类，759 种中间品。这类中间品的进口集中度较高，但是其对应的全球出口中心度较低。对这类中间品，可以考虑进一步分散进口来源。具体地，中国约 39.8% 的高脆弱性产品进口市场集中度指数较高，但出口中心度指数较低，其中不乏电机—电气—音像设备、机械设备和光学—医疗等仪器产品。中国在这些产品上存在一定的产业链多元化空间，产业链安全性可提升的空间较大。

第四类，还有 1 652 种中间产品，其全球出口中心度、中国进口的集中度双双较低。这类中间品的供应链脆弱性较弱，而且地位较为稳定。这类中间品超过全部中间品进口种类的 50%，以及进口金额的 48.2%，是中国进口供应链的稳定因素。

四、国家产业链的二元悖论及其权衡

我们的研究从行业层面、国别案例等角度揭示了产业链的二元悖论：一国在某个产业链领域的全球竞争力、影响力，以及该国对这个产业链的完全自主可控，不依赖对外国的进口，两个方面难以兼得。

首先,主要经济体的国别案例分析验证了该产业链悖论。即使包括美、日、欧在内的发达经济体、老牌工业强国和处于全球科技领域顶端的国家,实际上也强烈依赖于全球生产网络。我们发现,各国越是拥有具有国际竞争力的产业,则对外国的进口中间品贸易就越是依赖、脆弱性越强。例如,日本、韩国、美国的半导体产业都很强,但其脆弱度排在第一位的却都是电子——电气产业。同时,英国、法国、德国、意大利的机械制造业比较强,但其脆弱度排名第一的行业是机械设备。

其次,对中国制造业的分行业数据进行定量分析,我们验证了在中国的技术密集型行业中存在产业链悖论。在技术密集型行业中,随着中国某个行业在全球价值链地位的上升,该行业对外依赖程度也将呈现上升趋势。值得注意的是,这种悖论只存在于技术密集型行业,劳动密集型行业并不存在这种悖论。这可能是由于劳动密集型行业的产业链较短,比较容易实现在一国范围内循环。

最后,在所有国家当中,美国对产业链悖论的处理值得中国学习。美国通过政治关系、国家间的同盟实现了产业链安全保障。如果仅考虑经济因素,中国的全球供应链风险低于美国。但是在考虑政治关系、断供能力后,中国的全球供应链风险显著提升,但美国面临的风险则变化不大。相较于美国,中国的全球供应链风险更容易受到政治因素影响。① 从美国的案例来看，在一定条件下，产业链安全与竞争力可以兼得，从而也可以对"产业链悖论"的约束实现突破。

我们注意到，2021 年 6 月 8 日，美国白宫发布了关键领域供应链百日评估报告。该报告中再次提及美国需要强化政治关系，从而维护供应链安全。这表明美国也意识到了政治关系对供应链安全的重要性，表明其关于政治关系恶化对美国供应链可能造成潜在破坏作用的担忧。中国在提升产业链安全水平的过程中，也需要维护与主要国家良好的政治关系，同时加强与断供能力弱的国家的供应链联系。

五、科技竞争：准确认识中美科技竞争新趋势及中国所处地位

我们的研究从专利技术层面，对中国在全球科技竞争中所处的地位进行了全面客观的定量评估。基于过去 20 年全球专利技术数据研究，我们可以看到，中国的国际专利呈现出四方面特征：数量巨大、核心专利占比低、近五年来进步神速、"偏科"严重且专利技术大量集中在数字通信领域。此外，尽管中国在 2020 年已经成为全球 PCT（专利合作协定）专利数量最多的国家，但是就 PCT 核心专利而言，中国与美国、日本仍有很大差

---

① 苏庆义，2021。

距。我们应客观认识这种差距,处理好自主创新与国际科技合作的关系,积极参与全球科技治理与合作。

对于当前中美科技竞争的态度,不论执政者是谁,美国毫无疑问已经将中国视为最大的竞争对手,这场战略性的竞争将会在未来数十年持续。在这一点上,拜登政府与特朗普政府有共同之处。但与此同时,拜登政府在科技领域扼制中国的思路与前任又有明显不同。

2021年2月4日,拜登总统在其首次外交政策讲话中提到,在符合美国利益的情况下,美国也准备与中国进行合作。具体而言,拜登政府更加关注科技遏制政策的负面影响。拜登政府在竞选中获得了科技公司的广泛支持,在其候选委员会的前十位捐款人中,科技巨头企业占据五席(而在特朗普候选委员会的前25位捐款者中没有大型科技公司)。拜登政府应充分考虑科技遏制措施产生的负面影响。

回顾特朗普时期的对华科技遏制政策,其在以下三方面已经显现出了负面影响:其一,美国对华过宽的出口管制损害了美国高科技公司的商业利益,从而影响其研发投入;其二,美国对华人员交流过于严格的限制也损害了美国特定高科技领域的研发人力资本;其三,美国的国际科技合作中心地位相对弱化。"十二五"期间,我国与德、英、法、日的联合专利申请占比之和是23.7%,仅为中美合作占比的一半,而在2018年这一占比已达38.3%,与中美合作专利占比相当。

基于上述背景,拜登政府更加关注对华科技竞争政策产生的负面影响，因此其政策框架的以下三方面特征更为明显：第一，加大美国自身的科研投入；第二，以"小院高墙"为特征的精准遏制政策；第三，借助盟友圈和多边平台的杠杆，在关键技术领域形成针对中国的"盟友圈"，缩小中国的外交回旋空间。

在拜登政府时期，我们对中美科技竞争的新趋势也做出了三方面展望。第一，中美在网络空间方面的技术竞争和对抗加剧，平行体系出现的可能性增加。[①] 但由于中美在全球产业链中互相嵌入的程度极深，两个平行体系出现的过程可能在很大程度上被推迟或面临阻滞。

我们的定量研究显示：美国制裁华为不仅会直接影响美国供应商，还会形成行业扩散效应。在华为供应商所在的九个行业中，至少有三个行业存在显著的行业扩散效应。行业扩散效应可能促使行业协会对政策进行干预，加强供应商对制裁政策的反作用。具体包括：在政策实际生效前加快对华为的出口、将相关生产线转移至海外、向政府施压等。

第二，未来的中美科技竞争将进入全政府—全社会模式的融合国力竞争时代。信息革命正在渗透到经济、社会、政治、安全的方方面面，哪个国家能够更有效地融合各领域的国力并将其投射在网络空间，哪个国家就能够在新一轮科技革命竞争中获胜。

第三，中美博弈围绕新技术的国际规则、国际话语权争夺将更为激烈。过去几年，欧美国家以及联合国的多个不同机制就网

---

① 郎平，2021。

络空间的国际规则、法律框架进行磋商。随着网络空间国际规范的生命周期由规范兴起向规范普及过渡，大国围绕规范制定话语权的博弈将更加激烈。①

六、中国产业链：外移、内迁，还是区域重组

在前有堵截（美国）、后有追兵（越南等）、中间摇摆（欧洲和日本），以及内有产业升级之困的背景下，我国产业链巩固、优化升级都面临一定压力。从空间上来看，我国产业链面临三个调整方向：外移、内迁、区域重组。

以越南为例，笔者对中国产业链外移进行观察，并对其性质进行了研究。当前，作为一个经济体量相当于我国典型中西部省份的经济体，越南已经成为中国第四大出口目的国。以此为切入点，笔者就中国对越南快速增长的出口进行了定量拆解，尝试回答中国向越南产业转移的性质问题。结果表明，中国对越南的出口有两大特点：第一，中国向越南出口的大部分产品是中间品，而不是为了满足越南的最终需求；第二，中国企业对越直接投资和产业转移是带来对越南中间品出口增加的重要原因。②

事实上，中国向越南的直接投资和产业转移，使得中越在国际分工上的关系更为紧密，部分中国对欧美国家的顺差转变成了

---

① 郎平，2021。
② 杨盼盼等，2021。

中国对越南，以及越南对欧美的顺差，中国国际收支失衡过于集中的压力得以减轻。可见，现在的中越经贸关系较类似此前的中日经贸关系。当前，中国已经成为全球价值链的重要节点，越南则有潜力成为次级节点。不过从长远来看，全球产业链的数字化、绿色化趋势将对越南的发展形成挑战。

对于巩固国内产业链、做好中西部地区产业链承接，我们提出了四点建议。第一，执行梯度税收优惠。中西部地区可以试点对标东南亚国家，加大减税降费力度，以税收政策工具引导和支持产业有序转移，加强省际协调，减少横向税收竞争。第二，改善中西部地区政府的激励约束机制，提升市场化水平和政府效率，改善政企关系。第三，推动内资中小企业发展壮大，使其逐步摆脱服务外资的"代工"地位，塑造稳就业、增利润、育品牌的三赢局面。第四，在中西部边境省份与越南、缅甸开展劳务合作。可在广西、云南等边境省份布局中低端劳动密集型产业，尝试"我国产业链+越南劳动力"的经济一体化模式，通过提供语言培训、学历教育等方式吸引越南年轻劳动力入境学习、工作，这样既可以缓解我国年轻劳动力短缺的情况，又可以通过引入境外劳动力要素把产业链留在国内。

在区域产业链重组方面，新冠肺炎疫情冲击下欧洲汽车产业链的暂停对东亚国家造成的冲击，给我们带来了启示：汽车产业可能适合作为东亚区域产业合作的抓手。高度集成的汽车产业链是全球化生产的典型代表。受新冠肺炎疫情冲击，2020年3—4月欧洲汽车行业生产停顿，一方面导致中国汽车零部件面临进口断供冲击，另一方面则减少了欧洲从日、韩进口汽车零部件的需求。在此背景下，日、韩供给与我国进口需求具备对接的可能性。尤其是从二级、三级等次级供应商来看，日本、韩国的汽车供应链可能与中国的汽车供应链形成有效匹配。

汽车产业适合作为东亚产业链合作的抓手。在新技术、新能源革命的背景下，传统汽车产业与人工智能、绿色能源紧密相连，而且中国、日本、韩国等东亚国家在新兴汽车产业中各自具有一定优势。中国在人工智能、无人驾驶领域较为领先，产业配套网络齐全、市场规模巨大，中国有望成为东亚地区汽车产业链合作的枢纽，而且汽车行业主要使用成熟制程的芯片，受到出口管制制裁的潜在影响相对较小。当然我们也要看到，东亚地区的经济一体化合作在相当大程度上受制于地区内的政治关系，产业合作在该领域也面临一定挑战。

数字金融支持经济高质量发展 *

一、中国数字金融在过去十年飞速发展

过去，中国的金融体系主要是支持固定资本投资，这也是中国金融结构的优势。未来，中国经济创新呼唤金融创新，这是实现经济高质量发展的必要前提。

近十年来，中国经济领域最主要的创新应该是数字经济和数字金融。中国数字金融行业在过去十年间经历了飞速发展，新兴的数字金融业态不仅已与居民日常生活密不可分，甚至在移动支付、大科技信贷等领域已经走到世界前列。

虽然金融科技的概念最初在美国提出，但无论从广度还是深度来看，金融科技在中国的发展比其他大多数国家要快得多。在移动支付领域，支付宝和微信支付 2020 年二季度市场份额分别

---

* 作者黄益平系中国金融四十人论坛成员、北京大学国家发展研究院副院长、北京大学数字金融研究中心主任。

达到 55.6% 和 38.8%，为数亿用户提供了支付、转账、投资等金融服务。支付宝的活跃用户数已经超过 9 亿户，是全球著名支付商 PayPal 全球用户数的三倍。中国移动支付运营商不但覆盖更多客户，而且更加依赖移动技术。根据中国人民银行 2019 年支付体系运行总体情况报告，银行和第三方提供的移动支付笔数增长率高达 67.57%，金额年增长率达到 25.13%，远高于 PayPal 支付交易的增长率。在财富管理领域，超过 6 亿的账户投资于余额宝，其管理资产总额超过 1 600 亿美元，而世界知名的财富管理企业 Wealthfront 管理的资产也只有 113 亿美元。

除了较为宽松的监管环境和数字技术的快速发展，至少还有两个因素推动了中国金融科技的快速进步。一是，由于传统的金融部门普惠性和包容性相对较低，导致中国在利用金融科技改善金融服务的普惠性方面的空间很大。中国经济的发展模式长期由投资驱动。因此，国有银行主导的传统金融体系更倾向于为国有企业和大型企业提供信贷及其他金融服务。二是，中小企业和居民家庭对支付、转账、财富管理、保险、融资和征信等金融服务的需求仍面临较大的缺口。为有金融服务需求且可负担成本的所有社会阶层和群体提供有效的金融服务是普惠金融发展的目标，因此，对于低收入群体和中小微企业而言，普惠金融在中国仍有巨大的需求和发展空间。

近年来，快速发展的金融科技和实际生活场景在中国得以更好的融合。中国经济增长模式在由投资驱动向消费和创新驱动转型的过程中，向居民家庭和中小微企业提供更好的金融服务至关重要。数字普惠金融的跨越式发展，使得数字技术可以更有效地满足居民家庭和中小微民营企业的金融服务需求。

目前，中国的金融科技已经处于全球领先地位。2019年全球金融科技100强中，美国占15家，英国占11家，中国占10家。移动支付、互联网银行以及大科技公司全方位的金融服务已经具有全球影响力。中国金融科技公司相对领先的一个重要原因是传统金融领域供给不足的矛盾相对突出，尤其在普惠金融方面。数字技术的最大贡献恰恰是帮助降低信息不对称的程度，尤其是对那些传统金融机构难以触达、难以服务的中小微企业和低收入人群。中国数字金融创新为在解决普惠金融发展中普遍存在的"获客难""融资难"问题，提供了一条可能的路径。

二、金融支持经济增长要做好普惠金融发展

在很多国家，发展普惠金融主要可能是出于公平的考虑，虽然低收入人群、中小微企业、农村企业同样有获得金融服务的权利，但金融机构为它们提供的金融服务却严重不足，因此，发展普惠金融是一个共同的挑战。

但在中国，发展普惠金融的意义更加突出也更加重大。中国现在如果不能解决中小微企业融资难的问题，所涉及的不仅是公平的问题，还有发展的问题。原因在于，以中小微企业为主的民营企业，目前在中国经济当中所占的比重已经非常高。官方数据显示，民营企业贡献了50%以上的税收，60%以上的GDP增长，

70%以上的技术创新成果和80%以上的城镇劳动就业。也就是说，如果中国中小微企业的融资问题不能获得有效解决，中国将来经济的可持续增长会遇到很大的困难。

目前，中国正在制定新的普惠金融发展规划。过去中国在普惠金融的发展，尤其是中小微企业融资方面，还是取得了很多大的成绩的，政府也花了很大的精力来推动解决中小微企业融资难的问题。中国目前有很多小贷公司，也有很多商业银行设立了普惠金融部，新增的小微企业贷款速度是很快的，取得了很好的成绩。

但是可能存在一个问题，中国在解决中小微企业融资难的问题时，同时希望解决融资贵的问题，所以监管部门一直在要求金融机构不断压低贷款利率。压低贷款利率的动机是很好的，但可能在实际效果上事倍功半，甚至适得其反。因为中小微企业本来就是相对风险较大的企业，为它们提供金融服务，按道理来说风险是比较大的，即融资成本就应该比较高，这是金融的基本规律。但现在监管部门每年都要求金融机构不断地往下压贷款利率，这让金融机构很难开展业务。如果不往下压贷款利率，则完不成监管的要求；如果往下压贷款利率，将来发生风险又只能自己承担。由于这些问题没有得到解决，因此在中国看到金融机构要么硬着头皮在做普惠金融，要么在弄虚作假，应付监管部门。

在数字技术快速发展的时代，传统金融机构也需要积极创新风控手段。比如利用线下软信息和线上大数据的方法，对中小微企业做信用评估，从而缓解企业财务数据与抵押资产不足的矛盾。"线下软信息"就是指那些关系型贷款。例如，浙江台州有三家小银行就是通过线下关系了解企业家的人品，了解他们的社会关系等，它们的中小微企业发放贷款做得不错。一般情况下，中小微企业缺乏财务数据、历史数据、抵押资产等"硬信息"，这些都是传统商业银行进行风险评估所需要的基本资本要素。但是，如果银行掌握这些企业的"软信息"，也可以为银行提供充分了解企业的材料，进而做出比较有效的贷款决策。目前中国江浙一带已经有不少这样的中小银行，这些银行的基本要求是，银行的职员要充分了解企业主，而且是全方位的了解，包括财务状况、知识水平、信用状况等，这种全方位的了解，在对其做信用评估时，可能比财务数据还靠谱。

我们现在把线上大数据称为"大科技信贷"。为了更好地服务于创新创业和中小微企业，同时填补传统银行业服务上的空白，国内有了新的探索。目前，中国监管部门已经批准了几家新型互联网银行，如微众银行、网商银行和新网银行。微众银行在很短的时间内发出去1万多亿元的贷款，不良率非常低。网商银行在杭州一个办公室一共377人，一年服务了500万家小微企业，也积累了一些经验，从这些实践来看，通过大数据服务中小微企业，是可以做的。微众银行、网商银行分别基于腾讯的社交平台、阿里巴巴的网商平台等已经建立起来的生态，发展了网络贷款业务。新网银行并没有微信、淘宝这样的生态，而是通过跟今日头条、美团等其他平台合作，进行大数据分析，网络贷款业务也获得了快速发展。

新型互联网银行都没有实体营业部，基于线上服务为客户提供贷款。总体而言，其特点在于：一是大型科技平台实现了网上贷款。网络平台依靠其C端（个人用户端）获客优势，可以很好地覆盖中小微、个人等长尾人群，且平台获客的边际成本几乎为零。二是根据广泛的用户数字"足迹"生成用户画像。互联网银行用户社交、支付、浏览等行为大数据在中台计算之后，反过来反映了用户的信用条件和业务状况。三是大数据技术与机器学习技术相互融合，依据用户信用条件实现大数据风控和预警。这些信用贷款目前看来做得还不错，但这个模式能否持续推广还需要探索。

因此，当前在经济转向高质量发展阶段，要迈过中等收入陷阱，我们直面的问题是金融系统如何支持创新和支持中小微企业发展。在具体做法上，一方面，需要大力发展资本市场，促进直接融资市场在支持创新和小微企业发展方面发挥更大作用；另一方面，传统金融业需要加大金融创新力度，实现"两条腿走路"，一条腿是线下中小银行利用软信息，另一条腿是线上新型互联网银行利用大数据。目前，中国金融科技已经在一定程度上实现了引领性发展，普惠金融发展成就举世瞩目。这方面的经验可以继续推广，同时需要进一步提高风险管控能力。

2020年以来，突如其来的新冠肺炎疫情给实体经济和金融体系带来了很大挑战，企业资产负债表迅速恶化，但同时也倒逼金融机构加大数字化布局，促进金融资源通过科技手段普惠到更基层领域。在落实相关财政金融支持政策方面，金融科技将大有可为，如精准支持、增强时效性、降低成本、大数据风险管控等。数字金融的大发展，对全世界而言都将是一场创新性革命。但一定要做好风险管控和必要预案，需要提前明确如何分担不良贷款。

实际上，理解可持续的普惠金融的含义，必须建立在市场化风险定价的基础上，这个问题中国一直没有解决，应该加以重视。降低融资成本的渠道很多，比如宽松的货币政策、降低金融成本、增加金融竞争，或者改善风险定价，这样才能把融资成本真正降下来，而不应该通过行政性的命令。下行政性的命令问题比较大，政策层面针对企业融资难的措施已经推出了很长时间，但一直没能解决这个问题，这是未来需要克服的一个障碍。

总之，解决中小微企业融资的问题，不仅是一个公平的问题，而是事关经济发展，事关科学技术创新和产业升级，也就是关乎未来中国经济的可持续增长。将来中国能布局怎样的产业链，在很大程度上取决于能否在离开低端的产业基础后，解决技术问题，让经济的发展持续向前。

三、数字普惠金融创新

中国数字金融高速发展，一个大的背景就是以"规模大、管制多、监管弱"为主要特征的传统金融体系结构性服务供给不足，在普惠金融领域，即在服务低收入人群、中小微企业和农村经济主体的市场，供给不足的矛盾尤其突出。数字金融的许多业务其实就是填补了正规部门的服务空白，也正是这个原因，中国的数字金融发展具有很强的"普惠"特点。这一点与欧美的发展形成了明显的对比。因此，抑制性的金融政策在一定程度上限制了为普惠金融客户服务，而数字金融创新却很好地满足了这方面的需求，说明市场机制还是在起作用的。

金融是人类发明的极为重要的经济工具之一，金融的核心功能是资金的融通。金融出现以前，基本上都是自给自足的经济，交换非常少见，因为交易成本太高了。而金融的引入可以大大加快经济发展的步伐。但金融有个致命的问题，就是信息不对称。交易双方如果缺乏了解，要么交易很难发生，要么很容易出现违约。

数字金融能够快速发展，说明数字技术有助于解决金融交易中信息不对称的问题。数字技术一般是指互联网、大数据、人工智能、云计算和区块链等，它们也正是第四次工业革命的主要技术因素。将这些技术手段运用到金融领域，可以形成五个方面的改变，简称"三升两降"，即扩大规模、提高效率、改善体验、降低成本、控制风险。这些技术的运用，甚至有可能改变原有的一些金融规律。以互联网的大科技平台为例，支付宝、微信、京东、抖音、美团、百度等都是典型的大科技平台，虽然它们专攻的业务领域不太一样，从金融到社交，从网购到短视频，从外卖到搜索引擎，可以说是五花八门，但这些大平台有一个共同的特性，就是长尾效应。一旦大平台建立起来，服务再多的用户也没有问题，边际成本几乎为零，因此这些平台的用户规模都是动辄数千万、上亿甚至十几亿。这对于传统的金融业来说是一个革命性的变化，过去金融机构需要通过实体分支机构触达客户，现在一个大平台就可以覆盖大部分国人。普惠金融服务经常遭遇的一个困难是"获客难"，数字技术提供了一种解决方案。

再比如大数据和云计算，可以帮助提供速度快、规模大、个性化、体验好的金融服务。平台上的用户无论做网购、社交或是其他，都会留下数字足迹，积累起来就形成了大数据。这些大数据包括社会关系、个人行为及财务状况等，可以用来帮助分析一个人及其企业的性格特征、行为方式、信用程度等。大科技信贷就是借用这类非传统数据做信用风险评估，为个人或企业提供信用贷款。相当于用另类数据帮助降低金融信息不对称的程度，为那些经常被银行拒之门外的客户提供融资服务。这样的业务，传统金融机构没法做或者不愿做，因此具有重要的普惠价值。云计算则能提供巨大的储存能力和极快速的分析能力，为人们做出金融决策分析判断提供技术支持。

数字金融的业务非常广泛，涉及几乎所有的金融业务，具体可以分为五大类：一是基础设施，包括智能合约、大数据、云计算、数字身份识别；二是支付清算，包括移动支付、数字货币；三是融资筹资，包括众筹、网络贷款，比如P2P（个体对个体借贷）、大科技信贷、数字供应链金融以及开放银行等；四是投资管理，包括线上财富管理、智能投顾；五是保险，包括数字化的保险产品。在国内，这些业务的发展水平参差不齐，差异比较大。最早的数字金融业务是移动支付，到目前为止也是普及率最高的数字金融产品，虽然移动支付的金额还只有总支付额的10%左右，但移动支付的笔数已经能占到大约80%。还有一些线上投资的产品，2013年6月阿里巴巴的货币基金余额宝上线，旋即掀起了一场数字金融的热潮，2013年也因此被誉为"互联网金融元年"。智能投顾可能拥有非常大的发展空间，帮助解决普通家庭"投资难"的问题。2007—2020年，P2P完成了一个完整的周期，最热闹时平台数量超过6 000个，但现在已经全部清零。中国的大科技信贷开始比较早，目前的信贷规模在全球居于领先地位。另外，央行从2014年开始研究、开发数字人民币，现在已经进入测试阶段。如果在不久的将来顺利铺开，也将是全世界最早发行数字货币的央行之一。

今天，中国已成为世界上三大极具活力的数字金融市场之一，其他两个是美国和英国。业内有一个流行的说法，三大数字金融市场的优势分别是"美国的技术、英国的模式、中国的市场"。到目前为止，中国在一些数字金融领域的业务规模已经领先全球，但基本上不具有突出的技术优势。另外，在英美等发达经济体，金融科技（或数字金融）一词通常指区块链技术、加密货币、跨境支付和央行数字货币等。但在中国，数字金融（或金融科技）一词最有可能与向大众市场提供支付、贷款、保险和投资服务有关。因此，中国数字金融业具有普惠金融的特征。根据北京大学数字普惠金融指数，2011年，数字金融业务主要集中在东南沿海少数城市；到 2020 年，东南沿海依然领先，但东西差距、南北差距明显缩小，这意味着落后地区在那些年里正在迅速追赶。这正是"普惠"的含义。

今天，在中国的任何地方，只要一个人或者一个小微企业主拥有一部智能手机并能够连接移动信号，就能够享受几乎一样的金融服务，这就突破了过去依赖实体网络的传统方式，令金融服务的普惠性得到了革命性的提升。著名的"胡焕庸线"说明在 20 世纪 30 年代，中国经济的地区差异非常大，现在西部地区人口占比可能略有上升，但地区差异现象并未从根本上转变。这同样反映在金融服务水平的差异上，因为西部地区地广人稀，开办分支行成本高、回报低。北京大学数字普惠金融指数显示，2011—2020 年，数字金融服务正在快速地跨越"胡焕庸线"，推进到西部地区。虽然西部地区数字普惠金融发展水平仍然落后于东部地区，但东西部差异已经在明显缩小。这个变化可以称得上是历史性的。

促进金融普惠性是一项全球性挑战。联合国曾将 2005 年定为"小额信贷年"，呼吁成员国认真努力，为弱势客户提供基于市场和商业可持续的金融服务。中国政府做出了各种政策努力，例如，创建小额信贷公司、与金融机构建立专门的业务部门。总的来说，进展是有限的。金融界有一个广为人知的二八定律，它指的是，通常情况下，前 20% 的客户，包括最赚钱的公司和最富有的家庭，贡献了金融行业 80% 的收入。为其余 80% 的客户（主要是低收入家庭和中小企业）提供服务实际上更加困难，而且在财务上的利润也较低。促进普惠金融的主要困难在于接触潜在客户并评估他们的金融风险。

2016年，中国政府发布了《推进普惠金融发展规划（2016—2020年）》。近年来，中国在普惠金融方面取得了令人瞩目的进展。其中大部分进展发生在数字金融行业，但这并不是"五年规划"事先计划的。普惠金融取得惊人成功的秘诀在于数字技术，其中包括大科技平台、大数据、人工智能、区块链和云计算，如果应用得当，金融服务可以扩大业务规模、提高效率、改善用户体验、降低成本和控制风险。数字技术的一个重要特征是"长尾"，这意味着一旦构建了支付宝或微信等大科技平台，增加额外用户的边际成本几乎为零。大数据、人工智能和云计算的结合，使数字金融机构能够以极快的速度为大众市场提供个性化的金融服务。利用规模经济和范围经济的优势，大科技平台可以覆盖非常广泛的市场。

移动支付提供了一个非常好的案例。移动支付最主要的影响是改变了人们的支付习惯，降低了人们的交易成本。移动支付的出现，使人们支付时无须再准备零钱，出门不再需要携带现金，降低了丢失和被盗窃的风险，还可以方便快捷地进行远距离的转账，极大地提高了交易的便利性。2013年之后，支付宝和微信支付相继推出，移动支付在我国实现了迅速普及与快速发展。目前，移动支付已成为我国居民消费最主要的支付方式。以居民消费的金额衡量，2015年，移动支付金额超过了现金消费金额，2016年，移动支付金额又超过了银行卡支付金额。移动支付提高了支付效率、降低了交易成本，不仅改变了居民的日常支付习惯，也正在改变金融市场尤其是支付体系的市场格局。

数字技术更有助于为中低收入群体等长尾客户提供普惠金融服务。长期以来，我国传统金融机构在为低收入群体和农村地区居民提供金融支持方面，存在较大缺口。一方面，我国长期的增长模式以投资拉动为主，有限的金融资源优先支持了企业部门，尤其是国有企业和大型企业的融资需求。另一方面，我国征信体系建设相对落后，多数低收入群体和农村地区居民并没有征信记录，且工作与收入不稳定，往往不是银行等传统金融机构青睐的服务客户。

近年来，我国快速发展的数字普惠金融为居民家庭，特别是低收入和农村地区居民家庭，提供了有效的规避和平滑风险的渠道。高收入人群是传统金融机构服务的主要客户。虽然这部分客户数量占比相对较小，但对金融产品的需求较大，且重复购买的次数较多。因此，对传统商业银行利润贡献度也较大，在客户群体中占据重要的地位。与传统银行的主要区别在于，数字金融公司主要的目标群体为传统银行服务最薄弱的长尾客户。研究发现，以移动支付为代表的数字金融的发展，显著提升了居民家庭，尤其是低收入和农村家庭平滑风险的能力。这是因为移动支付可以实现低成本的快速实时转账，提高了居民利用社会关系网络进行风险分担的能力，同时，移动支付平台还提供了具有高流动性且能够产生收益的互联网理财产品（如余额宝），居民通过持有更多的互联网理财产品提高了自我保险能力。因此，当居民面临暂时性的负向收入冲击时，这两方面因素共同提升了居民风险平滑的能力。

移动支付还有助于促进居民创业从而增加家庭收入。对于没有固定工作、只从事农业生产的家庭，由于移动支付带来了交易便利性和安全性，只需要提供收款码就可以顺利完成支付，从而可以提高这类家庭开始从事个体经营的概率。对于已经从事个体经营的家庭，相比银行卡支付，移动支付的交易成本更低且节约了交易时间，同时在消费需求增加的情况下，降低交易成本和提高销售规模也会增加这类家庭的收入。

中国数字金融革命仍是现在进行时，但它已经产生了重要的全球影响。第一，为促进普惠金融提供了有效模式。借助数字技术，金融机构有史以来第一次能够以惊人的速度为海量客户提供金融服务。第二，数字技术正在迅速改变全球金融格局。中国的经验为理解数字金融创新，尤其是新兴数字金融参与者与传统金融机构之间的动态互动提供了重要案例，这些机构也在经历重大的数字化转型。第三，目前全球数字金融市场可能分为三个：美国、中国和世界其他地区。一个很大的挑战是如何在业务和监管层面上整合这三个市场，或者至少形成某种合作。

可以预期的是，中国的数字金融发展也将进入新的阶段。如果说过去的数字金融主要是野蛮生长，那么现在就要开始进入监管全覆盖的阶段。如果说过去数字金融创新的主角是科技公司，那么传统金融机构，包括商业银行可能将成为创新的主力。如果说过去最为活跃的业务主要是移动支付与数字信贷，那么智能投顾、跨境交易将成为值得期待的新领域,而央行数字货币也已经呼之欲出。如果说过去主要是依托消费互联网创新金融服务,那么在下一个阶段,包括产业互联网在内的各种物联网将成为数字金融创新的主要载体。

第五章
绿色低碳转型

金融业在应对气变和碳市场建设中的角色与潜能[*]

气候转型中关于金融体系的作用需要研究和探讨的问题很多,本文主要涉及碳市场建设以及金融界所能起到的作用。

一、实现碳中和需要动员巨额投资

面对全球气候变化难题,金融界要勇敢地承担起自己的责任。在未来走向碳中和的几十年内,最艰巨的任务是在这一过程中需要组织、动员大量的投资。仅就中国而言,按照各研究机构的估算,至少需要约 140 万亿元的投资,还有的估算需要几百万亿元;就全球来说,估算的投资数字更是非常庞大。因此,能否成功动员并利用好这么大量的投资,是金融界面临的重大挑战。

---

[*] 本文为博鳌亚洲论坛副理事长、第十二届全国政协副主席、中国人民银行原行长周小川 2022 年 5 月 31 日在中国人民银行和国际清算银行(BIS)、欧央行、央行与监管机构绿色金融网络(NGFS)联合举办的第二届"绿天鹅"会议上的发言(中文译稿)。

财政能动员一部分资金，但只能解决一小部分问题。毕竟在这么庞大的投资中，财政资金的最终占比必然不会太高，大量资金还需要动员民间资本。离开了金融业，没有任何其他行业或机构能承担这么大的资金动员任务。如果要动员民间资金，就需要用市场的力量，也就必然要寻求恰当的激励机制。也就是说，要使投资者不仅仅出于实现碳中和目标的觉悟性选择，更主要的是创造一种面向碳中和的市场激励体系，即面向减碳或零碳的投资具有可预期、可测算的合理回报率。

从目前的中国来看，要吸引这么庞大的投资，金融业的工作还有相当长的一段路要走。包括在相对近期，还需要就市场建设方面的内容进行讨论，取得共识。同时，其他各项任务也是非常重要的，就金融界来讲，要建立一些基本指标体系；要提高透明度，使投资、贷款等各类金融产品都能明确地披露其对二氧化碳、其他温室气体的排放和气候变化的影响；金融界本身也应该带头减排、实现净零排放，尽管金融界自身实现净零排放在整体碳中和大局当中只是一个相对较小的部分。

总之，金融业的一些基础工作是重要的，但更重要、面临更大挑战的是如何大规模动员和使用社会资金，尤其是建立合理的机制，使大量资金能够投入减排新技术和新产品的研发，以及各行业各领域设备的更新换代。有人认为，二氧化碳减排包含的物理化学及工程内容比较多，因而主要是工业部门的事情，金融部门在当中只能起到辅助作用。这似乎没有重视金融业的角色，而从前面提出的需要动员庞大资金的角度来看，金融业的功能及其特长是至关重要的。

二、重视金融业在定价、风险管理及跨期、跨境投资中的作用

第一，碳中和所需的长期投资及价格形成需要金融市场的定价能力。实体经济中的大宗商品价格形成其实早已是靠金融市场及其规律制定的。不是说因为碳市场具有金融属性，所以才需要金融业的参与，而是碳市场本身需要运用从金融业发展起来的定价功能。

第二，尽管早期的碳市场可能主要解决的是当期的定价以实现增产节约的问题，但实现碳中和所需的大额投资多数是针对跨期项目，年期少说两三年，中期三五年甚至更长时间才能见到效果。不管是研发、设备更新，还是兴建新工厂和设施，都是跨期投资；一些大的、高难度的研发项目，比如受控核聚变，期限跨度更长。金融界历来注重应对跨期问题，应该说，解决跨期问题是金融业的一个特长，涉及期限转换、收益与风险分摊、跨期会计核算等多方面。

第三，长期的投资必然会涉及大量的风险管理。一些新技术、新工艺的应用前景明显是具有风险的，而金融业本质上就是管理风险的行业，在这方面有理论、有实践、有人才，必然大有用场。

第四，很多投资还涉及跨国境的项目和资源配置。跨国境的

资源配置与优化需要建立在不同货币、汇率、兑换、金融市场套保及有关核算的基础之上，因此也是金融业的本行，有很大发挥作用的潜力。

三、注重构建统一的碳交易市场

在 2022 年博鳌亚洲论坛年会的有关讨论中，有人提出，将碳市场分为碳排放权市场和碳补偿市场，还有人提出把碳移除、碳抵消、碳削减、CCER（Chinese Certified Emission Reduction，国家核证自愿减排量）等说成是不同性质的产品，需建立不同的市场。事实上，碳市场应该是一个规模尽可能大的统一大市场，这个市场既包括惩罚性功能，也就是要排碳需要先通过碳市场购买排放配额（权）；同时也体现出鼓励性功能，即借助市场配额价格的激励机制把利益转送给碳减排、碳吸收、碳汇或者是 CCUS（碳捕获、利用与封存）的行动者，其中也涉及各种排放现有设备、工艺路线的技术改造等行动。

从总量上来看，需要购买碳排放配额的资金总量应该等于所有用于激励碳减排、碳吸收的资金总量。此外，如果有征收碳税的话，那么源自排放的所有碳税收入都应该用于支持碳减排、碳沉降、碳补偿，中间不应该被挪用。从市场供求来讲，构建统一的市场能防止资金被误用，也就是说，不能将从排放配额中收到的费用挪作他用，而碳补偿的资金还需要从别的地方去筹集。这显然并不是最优的资源配置安排。同时，统一的市场所形成的碳配额约束条件也能确保在未来几十年中，由碳中和路线图、时间表所规定的各年度碳减排总量得以顺利实现。

这当中还存在跨期的问题。当期的资金平衡比较容易理解，但如果跨期，就需要考虑到一些对碳减排、碳沉降及 CCUS 等的投资是要在未来某个投产年份才能产生碳吸收等回报的，因而需要用到碳远期、碳期货的价格，或需要通过净现值法将未来的回报转换为当期收益来形成对投资的激励。

因此，把碳市场细分为不同产品的市场，虽然从概念上说未尝不可，但从实际操作和未来功能发挥来看，不利于最优价格的发现和资源配置的优化，还需要从数学模型及其表达上加深对市场功能和作用的理解。实际上，碳市场应是一个统一的市场，其所产生的价格也是一致的，并且以资源配置最优化为目标。

四、碳配额设置的几种主要方法及差别

总的来说，碳市场的数学表达也是一个宏观经济模型，是在生产要素资源约束下，即在当前存量设备生产能力、劳动力、总储蓄、技术与智能等约束下，争取创造最高的 GDP（或者经改进表达的 GDP）。从方法论上看，由于在宏观经济模型中添加了分年度的碳排放目标，需要在这种宏观模型中加入一个新的约束条件：所有的碳排放减去碳吸收的量要小于等于碳中和路线图、时间表所规定的年度碳排放总量，也就是碳配额总量。还可以把其他主要温室气体增列为若干约束条件，这样也就存在若干

个配额。约束条件增加以后，需要使用更多资源才能实现原定的 GDP，即可能会在一定程度上把 GDP 向下拉。在此基础上，如果找到了最优资源配置，也就对应了碳排放配额的影子价格，即在 GDP 损失最小的情况下实现了年度碳排放的约束值。具体在设计配额的时候，有增量配额法、全量配额法、混合法（也许还有其他的方法）。

在增量配额法中，对基年的碳排放予以认可，或者说给予免费配额；新增的碳排放必须在配额市场中购买配额；同理，新增的减排（广义的 CCER）获得负值配额，可在市场上出售；年度约束条件为正值配额加上负值配额小于或等于年度碳排放增量控制目标（亦可为负值）。在全量配额法中，当年的全部碳排放（存量与增量）均需购买碳配额；当年全部碳吸收经核定均获得负值配额，可出售；年度约束条件为正负配额之和小于或等于年度全量碳排放控制目标。约束条件对应的（也是市场供求平衡得出的）是碳配额价格。

考虑到一些行业和企业仍处于转轨阶段，感觉全量配额法压力过大，还有一种过渡方法就是存量和增量配额混合。起始年碳市场约束的形成是靠增量配额。从起始年开始，每年从全部存量中拿出一定比例要求排放机构付费购买配额。如果按照每年多拿出基年排放量的 10% 付费，那么经过十年以后，也就过渡到了全部碳排放都必须购买碳配额的全量配额法。此方法也适用于另一种过渡形式，即一部分行业先进入配额系统，另一部分则较晚进入。

上述三种方法在具体的实际操作中都是可行的。最佳的方法和符合实际的方法应使各方能够接受，可能还需要做一些妥协，但总之，应使所有的减排微观单位都能清楚地看到这一影子价格并据此展开行动，这种数学关系应该尽可能清晰。

此外，值得一提的是，碳价格（理论上的影子价格）与配额价格（管理用的价格）不必然一致，上述三种碳市场配额交易形成的碳配额价格有可能是不一样的。这在一定程度上可以解释一个问题：目前国际国内各方关于碳市场的讨论有时候说的不是同一种配额，相互之间的概念不同，导致各自形成的价格高低也不一样。

当然，碳价格存在的差异中可能还包括历史因素和国别因素，一些发展水平较低的发展中国家目前还有很多特别粗放的碳排放，相对而言比较容易通过更新换代而被淘汰掉，其边际减排成本相对较低。但我们也要看到，在全球控制碳排放再向前走若干年以后，这种极低成本、容易被更新的环节实际上会被更新完成，那时各国的碳配额价格将有全球趋同之势。

五、关于漂绿和蹭转型

目前，漂绿概念不统一，覆盖面太大，而且各国对"绿色"的定义也不一样。当前可缩小到蹭碳（减排）/蹭温室气体（减排）。

金融产品是否被蹭碳减排没有独立的验证办法，取决于其支持的相关实体经济活动是否及多大程度上削减了二氧化碳排放，这在中国就是 CCER。可通过产生多少 CCER 来标识金融工具的成色。对产生 CCER 的实体活动应给予财务支持、激励，主要有 CCER 配额交易、补贴、减税等。对相关金融活动给予优惠应主要是象征性的，防止出现扭曲。

金融上，贷款或债券如被冠以减碳，可使用较低档的风险权重，这是因为未来相关实体活动被中止或削减的概率低，也会获得较多的监管认可。有意"蹭/漂"是自己骗自己。

如不存在扭曲的滥用补贴，各金融机构自报的含有"蹭/漂"的业务量是否夸大并无大碍。自报普惠金融统计数据也存在同样的问题。

蹭转型需要有更清晰的定义。实际上，CCER 是与转型过程有联系的，是按照减碳总量的路线图、时间表在各个年度计算并核定具体的减碳凭证，有助于定量判别转型的实质。

可以将 CCER 扩展一下，由 Chinese Certified Emission Reduction 扩成 Comprehensive Certified Emission Reduction，涵盖三个部分：一是碳汇类，含碳移除、CCUS 技术等；二是尚未纳入配额交易的公司内部在提供同等产出的情况下节约的碳；三是第三方公司提供的中间品（含新材料、新设备）能使社会经济层面呈现间接减碳的。

六、金融业应发挥特长做好各项工作

实现碳中和目标需要大规模的未来投资。面向如何动员和激励投资去实现这一目标，金融界既有不可或缺的特长，也有很多工作需要深化和落实。

首先，如果要处理贷款和投资，就必须把未来的减排回报折换为净现值。

其次，必须考虑通货膨胀因素。在构建整个碳配额约束及价格形成时都要考虑进行通货膨胀调整，而且通胀率还有不确定性。气候变化及碳中和需要多年的行动，累计通胀的影响会比较显著。

再次，必须考虑投资回报的不确定性和风险。因为这些投资中大量涉及科研新技术，可能有的成功有的不成功，有的设备和技术更替最后达不到或者超过事先设想的回报。这些都需要风险管理的机制和技能。

最后，由于未来可用技术的不确定性，整个减排系统的多个参数在未来都需要强调动态调整。可以先从二氧化碳减排做起，其后再把二氧化碳减排领域获得的相关技能扩展到其他温室气体。

2020年，习近平主席已向全球宣布了中国减碳的"30·60"目标，中国的金融界也在努力，争取在应对气候变化和实现这一目标方面做出应有的贡献。同时，在这个过程中还努力追求一种优化，争取以最小的、最合理的代价取得预期的效果。

金融体系在低碳转型中的作用与中国绿色金融实践 *

中国社会对于低碳转型问题在过去十多年经历了观念上的重大转变。2020年底，习近平主席在两次重大的国际会议上向世界公开做出"30·60"承诺，说明中国在低碳转型问题上已经下定决心。中国的低碳转型要放到新时代背景下中国与世界的发展格局中去认识，需要经济社会的方方面面进行系统的支持，金融体系的作用至关重要。

一、低碳转型与金融体系

低碳转型与金融体系有着重大的关联性，构建一个积极参与低碳转型的健康金融体系至关重要。

第一，低碳转型需要金融体系管理好风险。在低碳转型过程

---

* 本文节选自中国金融四十人论坛成员、中国银行间市场交易商协会副秘书长徐忠与中国银行间市场交易商协会副秘书长曹媛媛的专著《低碳转型——绿色经济、转型金融与中国未来》（中国金融四十人论坛书系）。

中，大量高碳资产加速折旧，成为"搁浅资产"，会造成金融机构风险敞口。短时间内完成这一转型，必然要求协调好金融系统的吸收损失能力与转型速度。

第二，低碳转型需要引导好预期。一方面，稳定的风险预期有利于形成更加有效的各类信用定价和产品定价；另一方面，低碳转型需要大量的公共与私人投资，要引导好全社会的金融资源配置。

第三，低碳转型对宏观政策有潜在的重要影响。低碳转型必然影响一些重要的宏观经济变量，如通胀水平和潜在增长率等。宏观调控部门要尽早关注这些影响，并将其纳入未来的货币政策框架中。

第四，低碳转型需要全社会转变投资理念。要让可持续投资成为被市场认可的理念，就需要在政策支持工具、金融监管政策等方面加大引导力度。因此，中央银行与金融监管部门也需要高度关注"30·60"目标，这既是对低碳转型提供基础支持的需要，也是金融体系自身高质量发展与风险防范的需要。

二、管理好风险是金融体系面临的新课题

气候变化与低碳转型带来了两类新的风险：物理风险与转型风险。物理风险是指气候变化引发干旱、洪涝、海平面上升等带来的风险。转型风险是指社会各界积极应对气候变化而对企业、个人等主体造成的风险。

物理风险与转型风险对企业的影响不可忽视。根据欧洲投资银行的调查，58%的欧洲企业认为自己会受到物理风险的影响，43%的欧洲企业在应对物理风险和转型风险方面进行了投资。目前，在管理气候风险方面的金融实践中，除了绿色转型产品，新型衍生品逐渐发挥重要作用，澳大利亚、印度、墨西哥、南非和美国均使用气候衍生品来稳定农产品价格。

风险管理是金融的应有之义，国外金融机构越来越重视应对物理风险和转型风险。欧美大部分大型金融机构已经开展了环境和气候风险的压力测试和情景分析。以欧元区为例，银行体系约八成的信贷投向受物理风险影响的企业，虽然受转型风险影响较大行业的信贷占比仅为14%，但分析显示，如果每吨二氧化碳的价格突然上涨100欧元，那么银行信贷的损失将增加13%；基金持有的超半数资产属于污染资产，转型风险较大的经济部门投资规模达1.4万亿欧元，其中超半数投向能源密集型行业；保险公司资产中有相当比例投向了基金，风险自然是相互传导的。

物理风险和转型风险对中国金融体系的影响也要高度重视。从地缘的角度看，我国处在较为稳定的亚欧大陆板块，幅员辽阔，资源丰富，在面临气候变化问题时有一定的优势。另外，我国极强的资源调配及组织协调能力，可以在一定程度上缓释对居民日常生活的影响。但这并不意味着全球气候变化给我国带来的物理风险和转型风险就很遥远，实际上有些影响已经开始出现。在应对风险方面，我国金融机构所做的准备还不充分。

三、低碳转型对宏观政策的重大影响

气候变化与低碳转型对通胀与增长都有潜在影响,宏观管理部门要将其纳入决策框架。此外,气候变化与低碳转型对金融稳定的影响也不容忽视。

气候变化与低碳转型对通胀有直接和间接的影响,将加剧通胀波动。气候变化会导致农作物产量不稳定,通过农产品价格影响 CPI(消费价格指数)。碳配额或者碳税等政策也会通过高碳行业产品的涨价直接影响通胀。相比碳税,碳市场的定价波动性更大。另外,低碳技术与可再生能源的发展可能降低电价,抵消被推高的通胀。

气候变化与低碳转型对经济增长的影响也是多方面的。气候变化对经济增长将产生负面影响。根据经济合作与发展组织的测算,如果不采取进一步的应对措施,到 2060 年全球气温上升对全球实际 GDP 的负面影响可能在 1%~3.3%,到 2100 年则会在 2%~10%。而低碳转型政策对经济增长的影响有不确定性。一方面,低碳转型将使高碳行业遭受损失,一些企业会被迫退出市场;另一方面,新能源等行业的发展和大规模的低碳基础设施投资会拉动经济增长。

气候变化与低碳转型会对金融稳定产生很大的影响。气候变化及低碳转型带来的物理风险与转型风险,会对金融机构的资产估值造成严重冲击,部分转型进度较快的经济体可能出现资产风险的集中暴露,甚至危及金融体系的正常运转。

四、低碳转型需要全社会转变投资理念

在低碳转型过程中，金融体系的投资理念必须转变。要实现《巴黎协定》规定的雄心勃勃的低碳转型目标，资金缺口很大，难以完全依赖增量投资实现，大部分还是要依靠资源的重新配置。现在，ESG 投资理念得到了国际上的普遍重视，已经被纳入一些投资机构的治理框架，甚至在欧美国家，ESG 投资出现了供不应求的状况。在 ESG 投资理念成为国际趋势之后，如果国内金融机构的投资理念不转变，容易在国际上遭受抵制。

可以预见，在全球共同的气候目标下，无论是非政府组织、金融机构，还是普通的投资者，都必须遵从可持续投资的时代潮流，"一带一路"建设亦是如此。我国的碳中和目标无疑将成为绿色低碳"一带一路"建设的巨大推动力。

五、全国性碳市场急需完善机制

减排机制是低碳转型的关键问题。对于中国的低碳转型，要充分认识到碳市场的关键作用，这关系到我国经济能否有效地实现平稳转型。在减排机制中，碳市场被广泛视为最优的选择，通过市场化手段形成有效的碳价格信号，进而引导各方有序高效地参与低碳转型。我国要高度重视碳市场建设工作，在前期已建立全国性碳市场的情况下，要加快完善市场机制，特别是要重视碳市场的金融属性，以更好地助力国家实现"30·60"目标。

中国碳市场从地方试点起步，现在已经建立了全国统一的碳市场。2011年10月，国家发展改革委发布《关于开展碳排放权交易试点工作的通知》，提出开展碳排放权交易地方试点。自2013年起，我国先后在北京、上海、天津、重庆、湖北、广东、深圳、福建等地开展了碳排放权交易试点。截至2021年6月，试点地方碳市场覆盖钢铁、电力、水泥等20多个行业，涉及近3 000家重点排放单位。2021年7月16日，全国统一的碳市场正式建立，初期仅纳入的发电行业就已是全球配额规模最大的碳市场。全国性碳市场的建立，有利于统一碳价、丰富参与者、提升交易活跃度，从而更好地发挥资源配置的作用。

虽然中国碳市场的配额量已跃居世界首位，但定价效率与碳价影响力还要继续提高。一是碳价不高。全国性碳市场运行至今，碳价一直稳定在每吨50～60元人民币（从价格波动来看，除全国性碳市场上线初期引发短期的价格波动外，只在履约季市场价格明显抬升，其余时期价格波动很小），欧盟现在的碳价在八九十欧元的水平，两者有较大的差距。世界银行对此做过研究，要实现全球低碳发展目标，碳价应达到40～80美元。没有稳定上涨的碳价，对市场主体的减排激励就难以实现。二是交易活跃度不足。2020年，全球正在运行的碳市场配额总量约为48亿吨，其中欧盟碳市场配额量为18亿吨（约占全球的38%），中国八个地方试点市场的配额合计为14.25亿吨。2021年，随着中国全国性碳市场的建立，全球碳市场配额总量预计超过75亿吨，中国碳市场配额量居世界首位。但从交易量看，2013—2021年中国试点地区碳市场累计配额交易量为 9.6 亿吨，年均配额交易量是配额总量的 10%；而 2020 年，欧盟碳市场的交易量为 84.50 亿吨，占全球的 90%，配额交易量是配额总量的 4.7 倍。从全国性碳市场运行一周年的表现来看，约 80% 的交易发生在履约期最后一个月，一年来的合计成交量不到 2 亿吨，不到欧盟碳市场 2020 年交易量的 1/40。三是碳价尚未形成广泛影响力。有效的碳价可为全体投资者提供资产配置与风险管理的价格信号。但目前来看，碳市场主要发挥配额调剂功能，金融定价和风险管理方面的功能尚未完全发挥，对整个金融定价影响较小，较少进入各类金融机构的投资决策与风险管理框架，整体市场影响力还不够。

当前，全国性碳市场急需完善的机制，可以从以下几个方面着手推进。

第一，要尽快明确总量设定。从理论与国际实践来看，若没有总量设定，就无法形成有效碳价。比如，欧盟碳市场在金融危机后的碳价一度非常低，客观上与"挤牙膏式"的总量确定有关。再比如，有的国家建立了没有总量限制的自愿性碳市场，市场参与者不能形成稳定的预期，碳价始终无法提供充足的激励。我国需要基于覆盖范围内的历史排放情况与总体减排目标，尽快确定未来一定时段的碳排放总量。但由于数据基础还不扎实，各方计算的 2030 年达峰时的碳排放量存在较大差异，加之减排路径还不确定，因此，未来需要加强顶层设计与部门协调。

第二，进一步扩大全国性碳市场覆盖行业范围。全国性碳市场现在只覆盖了电力企业，电力企业中也只有煤电企业，而钢铁、化工、造纸、航空等高排放行业没有被纳入。相比之下，美欧碳市场目前已经覆盖了主要的高排放行业。我国要尽快扩大行业覆盖范围，更好地发挥市场机制在控制温室气体排放、引导气候投融资等方面的重要作用。

第三，设立价格稳定机制。对于碳市场，经济周期、技术发展、抵消机制等会使市场供求关系出现很大波动，因此价格稳定机制非常重要。这既有助于形成碳价稳定上涨的预期，促进减排，还有助于稳定产业链定价，避免冲击相关方的生产经营以及宏观管理部门的通胀治理。欧美碳市场大多建立了价格稳定机制，有的设置价格上限或价格下限，如最低拍卖价、高低价限制；有的设置了配额流通量调节机制，进行配额投放或回收。目前，中国的碳价保持在较稳定的低位，未来随着碳总量目标的确定，碳价波动会加大，当前有必要提前考虑建立价格稳定机制。

第四，要完善配额的分配。配额的分配方式决定了配额的稀缺性，这是价格形成的第一步。从目前已运行的碳排放交易体系来看，拍卖是配额分配的主流方法。全国性碳市场仍在起步阶段，采用免费分配方法有一定的合理性，但随着碳市场的发展，应逐步增加配额拍卖比例。从免费分配到拍卖分配是一个渐进的过程，一开始可考虑将需要扶持的、可能产生碳泄漏的、关系国计民生的行业或企业予以排除，后期逐渐缩小排除的范围，直至完全适用拍卖。拍卖分配的另一个重要功能是形成支持低碳发展的公共资源。欧盟成员国、英国和欧洲经济区国家将大部分拍卖收入用于支持气候行动和能源转型，而不是作为一般财政支出。

中国为了实现低碳发展平稳转型,也要帮助高碳地区、行业应对冲击,用拍卖收入支持部分地区和行业的转型是可以考虑的方向。当前来看,我国的碳配额是各省根据火电机组规模和能耗强度确定的。可以预见,随着 GDP 的增长,未来几年碳配额肯定还将有所增加。但分发过多的免费碳配额,不利于形成良好的减排激励。可以考虑从现在开始,在当前的基础上增加的配额部分不再免费,也可以逐步压减免费的配额量,同步增加有偿拍卖的配额量,确保免费配额数量不增加,以此提升减排激励。

第五,要按照金融规律来发展碳市场。应按照金融规律发展碳市场,包括参与者、基础设施、衍生品以及相应的市场管理等方面。在参与者方面,尽管全国性碳市场规定符合条件的机构和个人可以参加,但目前只有排放企业能参与,符合条件的金融机构还未真正参与。没有金融机构的参与,碳市场在价格发现、预期引导、风险管理等方面的作用将大打折扣,要借鉴国外碳市场的发展经验,尽快允许金融机构等各类主体参与。在基础设施建设方面,应依托现行金融市场的基础设施体系,以市场化、专业化方式完善全国性碳市场的交易托管结算等各个环节,提高碳市场的运行效率与安全性。在碳衍生品发展方面,欧美碳市场要么同步推出现货和期货交易,要么期货先于现货推出,而且期货的交易量远远超过现货的交易量,相比之下,我国碳衍生品的发展还比较滞后。在市场管理与规则制定方面,2022 年 8 月起实施的《期货与衍生产品法》已将碳配额衍生品纳入交易品种,借鉴国际经验,未来金融管理部门应更多地参与碳市场监管,管理规则设计也应充分借鉴金融理念。

第六，推动能源价格市场化改革。碳价格要形成对全社会生产、消费等行为的牵引，还取决于能否形成顺畅的传导，电力系统是最重要的"二传手"。电力行业在碳排放中的占比约为一半，是碳价格传导的关键环节，电网还可以将碳价格分别提供给发电方、储存方、调峰方、用户方等不同主体，中间涉及的激励信号非常重要，必须统筹协调好。但电力定价目前还存在一定的行政管理，并非完全的市场化定价。在这种情况下，碳价格信号的传导可能在电价环节受到阻滞。也就是说，即使碳市场形成了良好的价格信号，也无法通过电力价格有效地传导到其他经济环节。因此，推动能源价格市场化改革势在必行。在国际局势风云多变与房地产市场下行的背景下，中央和地方财政比较困难，这种情况下，怎么发挥市场机制的作用去引导资源配置，可能更加重要。中国低碳转型的难度不在于技术，我们在新能源汽车、光伏、特高压等众多技术领域是有优势的，甚至是世界领先的，而真正的困难在于市场的价格机制和制度。只要把市场价格机制理顺了，资金会自发流向低碳技术领域，我国低碳转型的难度将大大降低。

此外，根据当前全球发展趋势，我国也要重视碳抵消市场的发展。2012年，国家发展改革委出台《温室气体自愿减排交易管理暂行办法》，引入CCER作为碳配额交易市场的有效补充，可以视为CDM（清洁发展机制）的中国版本。CCER起步于2012年3月，暂停于2017年3月，近年来我国碳抵消市场发展明显不足，不仅不利于降低配额市场的履约成本，还会影响我国低碳技术的资金支持与国家整体碳中和目标的实现。而且，CCER 的适用范围还比较狭窄，应考虑在新能源、碳汇、碳移除的基础上进一步扩大支持范围，比如，未纳入配额市场的公司的内部碳节约、第三方公司提供的中间品（含新材料、新设备）的间接减碳等，从而构建多层次的碳抵消市场。同时，按照我国相关部门的政策规定，碳抵消用于碳排放权履约的比例被限制在 5%，国际碳市场的抵消比例在 10% 左右，相关的比例设置还可以进一步研究论证。

金融支持碳达峰、碳中和
——国际经验与中国实践[*]

当前,推动碳达峰和碳中和、积极应对气候变化已成为全球关注的焦点和各国的共识,我国也正在深入推动经济的绿色低碳转型。党的二十大报告提出,"实现碳达峰碳中和是一场广泛而深刻的经济社会系统性变革,应立足我国能源资源禀赋,坚持先立后破,有计划分步骤实施碳达峰行动"。

笔者从推动绿色低碳转型的宏观经济政策框架出发,聚焦金融领域,对相关国际经验和国内实践进行了梳理,对相关概念和争议进行了辨析,就金融在绿色低碳转型中发挥的作用,以及如何更好地发挥金融的作用进行了系统研究。

---

[*] 本文为中国金融四十人论坛课题、外滩绿色金融报告《金融支持碳达峰、碳中和——国际经验与中国实践》的部分成果(经作者修改补充)。课题负责人朱㑇系中国金融四十人论坛成员、丝路基金有限责任公司董事长、中国人民银行国际司原司长。

一、绿色低碳转型需要控制好转型风险

学术界很早就开始关注资源环境、气候变化等问题对经济发展的影响。当前的经济学理论研究基于诺德豪斯及其改进后的分析框架，结合更新的宏观经济学模型工具，主要包括以下四类。一是在经典的新古典经济增长模型中加入气候变化因素，将温度等衡量气候变化的指标纳入了效用函数和资本累积方程，以分析气候变化对经济增长的影响。二是运用世代交叠模型分析气候变化的代际风险转移，重点关注气候风险在代际间的分配存在不平衡、不公平的问题。三是借助可计算一般均衡模型量化测度气候变化的综合经济影响。四是分析不同气候变化应对政策的效果，所使用的工具包括动态随机一般均衡模型、存量流量一致模型、委托—代理模型等。

综合现有的研究，气候变化对宏观经济的影响有以下特点。

（一）气候变化带来物理风险和转型风险

物理风险是指气候变化直接对实体经济产生的负面影响，例如，极端降雨导致的破坏性山洪暴发会对房屋财产、公共交通和农业等造成破坏。转型风险是指绿色转型政策加速、技术进步等人为因素引发高碳资产损失。例如，政府加快收紧环保政策、限制化石能源使用，或者清洁能源技术出现革新、新能源成本大幅下降，都会导致煤炭企业利润下降甚至破产。但转型风险对清洁能源行业的影响是积极的，例如，环保技术革新和环保政策法规

将利好清洁能源生产企业，提升可再生能源行业的整体资产价值。因此，综合对各行业的影响来看，转型风险对经济社会的影响不完全是负面的。

（二）低碳转型对宏观经济有深远的影响，短期影响和长期影响存在差异

经济增长方面，短期内，低碳转型将提高生产成本和传统化石能源价格，尤其将给传统能源以及建材、化工等高碳制造业带来较大的成本上升压力，从而影响经济增长。2021年，中金公司测算，中国电力行业的绿色溢价为17%，非电能源供应的全行业绿色溢价约为175%。

从长期看，低碳转型有利于经济增长。一是将减少经济因气候和环境问题遭受的损失。二是低碳转型需要对新技术、低碳能源基础设施等领域进行大量投资，将极大地促进经济增长。

不少专家学者和机构对我国低碳转型的投资规模进行了估计，基本上都是百万亿元级别。2021年，周小川指出，根据IRENA（国际可再生能源机构）的预测，全球2050年前达到碳中和需131万亿美元，中国需要约283万亿元人民币的投资。

就业方面，从短期看，低碳转型对就业的影响较为复杂。从中长期来看，低碳转型对经济整体就业的长期影响可能保持在较小的范围。2020年国际货币基金组织模型预测，在低碳转型初期，随着低碳部门（如可再生能源、建筑物改造、电动汽车生产和服务业部门）就业不断扩大，就业率会提升，预计2021—2027年，

全球就业人数平均每年将额外增加 1 200 万人。此后随着转型推进，高碳部门（如化石燃料能源、交通运输、重工业）就业不断减少，全球就业会略低于基线，但到 2050 年前后全球整体就业又会回到基线水平之上。

通胀方面，低碳转型短期内可能抬升通胀。低碳转型中的政策引导，包括碳税、碳排放交易等政策，短期内将增加化石能源价格及其上下游的生产成本，形成通胀压力。同时，新增的绿色投资也可能引发结构性通胀压力。

从中长期看，低碳转型有助于遏制全球变暖可能引发的长期通胀。由于人类大量燃烧化石能源，导致气候变暖、冰川融化、海平面上升、干旱、洪水等自然灾害发生的频率自 2000 年以来几乎倍增，且将愈演愈烈。同时，绿色低碳转型所带来的技术进步，也可有效降低通胀风险。

综合来看，低碳转型对经济增长、平抑通胀、促进就业有正面的作用，但短期内也存在转型的阵痛。一些高排放企业和行业如果短期压力过大，容易引发经济波动，不利于绿色转型。因此，在推动低碳转型的过程中，要控制好转型风险，实现平稳过渡。

二、碳市场能在低碳转型中发挥关键作用

借鉴 2021 年欧洲央行的研究，应对气候变化风险的宏观经济政策可分为三类：碳定价政策、货币与审慎监管政策以及贸易政策。

（一）碳定价政策是应对气候变化经济影响的最主要手段，主要有两类工具

第一类是碳税，由政府部门来设定碳排放价格，并由市场来决定碳排放总量，属于价格型工具。碳定价政策的第二类工具是碳排放权交易，在给定排放总量限制的约束下，由企业在排放权交易市场上进行排放权的自由交易，最终确定排放权的价格，属于数量型工具。碳排放权交易通常是由政府确定每年的碳排放总额上限，然后有偿或无偿地向企业分配碳排放配额，同时允许企业间交易排放配额，以达到减排目标。

2021年，经济合作与发展组织认为，碳税的优点在于价格相对稳定，稳定的价格预期有利于企业经营和减排活动的开展，同时政府还可利用碳税收入增加绿色投资，加快绿色转型。但其缺点在于税率调整一般需要走立法程序，难度较大、耗时较长，同时税收征缴也存在一定的技术难度。

碳排放权交易的优点在于减排效果更确定，充分发挥市场机制的作用，便于实现国际协调，等等。2021年，周小川将"有配额的一般均衡"方法应用于碳减排分析，发现碳排放权交易的价格信号最准确，激励机制也最有效，而碳税的税率较碳排放权交易价格形成的效率低，且碳税更难对低碳技术提供正向激励，因此基于碳排放权交易的价格信号引导全社会的碳减排是相对更高效的机制设计。

（二）货币与审慎监管政策可通过引导资源配置支持绿色转型

从现有的研究看，货币和审慎监管政策的作用主要集中体现在以下四个方面。一是资金支持，绿色转型需要较大规模投资，需要金融体系的融资支持。二是长效机制建设，通过发展低碳转型的投融资体系，引导社会资金配置调整，形成市场化的激励机制，强化绿色转型的内生动力。三是支持其他政策工具，例如用好金融工具，提高碳市场效率，从而更好地发挥碳排放权交易市场的作用。四是降低碳定价带来的短期福利成本。2021年，欧洲央行认为最优组合是碳定价与货币政策相结合。其中，碳定价政策专注于减排，而货币政策可积极平抑转型时期通胀和产出的波动，从而显著降低转型的经济成本，为减排提供支持。

（三）贸易政策重在缓解碳泄漏问题

碳泄漏是指，一国单方面提高碳定价，可能导致高碳行业向低碳价的国家和地区转移，致使本应减少的碳排放转移到其他地区排出，造成碳税和碳排放权交易政策的效果大打折扣。目前，解决这一问题有两种思路，一是设置全球统一的碳底价，二是碳边境调节，既可以对从碳定价低的国家进口的产品征税，也可以要求贸易商购买碳排放权交易配额。在碳边境调节方面，对进口商品征收碳税或要求贸易商购买碳排放权交易配额的方式都有讨论，有一些研究比较倾向于后者，例如，2021年欧洲央行认为，对棕色进口商品加征关税对减排的影响较小，同时可能导致较大的福利损失。实践中，欧盟已于2022年12月决定从2026年开始对欧盟部分进口商品征收碳边境税。

三、金融可为绿色低碳转型提供重要支持

实践中，目前全球运行时间较长、机制较为成熟的碳排放权交易市场大都与金融市场高度关联。服务于碳市场的金融工具主要有三类：碳期货、碳远期、碳掉期、碳期权等交易工具；碳质押、碳回购、碳托管等融资工具；碳指数、碳保险等支持工具。由于碳市场具有不确定性大、需要长周期跨期投资等特点，金融工具的引入能够提高碳市场的定价效率、优化资源配置、便利风险管理，有助于更好地发挥碳市场的作用。

从金融支持绿色低碳的概念看，目前已经出现了气候金融、转型金融、可持续金融、ESG投资、绿色金融等。这些概念既有交叉重合的成分，也有内涵和外延上的不同。

各国央行货币政策有三种应对气候变化的方式。第一种方式是将应对气变风险纳入央行职能，多数为新兴市场经济体，也包括英格兰银行等极少数发达经济体央行。这是目前央行最积极的应对方式，不仅取决于央行自身的态度，在很大程度上也取决于各国央行制度的设计。

第二种方式是不新增央行职能，将应对气候变化纳入现行政策框架。欧洲央行、日本央行是采取这一方式的代表。但这种方式也引发了货币政策是否应坚持"市场中性"原则的争论。

第三种方式是保持关注，但暂不采取行动，以美联储为代

表。其并不否认气候变化对货币政策和金融体系的影响,但认为货币政策在应对气候变化问题中不应承担主要责任,央行不能大包大揽,对相关政策的探索处于观望状态。

中国人民银行是以货币政策应对气候变化风险的先行者。2016年,中国人民银行等七部委联合出台了《关于构建绿色金融体系的指导意见》,率先建立系统性的绿色金融政策框架。经过近年来的探索,确立了"三大功能""五大支柱"的绿色金融发展思路。

中国人民银行不断完善激励约束机制,引导更多金融资源投向绿色低碳领域。2021年11月,中国人民银行创设碳减排支持工具和支持煤炭清洁高效利用专项再贷款两个工具,分别支持清洁能源、节能环保、碳减排技术三个重点减碳领域,以及煤的大规模清洁生产、清洁燃烧技术运用等七个煤炭清洁高效利用领域。对于符合要求的商业银行贷款,中国人民银行按贷款本金一定比例予以低成本资金支持,利率均为1.75%,是中国人民银行最优惠的利率,2022年还将两家外资银行纳入碳减排支持工具范围。截至2022年12月末,中国人民银行通过两个工具支持金融机构发放贷款的余额分别为3 097亿元、811亿元,2022年带动减少碳排放约1亿吨二氧化碳当量。

从各国实践看,审慎监管政策支持绿色金融发展主要涵盖以下做法。一是公布相关的原则和指引,引导金融机构将气候变化风险纳入自身风险管理框架。二是强化金融机构气候风险的信息披露。三是评估气候变化风险对金融稳定的影响。四是以审慎政策工具支持绿色转型。相当一部分央行和监管当局对审慎监管工具纳入气候变化因素进行了研究，但大多数暂未开展相关实践。目前涉及的工具包括资本充足率、逆周期资本缓冲和信贷限额等。

近年来，我国审慎监管政策在支持绿色金融发展上进行了积极的探索。中国人民银行不断完善绿色信贷业绩评价，为推动绿色贷款发展创造了良好的激励约束机制。2018年7月，中国人民银行印发了《关于开展银行业存款类金融机构绿色信贷业绩评价的通知》，在此基础上，中国人民银行推出了《银行业金融机构绿色金融评价方案》，并于2021年7月1日起正式施行。纳入考核范围的绿色金融业务包括绿色贷款和绿色债券，即包括定量和定性两类指标。评价结果纳入央行金融机构评级。

同时，越来越多的央行在储备管理中关注可持续发展目标，通过调整储备资产配置撬动绿色金融的发展。我国的外汇储备在投资风险管理框架中纳入气候风险因素，持续增加对绿色债券的配置，控制投资高碳资产。法国、荷兰央行在储备资产管理中新增了可持续发展的目标和相关原则，并开展相关投资。意大利、芬兰、新加坡等国央行也已在储备管理中积极配置绿色资产。

四、发展绿色金融要做好三项基础工作

目前各国政府、国际组织和金融机构已经在绿色分类标准、信息披露和气候风险压力测试这三项工作上取得了积极进展，将有利于夯实绿色金融基础，提升市场效率。

（一）绿色分类标准是发展绿色金融的起点

在判定经济活动绿与非绿的基础上，才能引导资金真正投向具有环境效益、减排效益的项目。从国内看，目前有三套绿色金融标准，包括《绿色产业指导目录（2019年版）》《绿色债券支持项目目录（2021年版）》《绿色融资统计制度》。三套标准对于化石能源清洁利用、核电是否属于绿色仍存在不同判断，这意味着绿色债券与绿色贷款、绿色产业之间的边界划分存在差异。未来，我们在相关标准修订的过程中可考虑针对上述问题进行相应调整。

从国际看，当前主流的绿色分类标准可归为三类。第一类是由市场主导、国际组织制定的国际绿色分类标准，如《绿色债券原则》《气候债券分类方案》等。第二类是由官方部门主导、"自上而下"制定的国别绿色分类标准，如欧盟《可持续金融分类法案》等。第三类是部分国家正在探讨的由市场主体主导，在通用做法或共识的基础上，"自下而上"形成本国的绿色分类标准。在中欧的积极推动下，中欧绿色分类标准趋同工作取得了阶段性成果，双方于2022年6月共同发布《可持续金融共同分类目录》更新版，推动绿色标准兼容，便利绿色资金跨境流动。

（二）气候信息披露是绿色金融发展的重要支柱

目前绿色金融发展面临的一大挑战就是数据匮乏。投资者需要获得清晰、全面和高质量的信息，以了解企业和金融机构业务的气候风险敞口。

从国际看，多个国际组织已经制定或正在制定气候信息披露标准。一是由金融稳定委员会牵头的TCFD（气候相关财务信息披露工作组）披露框架，目前是全球影响力最大、获得支持最广泛的气候信息披露框架。二是国际财务报告准则基金会成立的ISSB（国际可持续准则理事会），已于2022年3月发布可持续发展相关财务信息披露要求的征求意见稿，在吸纳反馈意见后，于2023年二季度末正式发布可持续发展相关财务信息披露要求。这意味着首个报告期为2024年，企业需在2025年首次披露可持续和气候相关信息，目前英国和尼日利亚等经济体计划采用ISSB准则。

从国内看，近年来中国在推动环境信息披露方面取得了积极进展，环境信息列入上市公司财务报告的披露内容，金融机构环境和气候信息披露范围不断扩大，非金融企业发行绿色债券需履行披露气候信息的义务。2017年以来，已有16家中方金融机构参与中英绿色金融工作组，按照TCFD框架开展试点气候与环境信息披露，并取得了显著成效。

当前我国在气候信息披露方面已取得一定进展，但仍存在披露的强制性不够、非金融企业气候信息披露进展有限、信息披露标准不统一等问题。未来，健全气候信息披露体系的努力方向是统一信息披露标准，推动强制信息披露，建立气候信息披露的公共平台与共享机制，构建科学、全面的气候信息披露评估体系。

（三）压力测试是衡量气候风险对金融稳定影响的重要工具

由于气候变化风险持续时间长，历史数据参考价值有限，数据缺乏可比性，现行的金融风险管理框架无法较好地评估气候变化风险。而压力测试可以评估极端情况或突发事件的影响。

截至 2022 年 11 月，全球累计约有 36 个国家和地区的央行或监管机构已开展或计划开展气候压力测试，测试模板主要基于央行和监管机构绿色金融网络推出的气候情景分析框架，包含有序情景、无序情景和温室情景三大类。各央行在开展气候压力测试的过程中积累了初步经验，但也暴露了一些问题，例如，数据缺口较大、压力测试模型不完备等。因此，目前央行和监管机构暂未将测试结果用于对金融机构施加新的监管要求，而主要是通过气候压力测试来加强各方对气候变化影响的理解。未来，各国可推动金融机构和企业实现信息共享，解决数据缺口问题，进一步提高气候风险评估的准确性，同时应不断完善气候压力测试的情景设置和模型开发，推动形成统一的气候压力测试方法论，并加强研究成果共享。

2021 年 8—11 月，中国人民银行组织部分银行业金融机构开展了气候风险敏感性压力测试，评估我国碳达峰、碳中和目标转型对银行体系的潜在影响，增强银行业金融机构管理气候变化相关风险的能力。中国人民银行还考虑未来继续完善气候风险敏感性压力测试方法，拓展测试覆盖的行业范围，并探索开展气候风险宏观情景压力测试。

五、市场应在绿色金融中发挥主导作用

（一）自《巴黎协定》签署后，多边开发机构率先垂范，绿色投资规模快速增长

2015年后，开发机构陆续将落实绿色发展理念、支持缔约方绿色转型纳入自身中长期发展规划，并分别设定了各自的具体目标。数据显示，多边开发机构2015—2021年绿色投资累计增加了21%；2021年，六家主要多边开发机构绿色投资规模合计481亿美元，资金来源以自有资金为主，主要投向中低收入国家、公共部门项目，其中世界银行和泛美开发银行是绿色投资最多的开发机构。在制度建设方面，多边开发机构通过明确绿色标准、建立联合融资机制、提供技术援助、参与国际协调等措施，支持绿色转型与发展。

中国也在应对气候变化方面与开发机构开展了密切合作。一是利用联合融资机制，跟投开发机构在污水处理、能源提效等绿色领域的项目。二是吸引开发机构资金，利用增信担保和金融机构转贷等形式，为绿色项目提供金融服务。三是与开发机构合作发行绿色债券。四是开展绿色能力建设和绿色研究项目。未来，进一步发挥多边开发机构的作用，还需要加强开发机构之间的国际合作，提高私营部门资金的参与率，同时兼顾受援国发展现状，平衡好绿色发展与经济效益之间的关系。

（二）商业性金融机构通过提供各类绿色金融产品和服务，成为发展绿色金融市场的主力军

国际上最早开始倡导环境保护、应对气候变化的欧洲地区在绿色金融市场上占比较高，绿色贷款、绿色债券、绿色基金等规模都位于世界前列。我国绿色金融市场建设起步不算早，但发展势头迅猛，绿色金融基础设施持续完善，绿色金融产品和市场创新不断涌现，地方试点建设继续深化，实现了跨越式发展。2022 年末，我国本外币绿色贷款余额达 22.03 万亿元，同比增长 38.5%；绿色债券存量规模 1.5 万亿元，居世界前列。

在取得巨大成绩的同时，我国绿色金融市场也面临一定的挑战。从产品结构上看，绿色权益类投资占比较低；绿色保险发展速度较慢；配套基础设施，如第三方市场评估等，尚处于起步阶段；ESG 评级等有待进一步发展完善等。从机制设计上看，绿色分类标准尚未统一，绿色信息披露水平较低，绿色产品发行激励不足，融资期限结构存在错配等问题，也需要引起足够重视。

（三）作为重要的国际合作平台，"一带一路"的高质量发展也需要加快绿色转型

近年来，我国国内绿色金融市场蓬勃发展，取得了令人瞩目的成绩。但在绿色金融的国际实践上，仍存在一些质疑和批评，主要聚焦于"一带一路"绿色发展领域。这给"一带一路"沿线的煤电、森林开采等项目的融资带来了不小的压力，包括中资银行被列为全球煤炭开采和煤电项目前十大融资提供者、部分中资

金融机构支持的"一带一路"煤电项目受到非政府组织的抵制等。同时，我国金融机构的相关投融资活动客观上也面临着一些风险。

"一带一路"沿线国家和地区大多仍处于发展中阶段，电力供应仍有短缺，对化石能源较为依赖，短期看，碳排放量占全球的比重将维持在较高水平。但该地区可再生能源丰富，已有不少国家大力发展可再生能源，展现出较大的清洁能源发展潜力。1980—2018 年，"一带一路"沿线国家和地区清洁能源消费年均增速为 5.9%，高于全球的 3.1%。可见"一带一路"沿线国家和地区自身及各国金融机构已加大对清洁能源相关项目的支持力度，发展绿色"一带一路"拥有广阔的机遇。

2018 年，中国人民银行指导中国金融学会绿色金融专业委员会与英国伦敦金融城共同发起 GIP（《"一带一路"绿色投资原则》），倡导绿色投资。作为可持续金融领域的国家倡议和支持绿色"一带一路"建设的重要举措，GIP 影响力持续扩大。截至 2022 年末，GIP 成员规模扩大到 44 家签署机构以及 14 家支持机构。在 2021 年成立中亚区域办公室后，GIP 于 2022 年成立非洲区域办公室，更好地支持非洲绿色金融和可持续发展需求。

2021 年 9 月 21 日，习近平主席出席第 76 届联合国大会一般性辩论，宣布我国将大力支持发展中国家能源绿色低碳发展，不再新建境外煤电项目，显示了我国推动"一带一路"绿色发展的决心与担当。党的二十大报告指出，到 2035 年我国发展的总体目标之一是"广泛形成绿色生产生活方式，碳排放达峰后稳中有降，生态环境根本好转，美丽中国目标基本实现"，这为我国做好应对气候变化工作明确了方向。

未来，我国应以"30·60"目标为导向，进一步加大绿色金融的推进力度。首先，应充分发挥市场在资源配置、风险管理上的重要作用，激发微观主体的创造活力，同时也要注重政府的引导和监督，通过市场无形之手和政府有形之手形成合力。其次，应继续夯实绿色金融标准、信息披露、压力测试等基础性工作，提高绿色投融资效率，筑牢绿色金融的发展根基。最后，央行和金融监管当局可进一步发挥积极作用，在政策框架和储备投资管理中全面纳入气候因素，稳妥有序地推进绿色金融支持实现"双碳"达标。

金融支持绿色低碳转型的激励约束与风险防范*

全球气候变暖引起的海平面上升、极端天气频发等一系列问题，日益对人类的生存与发展构成严峻挑战。然而，各国现有减排承诺和行动距离《巴黎协定》的要求还很远。受近年来新冠肺炎疫情、俄乌冲突、许多经济体通胀率迅速上升、世界经济可能走向衰退等因素影响，各国绿色低碳发展、及时应对气候变化面临较多制约和挑战。我国站在人与自然和谐共生的高度谋划发展，在应对全球气候变暖、推动全球气候治理中发挥了积极作用。2020年9月，习近平主席提出了我国二氧化碳排放力争于2030年前达到峰值、2060年前实现碳中和的目标。2022年10月，习近平总书记在党的二十大报告中指出，"我们要推进美丽中国建设，坚持山水林田湖草沙一体化保护和系统治理，统筹产业结构调整、污染治理、生态保护、应对气候变化，协同推进降碳、

---

* 本文节选自中国金融四十人论坛课题报告《强化金融支持绿色低碳转型的激励约束与相关金融风险防范》。课题主持人王信系中国金融四十人论坛成员、中国人民银行研究局局长。

减污、扩绿、增长，推进生态优先、节约集约、绿色低碳发展"。

金融是现代经济的核心，绿色低碳转型过程中的金融支持不可或缺。金融活动的核心之一是激励问题。金融助力碳达峰、碳中和目标的关键是，通过有效的激励约束安排，降低交易成本，帮助克服信息不对称问题，提高市场主体绿色低碳发展的主动性、有效性。从中国等国家的情况看，构建合理的促进经济绿色低碳转型发展的激励约束机制，同时加强对气候相关金融风险的防范，重点包括以下几个方面。

一、完善绿色金融和转型金融标准，推进碳核算与环境信息披露

（一）绿色金融和转型金融标准

金融标准是规范金融机构合规开展业务、创新金融产品与服务、防范金融风险的重要前提和依据，是金融业基础性制度的重要内容之一。"十三五"时期，绿色金融标准化工作已被确定为金融业标准化体系建设的五项重点工程之一。《金融标准化"十四五"发展规划》将加快完善绿色金融标准体系确立为我国未来金融标准化工作的重要内容，同时将加快研究制定转型金融标准纳入国家标准化重点规划。

1. 我国绿色金融标准体系建设全面推进

2018年1月，中国人民银行正式成立中国金融标准化技术委

员会绿色金融标准工作组，为推动国内绿色金融标准体系建设提供了组织和制度保障。截至目前，《金融机构环境信息披露指南》《环境权益融资工具》等多项标准和规范已正式发布实施，《绿色金融术语》《金融机构碳核算技术指南》等多项国家标准有序推进，《绿色债券信用评级规范》《绿色私募股权投资基金投资运作指南》等多项行业标准的研制取得了积极进展。

2. 加快开展转型金融标准研究，促进转型金融与绿色金融有效衔接，积极助力绿色低碳发展

在绿色金融理论和实践的基础上，二十国集团（G20）、欧盟等国际机构相继提出有关转型活动、转型金融的概念并推动相关工作开展。中国人民银行研究局于2021年开始牵头研究制定转型金融标准，目前，初步明确了转型金融的基本原则。我国一些地区也开展了转型金融的探索实践。

（二）碳核算

碳核算是推动各类市场主体节能降碳，动员金融资源支持绿色低碳转型发展，以及防范和化解气候变化相关金融风险的基础。从我国碳排放统计核算实践的角度看，主要包括以下三个方面：一是研究制定企业及产品碳核算标准指南；二是打造碳账户和碳账本，优化碳核算数据管理与应用；三是有序推动金融机构开展碳核算工作。

我国金融机构已逐步启动碳核算工作：一是部分银行业金融

机构针对自身运营、高排放行业企业信贷和主要类别信贷资产等探索开展碳排放核算；二是部分银行业金融机构配合碳减排支持工具，对符合碳减排支持工具范畴的贷款开展碳减排效应测算；三是绿色金融改革创新试验区将碳核算纳入工作重点，运用数字技术赋能金融机构碳核算；四是金融机构碳核算国际合作不断深化，部分金融机构依托中英金融机构环境信息披露试点开展碳核算，逐步扩大碳核算范围，积极探索适用国内金融机构的核算方法。

下一阶段的重点是提高规范化、标准化建设水平，推动建立统一规范的碳排放统计核算体系。建立和完善符合国情、国际接轨的金融机构碳核算方法与披露要求，先易后难，分步骤、分层次推进金融机构碳核算工作。同时，优化碳数据采集与管理，引导咨询服务业务有序发展。

（三）金融机构环境信息披露

金融机构监管和环境信息披露，是我国绿色金融体系五大支柱之一，也是绿色金融规范发展的重要基础性安排。下一步，加强金融机构环境信息披露可主要从三方面开展工作。

一是标准引领，精心组织。完善和正式出台金融业务碳核算和金融机构碳核算技术标准；支持具备条件的金融机构同步探索编制碳核算规则；不断完善信息披露模板。区分不同类型或规模的金融机构，分别制定环境信息披露时间表和路线图。

二是循序渐进，先内后外。推动金融机构环境信息披露工作宜遵循循序渐进、小步快走的原则：在披露范围上，可采取先内部核算，再向监管部门报告，最后扩展至向社会公开披露；在披露主体上，一方面可随着绿色金融改革创新试验区的拓展不断扩大参与机构数量，另一方面可鼓励全国更多金融机构根据自身能力自愿参与；在披露内容上，可从绿色资产的环境效益指标开始披露，逐步披露全部类型资产的更多环境指标，将金融机构碳核算范围逐步扩展至全部投融资活动。

三是科技支撑，多方参与。推动建立数字化平台，实现部门间、机构间数据共享。鼓励运用大数据、人工智能等科技手段，开发专业环境效益和数据统计、管理工具。一方面，建设碳信息综合数据管理平台，建立我国碳数据直报制度，重视碳数据直报综合管理平台的设计研发、报送、核查、发布等应用程序。另一方面，激励企业进行碳减排和环境信息披露。从行政和市场两方面，促进企业经济利益与环保行为挂钩。

二、通过合理碳价促进经济绿色低碳发展

碳价是引导资源配置、促进绿色低碳发展的基础，可有效解决碳排放外部性。碳市场和碳税是两种成熟的碳定价工具，都遵循"污染者付费原则"对温室气体定价。碳市场运作的基本原则是"总量控制与交易"，通常政府规定排放总量上限，企业排放温室气体必须获得相应的碳配额，碳配额在碳市场上交易形成碳价。碳税是企业按照政府设定的税率为其排放的温室气体缴纳的税费。

（一）碳市场

截至 2022 年 4 月，全球已运行的国家和地区层面的碳市场有 34 个，全球碳市场覆盖的温室气体占全球温室气体总排放量的比重达 16%。2017 年底，我国正式启动全国碳排放交易体系。2021 年 7 月 16 日，全国碳市场正式启动上线交易，2 162 家电力行业重点排放单位被首批纳入，覆盖的年度二氧化碳排放量约为 45 亿吨，是全球覆盖排放量规模最大的碳市场。从我国碳市场发展的情况看，存在交易主体同质化、交易产品较单一、基础设施有待进一步夯实等问题。

下一步，我国应积极借鉴欧盟等碳市场经验，尽快确立和完善"总量＋交易机制"的碳市场发展模式。

一是强化减排约束，保持初始碳配额适度从紧。严格落实碳强度和碳排放总量"双控"目标，严格按照碳达峰、碳中和时间表和路线图，科学公正地将减排任务目标细化分解至各省区、各行业。优化碳配额分配机制，按照"适度从紧"原则确定和分配初始碳配额，将全国碳市场总量设定与全国碳排放总量控制制度有机结合，适时引入配额有偿竞买机制，提升碳排放权的市场价值，进一步增强市场价格发现功能。

二是丰富碳市场参与主体，鼓励金融机构参与碳市场。尽快扩大控排企业范围，将更多高碳行业纳入全国碳市场。在合理评估风险的前提下，引入符合条件的金融机构。在探索推动粤港澳碳市场适度互联互通的基础上，探索推进碳市场双向开放和国际合作，引导符合条件的境外投资者参与境内碳市场。

三是创新碳金融产品工具，适时启动碳期货交易。研究适时推出碳债券、碳远期、碳期权、碳基金、碳市场指数、跨境碳资产回购、碳排放权抵质押融资等多元化碳金融产品。

四是建立完善、统一、高效的碳金融基础设施，做好全国碳市场与地方碳市场的衔接。

五是完善碳市场法律法规与监管规则，明确部门职责分工。建议有关部门研究制定全国统一、分层次的碳金融市场监管和交易管理规定。建立健全中央对手方交易机制，研究设立市场平准基金，建立风险监测预警体系，稳定碳价。

六是积极鼓励自愿碳减排市场发展。我国应协同推进强制性和自愿性碳市场建设，将碳市场建设成一个规模尽可能大的统一大市场。

（二）我国开征碳税的可行性分析

截至 2022 年 4 月，全球共有 21 个经济体同时实施碳市场与碳税。但我国尚未建立直接促进温室气体或二氧化碳减排的税种。我国在建立并完善碳排放权交易市场的同时，适时稳步推出碳税，具有重要意义：一是碳税和碳交易并行、互为补充，有利于扩大碳定价工具覆盖范围；二是欧洲经验表明，适时引入碳税，与碳市场协同互补，可引导碳价至合适水平；三是我国已有通过排污费、环境保护税等绿色税收促进减排的经验；四是我国适时征收碳税，对经济的负面影响可控。有研究发现，碳税和能源税对 GDP 的冲击不超过 0.8%；此外，税收返还可减少碳税对宏观经济的冲击。

（三）我国适时开征碳税的初步设想

征收范围方面，初期主要针对未加入碳市场的高碳行业和企业，与碳市场形成互补，尽可能使碳定价机制覆盖更多的碳排放主体。原则上，钢铁、有色、建材、石油加工、化工和火力发电等碳排放集中的行业，逐步实施碳排放交易机制。对未参与碳交易的行业企业，则考虑适时征收碳税。建立碳税征收范围动态调整机制，根据绿色低碳发展需要和两种碳定价机制运行情况，适时调整征税范围。

征收形式方面，选择有二：一是通过对化石燃料相关税种的调整，包括提高税率或以碳排放量为依据来调整税率，发挥与碳税类似的作用，如将现行的煤炭资源税和成品油消费税调整为碳税；二是在现有环境保护税税种下增设"二氧化碳"税目。如果短期内税法调整难度较大，可考虑先费后税，先采用行政性收费形式。相比收税，收费具有较大灵活性，可通过不断地试点、总结，不断改进政策。我国从"排污费"到"环境保护税"的成功经验值得借鉴。可考虑将生产过程中的能源使用量作为碳税的征税对象，从源头上抑制二氧化碳排放。

税率设定方面，应考虑使温室气体排放成本和社会成本趋于一致，结合我国社会经济发展阶段和资源禀赋，从较低税率起步，根据减排效果逐步提高碳税税率。

碳税收入方面，相关税收应专门用于支持碳减排。

三、积极开展金融机构绿色金融评价

（一）建立金融机构绿色金融综合评价机制的初步实践

金融机构绿色金融评价，是绿色金融激励约束机制的重要组成部分。目前，国际组织和各国金融管理部门进行绿色金融评价尚不多见。与发达经济体相比，我国更加重视绿色金融监管、考核以及评价机制的建立和完善。在现有银行业金融机构绿色金融评价方案基础上，我们围绕绿色金融发展的"三大功能"和"五大支柱"，从"评什么、怎么评、谁来评、怎么用"的逻辑出发，坚持整体协调、有序推进，初步提出金融机构绿色金融综合评价设想。

其特点：一是调整评价理念，强调全面系统衡量绿色金融业务发展，更加注重气候环境效益相关内容，由追求增速向结构优化导向转变，强调气候相关风险防范和应对；二是优化评价方法，坚持科学开放的评价指标体系设计思路，力求简洁清晰、可操作性强，不过度增加金融机构负担；三是扩展评价内容，从绿色金融业绩、相关金融风险、绿色机制建设、绿色金融服务、气候环境效益五个方面增加评价维度，有序扩大受评机构范围。

整体来看，绿色金融综合评价的方法框架基本可行，评价覆盖范围基本完备，评价指标选取基本有效，大体能达到综合评价目标。从难点与堵点来看：一是全市场绿色债券的碳减排信息披露不规范，影响环境效益评价；二是碳市场登记机构认可范围有限，相关环境信息尚缺乏统一标准口径；三是尚未建立碳排放和污染排放统计数据披露和信息共享机制，数据获取渠道及数据质量难以保障；四是统计标准和范围尚需进一步明确；五是部分绿色业务开展时间较短，很难进行时间序列上的纵向比较，银行机构在开展气候风险分析方面仍面临诸多技术困难。

（二）进一步完善金融机构绿色金融综合评价的设想

一是细化数据标准和要求，提高数据信息质量。对于国家层面未出台碳核算标准及指南的行业，考虑在指标体系说明中统一行业融资主体的碳核算方法及取值口径，提升评价指标的适应性；统一金融机构投融资业务碳减排成效核算方法和主要相关变量，增加区域间及机构间数据的可比性；强化评级信息真实性、准确性，进行现场核查。

二是加强信息系统建设，提高数字化水平。一方面，引导金融机构加强信息系统建设；另一方面，探索开发央行试评级相关系统。

三是考虑增设绿色融资成本和绿色运营指标，规范存增量绿色债券的碳信息披露，加快推动金融机构投融资碳排放核算。

四是强化激励约束机制，拓展评价结果应用场景。

四、强化财政金融政策激励及其协调配合

（一）优化财政政策引导与激励

绿色财政政策包括政府投资、补贴、转移支付、政府采购等，可帮助解决阻碍绿色创新和基础设施建设等方面的市场失灵问题，为经济部门提供正确的激励，带动社会投资，支持经济绿

色低碳转型发展。

（二）优化金融政策激励

各国央行主要通过绿色货币信贷政策、支持绿色金融市场发展、实施差异化法定准备金率和资本要求等手段，推动经济绿色低碳转型发展。其他政策手段还包括将气候转型风险纳入中央银行政策框架、强化气候转型风险和相关信息披露工作、开展气候风险情景分析和压力测试、推动金融机构加强气候转型风险评估等。

为顺利推进绿色低碳转型，中央银行在政策支持方面应关注以下几个方面：一是央行助推绿色转型应把握好度，应以自身职能和政策目标为前提；二是客观看待结构性货币政策支持绿色发展的"市场非中性"问题；三是应谨慎考虑调低风险权重等审慎监管工具；四是应建立合理的绿色货币政策工具财政补偿机制。

为此建议：一是大力完善绿色信用贷款支持工具；二是针对绿色技术孵化期较长的特征，研究创设中长期定向融资额度，专项支持绿色项目；三是探索创新支持绿色金融的差异化货币政策工具；四是可考虑对高碳贷款相机引入基于碳排放的逆周期资本缓冲；五是鼓励绿色金融产品创新；六是多措并举便利和规范绿色产品发行与交易，降低融资成本。

（三）加强财政金融政策协调配合形成政策合力

要实现财政金融政策协调配合形成政策合力，应合理划分财政金融政策的重点领域。

从资金用途看，在纯公共性领域，主要发挥财政政策专项资金、转移支付等作用。在纯经济性领域，主要发挥金融政策的作用。在公共性和经济性混合的领域，根据绿色低碳项目的特点，组合使用政府与社会资本合作投资等财政政策和政策性低息贷款等金融政策手段。

从资金来源看，财政政策可更多关注经济效益低、社会效益高的绿色低碳领域。金融政策应主要关注已具备经济可行性的绿色投融资活动。

从作用机制看，财政政策结构性特征较强，可直接作用于经济主体，政策传导路径短、见效快，可侧重产业结构调整。金融政策应侧重于通过正确引导绿色金融资产的定价和风险评估机制，为绿色低碳发展提供良好的投融资环境。

绿色政府债券是财政金融政策紧密协调配合的重要结合点之一。我国探索发行绿色政府债券，可参考国际经验，采取以下几个举措。一是建立绿色政府债券管理框架，就绿色政府债券发行机制、适用标准、资金使用和监督等重大问题加强研究和政策协调。二是结合我国绿色低碳转型重点发展领域，以绿债资金提供公共投资、补贴、政府采购等，发挥公共资金"四两拨千斤"的作用，激励电化学储能、电网智能化、煤炭清洁高效利用、碳捕集利用与封存等绿色技术创新和高碳行业转型。三是探索在中国香港等离岸市场发行绿色政府债券。四是加强绿色金融国际合作，争取将我国绿色政府债券纳入全球主要绿色债券指数，吸引潜在投资者。

五、高度关注气候相关金融风险防范

党的二十大报告提出，统筹传统安全和非传统安全，健全国家安全体系，强化经济、金融安全保障体系建设。除高度关注传统金融风险外，对气候相关金融风险等也应及早研究应对。气候相关金融风险主要分为物理风险和转型风险，气候变化和相关应对政策措施将通过种种渠道，影响经济体系，进而影响金融活动并可能带来较大的金融风险。妥善应对气候风险，维护金融稳定，是中央银行的重要职责。

（一）压力测试是管理气候变化相关风险的重要工具

2017年，二十国集团绿色金融研究小组开始呼吁全球金融业开展环境气候风险分析。央行和监管机构绿色金融网络调查显示，目前全球已有超过30家国际组织、中央银行或金融监管当局开展或计划开展气候风险压力测试。2021年，中国人民银行组织部分银行业金融机构，重点针对火电、钢铁、水泥行业排放量较高的企业，开展了气候风险敏感性压力测试，就评估气候风险对金融体系的影响进行了初步探索。在中国人民银行的推动下，部分金融机构或地区积极尝试自主开展不同层面的气候风险敏感性压力测试。

（二）建立我国气候风险宏观情景压力测试的初步探索

以前期开展的气候风险敏感性压力测试为基础，吸收各国经验，我们初步探索并提出中国开展气候风险宏观情景压力测试的设想。

1. 整体框架

宏观情景压力测试涉及气候风险识别、宏观经济影响、产业情景分析、金融损失评估等多个环节。每个环节需依赖不同类型的模型进行分析。一是由前瞻性气候情景（根据不同气候目标和气候政策设定）得到未来主要经济指标变化路径。二是根据不同情景下主要经济指标变化趋势，得到其他宏观经济指标演化路径。三是在前两个环节基础上，利用产业模型，将气候风险的影响分解至不同产业。四是利用金融模型，以宏观经济模型、气候政策变量和产业模型结果作为输入变量，结合金融机构风险敞口，衡量不同情景下金融机构的信用风险、市场风险、流动性风险及操作风险等变化。

2. 测试构成要素

一是测试范围。可首先选择大型商业银行为测试对象，酌情逐步扩大至所有银行和其他金融机构。行业方面，应首先覆盖高能耗、高污染行业。二是测试时间。根据我国"双碳"目标，以未来40年作为测试期。三是测试风险类型。现阶段开展气候风险压力测试仍主要集中于气候转型风险对银行信用风险的影响。随着气候风险市场定价有效性的逐步提升，可酌情纳入市场风险。四是资产负债表假设。现阶段建议采用静态资产负债表模式。同时，测试分阶段推进，待条件逐步成熟后适时考虑金融、经济及气候变化之间的反馈机制，以及金融机构间的传染风险。

3. 宏观气候情景设定

一是选择气候情景。参考央行和监管机构绿色金融网络情景，结合我国"双碳"目标，可分别设定有序转型、提前行动、延迟转型三种宏观气候情景。同时，设定以维持当前政策不变情景为分析比较基准。二是设定宏观经济情景。我们运用宏观经济模型对有序转型、提前行动、延迟转型三种宏观气候情景进行了模拟，并对三种情景下主要宏观经济的变量走势进行分析。

4. 产业情景分析

宏观气候情景下，利用产业模型，可以开展估计和模拟，生成对应的产业情景。化石能源方面，随着向清洁电力过渡，煤炭、石油、天然气需求均稳步下降。其中，有序转型情景下的降幅最大。提前行动情景下，煤炭需求将快速大幅下降。但是，受技术条件和能源强度变化缓慢约束，天然气和石油需求将明显增加，致使化石能源消费总量下降幅度并不明显。延迟转型情景下，由于政策行动延迟，2030年以后政策约束较强，煤炭需求降幅较大。发电结构方面，随着可再生能源及核电技术发展，发电将更加清洁，可再生能源发电量在总发电量中的占比将持续升高。情景假设下，至2050年有序转型情景可再生能源发电占比超过65%，提前行动情景和延迟转型情景分别在60%和55%左右。

产业结构方面，不同情景下碳价变化带来的行业影响与行业碳强度密切相关。碳强度高的行业受碳价变化影响较大。从增速看，主要行业增加值增速与GDP走势相似。提前行动情景下，制造业、交通运输业、建筑业、农业等行业增速均会在未来五年间出现不同程度放缓。延迟转型情景下，上述行业未来十年才会出现增速放缓。从结构看，不同情景下产业结构差异不大，农业、制造业、建筑业总体占比缓慢下降，医疗、教育、环保、运输、仓储、金融等公共服务行业逐步上升。

5. 金融部门损失评估

在此，我们主要集中分析气候变化和经济低碳转型对银行信用风险和市场风险的影响。方法上，选择以构建气候风险因子的方式，综合反映不同情景对应的转型因素对各行业和企业的财务影响。气候风险因子反映了影响净收入变化的驱动因素，具体包括直接排放成本、间接成本、资本支出和收入四个指标。

思路上，可以分别计算不同行业的气候风险影响因子，并进一步利用影响因子估计气候风险影响下的信用风险度量指标（如违约概率、信用评级）和资产价值，最终衡量气候转型因素带来的金融冲击。最后，我们综合所有测试机构不同气候情景下的相关资产预期损失情况，对金融体系风险状况做出整体评估。

第六章
和平发展与全球治理

构建"一带一路"投融资新体系*

一、"一带一路"投融资发展基本情况

共建"一带一路"是党中央深刻研判国际和地区形势,致力于维护全球贸易体系和开放型经济体系,促进沿线各国加强合作、共克时艰、共谋发展,为构建人类命运共同体提出的战略构想,具有深刻的时代背景和深远的战略意义。

"一带一路"投融资价值巨大,有利于促进沿线金融需求和供给的有效对接,形成稳定、可持续、风险可控的金融保障体系,支持"一带一路"建设资金需求,提升沿线国家金融服务水平,为我国金融业发展提供机遇,为推动人民币国际化提供舞台。

在共商共建共享原则的指导下,"一带一路"建设相关工作

---

* 本文节选自中国金融四十人论坛资深研究员、中国证监会原主席肖钢的专著《制度型开放——构建"一带一路"投融资新体系》,系中国金融四十人论坛课题《顺应新形势 构建新体系——"一带一路"投融资研究》的研究成果。

有序推进，成效显著：政策沟通平稳顺畅，沿线国家高层互动频繁；设施联通由点到面，效果明显；贸易畅通促进沿线国家贸易往来密切频繁，贸易额逐年增长；资金融通作用凸显，投融资服务为相关建设提供了有力支持。为促进"一带一路"建设，中国相关部门的投融资支持政策不断深化，金融机构合作形式日益多样，中资企业利用海外金融资源的模式也在不断创新。

在初步建立阶段，"一带一路"投融资体系具有以下鲜明特征：一是政策性、开发性金融先导驱动作用突出；二是金融政策沟通内容广泛、层次丰富，政府间、金融机构间合作不断深化；三是重点支持基础设施领域，以交通枢纽建设、石油能源管道建设、光缆通信线路建设等为代表的设施联通收获颇丰；四是央企、国企引领作用明显，实施项目多、影响大、能力强、协同拉动效应明显；五是产业园区聚集效应显现，境外经贸合作区成为"一带一路"建设的重要载体。

但是，对"一带一路"的质疑声也未曾间断，包括所谓的推高债务问题、新殖民问题、国际标准问题、地缘政治问题、企业社会责任问题、透明度问题等。针对上述热点问题，首先要理性看待"一带一路"个别国家的债务增长，认识到创新资金筹措和使用模式有助于缓解东道国的债务负担。其次，"一带一路"建设不存在全球规则之争，只是中国作为"一带一路"部分国家的主要投资来源地、技术输出国和第一出口目的国，规则话语权在不断提升；而且随着全球治理发生深刻变化，全球经济秩序面临规则重构，"中国方案"和中国智慧可以为"一带一路"建设提供借鉴。"一带一路"倡议不是中国以经济换政治的手段，而是为世界各国提供基于区域经济与全球产业分工体系的合作大平台，围绕政治互信、经济互惠、发展共享、文化互鉴，为构建人类命运共同体提供有益实践。

二、"一带一路"投融资面临的挑战

"一带一路"建设成就有目共睹，但也面临诸多问题，而投融资供需失衡是关键问题，主要原因表现在以下几个方面。

首先，沿线国家基础设施及相关投资资金需求量大，而资金供给明显不足，以中国提供的主权性质的银行贷款为主的中国资金，成为目前"一带一路"最主要的资金来源。具体表现为：资金来源不足，主要依赖中国资金，官方援助增资有限，民营资本积极性不高；融资模式单一，以银行贷款为主，债券融资发展缓慢，项目融资模式有待拓展；融资渠道不畅，商业性与政策性金融机构协调不足，加之中国金融机构海外辐射能力有限，给资金供给带来较大阻碍。

其次，"一带一路"沿线国家整体风险水平较高，外部投资环境复杂。主要体现在五个方面：地缘政治风险较大，利益关系复杂；社会安全风险较高，恐怖主义猖獗；财税征收风险较高，经济政策不稳；债务违约风险较高，偿债压力较大；文化法律风险较高，营商环境欠佳。

除上述客观因素外，"一带一路"投融资还遇到诸多软环境障碍。具体来看，一是中国金融机构在融资期限、利率、中国成分和审批方面的相关规则，与开放共享理念还有一定的差距，无法满足"一带一路"建设巨大的资金需求。

二是"一带一路"沿线国家多为发展中国家，国情多样、情况复杂。目前仍然以吸引资本输入为主，比较重视通过与其他国家商签投资保护协定来吸引外资，而从当前双边、多边和司法程序看，存在投资保护不足、纠纷解决机制不健全等问题。

三是投融资风险评估预警体系有待加强。长期以来，中国金融机构的风险评估主要限于对国内传统的信用风险、市场风险与操作风险的评估，面对"一带一路"沿线更加复杂多样的风险类型，现有风险评估理念、评估架构、评估工具等都需要提升和完善。

四是债务违约救助机制无法满足"一带一路"建设的客观需求，"一带一路"投融资项目的高风险决定债务违约会日益增多，而目前沿线国家偿还能力较弱，当前国际上的债务违约救助运作机制无法满足需求。

五是"一带一路"沿线部分国家存在法律法规不健全、政府效率低下且腐败现象较多的问题，容易在投融资活动和项目建设中产生腐败风险。投融资面临的腐败和贿赂问题阻碍经济增长与发展，严重扭曲正常的市场竞争秩序。

六是"一带一路"建设实践虽然取得长足进展，但由于中国在政策出台、项目实施等过程中的公开程度不足，事前、事中、事后等方面的信息披露还不充分，信息透明度问题在一定程度上影响了各类资源参与"一带一路"建设的吸引力和后续发展。

七是人民币国际化进展缓慢，未能在"一带一路"建设中发挥降低流通成本、增强金融风险抵御能力的作用。

此外，在"一带一路"建设中，投融资工具创新不足，东道国环保、劳工和税收政策制约，东道国金融服务和金融监管存在短板，与投融资活动相关的金融中介较为缺乏，实业技术标准对接不畅等也对"一带一路"投融资活动产生严重的影响。

三、解决"一带一路"投融资问题的思路

在当前形势下，中国的成功经验和现行的由西方主导的规则并不能解决"一带一路"投融资所面临的障碍，亟待创新和突破。

首先，仅依靠"中国方案"很难行得通。中国一整套行之有效的投融资运作机制在"一带一路"沿线并不具有普适性。中国自身也尚未形成"一带一路"建设的系统化规则和标准，现有规则存在标准低、不稳定、透明度不足和不够细化等问题。此外，部分国家出于政治考虑，对"一带一路"建设还存有诸多疑虑，"中国方案"被国际社会普遍接受还需要时间。

其次，完全利用西方主导的国际规则也不可行。西方投融资规则的内在逻辑是发达经济体经济发展的一般规律，不仅标准高、要求细、实施成本高，还往往带有各种政治诉求和附加条件，直接照搬同样面临水土不服的问题。

然而，当前拖延不决的方式同样不可行，不仅会阻碍资金运转与项目推进，更可能致使我国错过积极参与国际标准和规则制

定的最佳时点。因此，我们必须加快改革创新步伐。

做好"一带一路"投融资相关工作，应以创新融合、求同存异、分类施策和因地制宜为原则，尝试探索投融资软环境建设，构建利益风险共享、资金主体多元、体系运行高效、多边沟通有序的投融资新体系，加强软联通，共建软环境，增强软实力。

一是创新融合。中国要加强沿线国家的政策协调，加大力度提升顶层设计，将我国现行规则和实际做法与国际规则和标准逐项对比，与沿线国家的具体国情、法律文化和社会环境相结合，兼顾各方利益，创造新的融入方案。

二是求同存异。要坚持"平等参与、利益共享、风险共担"的原则，加强各国之间的平等协商；要坚守底线，不触碰国家安全、主权完整的底线。

三是分类施策。要在客观评价中国现有能力的基础上，主动发起一批国际规则，主动融入一批国际规则，主动创新完善一批规则。要针对具体项目分类施策，采取更有针对性和灵活性的措施，实现投融资收益的最大化和风险可控。

四是因地制宜。解决当前"一带一路"投融资遇到的各种障碍，不能存在消极等待心理和畏难情绪，不能"等、靠、要"，而是因地制宜，积极主动地解决问题、防范风险。对于对项目建设存有疑虑、消极拖延的国家，政府与企业部门加强联动，主动为其辨明利弊，增强项目风险的保障手段；对于投融资项目障碍短期难以突破的国家，采取迂回方案或寻找替代方案，以最大努力积极创造条件，为未来项目投融资开展做好扎实的准备工作。

四、共建开放共享的"一带一路"投融资新体系的建议

随着"一带一路"建设的铺开,资金需求越来越大,调动沿线及欧美等国家和地区的金融资源共同参与"一带一路"建设的投融资工作,已经成为共识,建议着重采取以下措施做好相关工作。

(一)改革"一带一路"现有信贷规则和管控体系

"一带一路"建设开展以来,中国金融机构提供了大量资金支持相关建设,引领作用明显。但中国金融机构在融资期限、利率、中国成分、担保政策和监管考核方面的相关规则,与开放共享理念还有一定差距,有必要对现有信贷规则和管控模式进行改革和完善。一是探索金融机构和企业利益共享机制,降低融资成本;二是建立"本国成分"和"本国利益"相结合的出口信贷政策;三是增加当地币或人民币融资比例,延长信贷期限;四是加强行业引导,完善信贷监管和考核体系;五是引导创新业务模式缓解政府财政和发起人资金压力;六是在贷款条件中增加优先使用中国技术标准的规则;七是更多采用银团贷款方式,大力推广共保、再保。

(二)优化"一带一路"投资保护和纠纷解决机制

中国通过政策性或开发性资金引导投资主体、市场主体自发投资境外经贸合作区等方式,不断加大对"一带一路"沿线国家

的投资力度。但现行"一带一路"投资保护协定和纠纷解决机制保护力度不够。一方面，我国与部分国家尚未签署该类协定或已签署但未正式生效，双边投资保护协定的条款内容不够完善，各类投资协定并存交错，容易引起法律冲突。另一方面，部分国家单方面终止双边投资保护协定，投资保护规则的持续性较差；双边投资保护协定与东道国法律之间存在分歧或空白，导致投资保护和国际仲裁机制在一些项目中的作用无法得到充分发挥。

针对上述问题，一是建议签订、修订或重谈双边投资保护协定，重点加强对投资者的保护。二是加大多边贸易与投资保护协议的谈判力度，适时撤销加入国际投资争端解决中心（ICSID）公约时"仅同意国有化或征收补偿争议由国际投资争端解决中心管辖的声明"以及加入《纽约公约》时所做的"商事保留"。三是在投资协定的基础上完善海外投资权益保护框架，以各类投资保护协定为重点，建立和完善海外投资保险制度，并通过领事保护、海外安保、司法协助等方式，为企业提供安全、法律等方面的协助。四是推动"一带一路"纠纷解决机制建设，批准《选择法院协议公约》，促进民商事法院判决承认与执行；探索与沿线国家研究共同发起设立"一带一路"国际投资争端解决中心，明确仲裁规则和执行规则，大力支持我国仲裁机构与沿线各国仲裁机构建立联合仲裁机制，推动尚未加入《纽约公约》和《华盛顿公约》的"一带一路"沿线国家尽快加入这两个公约；投资者应善用国际投资争端解决中心纠纷解决机制。

（三）加强"一带一路"投融资风险评估与预警

目前"一带一路"投融资风险评估与预警体系尚不健全，缺乏规范化、体系化、系列化的保障机构和成熟的保障机制，对国家风险与系统性风险评估认识不足。

建立开放共享的"一带一路"风险评估与预警新体系，一是要构建统筹协调的"一带一路"投融资保障机制，加强金融安全网建设、信用环境建设；二是建立沿线国家风险评估预警评估长效机制；三是企业要牢固树立全面风险管理意识，建立适合投资东道国国情和企业自身发展实际的专门化、指标化风险管理体系，提前制定风险防控与处置措施；四是要整合政策性金融资源，加大各金融机构的协作力度，提升风险评估与预警能力。

（四）建立"一带一路"投融资债务违约救助新机制

现行"一带一路"投融资运行机制在支持"一带一路"沿线国家基础设施建设、保证重大项目如期落地、促进沿线国家资金融通等方面发挥了积极作用，但债务违约救助机制难以适应投融资体系发展的需要。多边主权债务违约救助不足，新兴市场国家和发展中国家缺少话语权，在债务谈判中处于弱势地位，经济发展的自主性和可持续性受到很大制约，债务管理水平也未能得到根本提高。双边主权债务违约更多依靠双边谈判协商进行，没有形成双边债务违约救助的长效机制。非主权债务违约救助资源有限，单纯依靠商业性市场主体自身的力量以及商务沟通渠道可能难以解决问题。

建立符合沿线国家实际的债务违约救助新机制，要加强与多边组织的合作，维护自身正当权益；要统筹兼顾沿线国家的多层次合理诉求，充分考虑主要债务国政府和企业资金需求的多样性，根据其市场开放程度、金融环境和金融体系、政府政策倾向和偿债意愿合理安排项目投融资的节奏；要探索构建债务重组与救助新模式，建立区域性债务违约救助框架；还可根据本国对外投资的实际情况，以更加开放的态度考虑加入巴黎俱乐部的可能性。

（五）加强"一带一路"投融资反腐败、反商业贿赂工作

在国际经贸和投融资活动中如何防止腐败、防止商业贿赂方面，国际社会积累了丰富经验。中国目前还没有专门的反海外商业贿赂或反海外腐败法律，也没有加入经济合作与发展组织《关于进一步打击国际商业交易中贿赂外国公职人员行为的建议》，在国内法、国际法方面存在缺位。"一带一路"沿线国家催生腐败的因素较多，包括政治环境不稳定、商业环境差距大、反腐败机构效能低下、"人情"文化盛行等，在投资决策、产权交易、招标投标、项目运营等各环节容易存在腐败风险，特别是政府项目成为腐败重灾区。

加大海外反腐败、反商业贿赂力度，要加快海外投资运营反腐败立法，抓紧制定我国的"反海外腐败法""中国企业境外采购反腐败指引"，强化海外投资运营监管；政府要加强指导、预警和监管，建立腐败或商业贿赂黑名单制度；金融机构要采取有

效措施，遏制、预防和打击腐败和贿赂行为；企业自身要强化主体意识，提高自身合规能力和预防腐败的能力；我国要利用国际组织平台，搭建政府间反商业腐败的合作与联络机制，认真研究何时加入经济合作与发展组织《关于进一步打击国际商业交易中贿赂外国公职人员行为的建议》。

（六）实现"一带一路"投融资信息公开透明

"一带一路"的公共产品属性和"共商共建共享"的合作理念决定其建设必须秉承公开透明的原则，这样才能最大限度地吸引各个国家、各类资本参与，实现互利共赢。但由于中国在政策出台、项目实施等过程的公开程度不足，事前、事中、事后等方面的信息披露还不充分，透明度问题确实客观存在。

提高"一带一路"投融资透明度，一是坚守底线，设定"一带一路"建设信息透明边界；二是搭建平台，宣传解释中国方案与战略意图；三是督促监督，提升各部门相关信息透明度；四是支持保障，为信贷规则透明度建设提供相关服务；五是加强研究，为信息透明度建设提供理论和舆论支持。

（七）推动人民币国际化，为"一带一路"倡议注入新动力

"一带一路"倡议实施以来，沿线人民币结算量大幅增长，人民币跨境收付业务、跨境清算安排和货币互换对象覆盖面逐步扩大，银行间外汇市场人民币直接交易活跃，流动性明显提升。但由于沿线国家皆非主要货币发行国，区域内贸易、投融资活动

仍大多使用以美元为代表的第三方货币。加之当前我国外汇管理、跨境资金监管、境外发债、境外投融资衍生金融工具使用和境外直接投资行业指导等方面的政策，使"一带一路"投融资受到一定制约。

第一，要完善金融市场建设和监管，打通境内外金融市场。一是完善大宗商品以人民币计价结算体系；二是持续推动资本市场开放，建设国际化的熊猫债市场，扩大资本市场"互联互通"；三是丰富离岸人民币金融产品，完善离岸中心布局，建立以中国香港为总中心、其他金融中心为区域中心的人民币离岸市场体系；四是将上海建设成"一带一路"投融资中心和全球人民币金融服务中心，做大离岸人民币资金存量，拓宽人民币回流渠道。

第二，要完善人民币国际化政策体系，完善宏观政策和监管之间的协调，提高对企业和金融机构监管的透明度、监管标准的统一性；稳妥有序地推进资本账户可兑换；扩大和提升央行货币互换协议的作用；探索建立央企层面的海外资金交易结算中心；鼓励企业和金融机构合理运用套期保值工具；加强"一带一路"出口信贷机构的合作和政策协调。

（八）加强"一带一路"投融资其他相关软环境建设

"一带一路"投融资工作还需要不断加强和完善企业社会责任、跨境税收、金融创新、中介服务和技术标准对接等工作。

环境保护和劳工就业是"一带一路"建设的共同目标和责任。环境保护方面，"一带一路"沿线各国要加强环境保护法律协调，达成与国际机构、非政府组织的合作互动，建立完善的环保国际信息平台、"走出去"企业环境管理制度和绿色金融制度。在劳工权益方面，要完善劳务合作机制与政策，将应急处置与日常保护相结合，建立专门针对海外劳工的管理机构，制定海外劳工安全保护法律与规章，合作推进劳工移民的全球治理和企业用工能力建设，保障海外劳工权益，促进民心相通。

中介机构要在"一带一路"投融资中发挥重要作用，沿线国家应加快发展相关中介机构，在财务管理、法律、信用评级、信息服务等方面提升中介机构的专业化服务水平，注重专门的"一带一路"信用评级机构以及中介服务数据库建设。

税收政策是"一带一路"投融资决策因素的重要组成部分，直接影响企业的经营成本和运营效益。中国要树立大国税务形象，深度参与"一带一路"税务治理，积极构建合作共赢的新型国际税收关系。沿线各国要重视国际税收管理的基础性工作，聚合资源完善现代化税收征管体系，共同提升税收征管能力。各国均应重视税收法治建设，加大税收协定签订与修订力度。要优化纳税服务，善用相互协商程序，提升涉税争端解决的效率和效力，化解涉税纠纷。企业应重视税收筹划，深度调研与投资架构相关的境内外税制和监管环境，合理使用中间控股架构避税。

在推进"一带一路"建设过程中要重视实业技术标准对接工作，发挥标准的基础和支撑作用。建议我国成立技术标准"国际化"管理机构，发挥制度优势，统一组织和协调相关政府部门和专业组织、企业等，共同推进标准的国际化；要发展壮大咨询行业，利用金融机构推动中国标准，特别是成熟的技术标准率先"走出去"；要加强与国际行业组织对接，加强国际交流合作，快速推进我国技术标准的"国际化"对接，使之成为国际上具有影响力的"标准"。

"一带一路"倡议与全球金融治理*

一、"一带一路"倡议与全球金融治理的背景

"一带一路"是丝绸之路经济带和 21 世纪海上丝绸之路的简称。2013 年 9 月和 10 月,中国国家主席习近平在出访哈萨克斯坦和印度尼西亚期间,先后提出共建丝绸之路经济带和 21 世纪海上丝绸之路的倡议。

2023 年是习近平主席提出共建"一带一路"倡议十周年。十年来,中国与相关各方一道,坚持共商共建共享原则,深化互利共赢合作,取得了实打实的建设成就。党的二十大报告在总结新时代十年伟大变革及其所取得的巨大成就时明确指出,"共建'一带一路'成为深受欢迎的国际公共产品和国际合作平台",报告在部署我国迈上全面建设社会主义现代化国家新征程、向第二个

---

* 本文节选自北京金融控股集团有限公司董事长范文仲的专著《"一带一路"金融服务简述》,系中国金融四十人论坛课题《"一带一路"金融服务的创新与合作》的研究成果,经作者修改补充。

百年奋斗目标进军过程中的重要工作时，提出要"推动共建'一带一路'高质量发展"。过去十年的实践证明，共建"一带一路"助力全面推进中华民族伟大复兴，有利于促进实现这一宏伟目标，推动构建人类命运共同体。

二十大报告提出，"必须坚持胸怀天下""积极回应各国人民普遍关切，为解决人类面临的共同问题作出贡献"，并提出未来五年要"在全球治理中发挥更大作用"。依托"一带一路"这个国际公共产品和国际合作平台，有助于推进我国更加全面、更加深入的对外开放，加快构建新发展格局，完善全球治理体系，特别是在完善全球金融治理中贡献中国智慧，彰显中国贡献。

当今世界正发生复杂、深刻的变化，国际金融危机的深层次影响持续显现，各国面临的发展问题依然严峻。共建"一带一路"倡议致力于维护全球自由贸易体系和开放型世界经济，推动沿线各国实现经济政策协调，开展更大范围、更高水平、更深层次的区域合作。它顺应着时代潮流，适应发展规律，符合各国人民利益，具有广阔前景，是一项值得各国各界共同努力建设的伟大事业。

当前，不断完善全球治理、谋划全人类共同的未来，越来越需要世界各国的高度关注、共同参与。共同建立国际机制、共同遵守国际规则、共同追求国际正义成为多数国家的共识。若把全球治理比作上层建筑，那么经济基础就是重要支撑，金融又是现代经济的核心，因此，全球金融治理成为全球治理的关键因素。

现有的全球金融治理体系已呈现出无法满足时代变化和世界各国发展需求的趋势。当前的多边体系越来越无法反映新时期全球经济力量布局，对发展中国家金融服务建设的作用也较为有限，难以满足全球需求，尤其是难以满足广大发展中国家的发展需求。一方面，现有国际金融体系存在对发展中国家关注度不够、发展中国家代表性不强等问题；另一方面，多数"一带一路"沿线国家本身经济基础较为薄弱，金融体系不够健全，难以在国际金融市场上取得基础设施建设融资。

2014年，习近平总书记创造性地提出"共商、共建、共享"的全球治理理念，为破解当今人类社会面临的共同难题提供了新思路，为构建人类命运共同体注入了新活力，具有深远的历史意义与重大的现实意义。

"一带一路"倡议作为沿线国家的公共产品，为沿线国家经济以及全球金融业创造了新机遇。"一带一路"倡议创建的金融体系和多边金融机构，能更好地为沿线国家提供投融资、货币结算、风险缓释等金融服务，也能更好地在国际金融体系中提升发展中国家的代表性和受关注度。

中国倡导"一带一路"建设并参与全球金融治理，就是以推动全球治理机制更加完善为目标，尊重国际货币基金组织、世界银行、联合国等全球治理机构利益，联合对接现有的政策和组织平台，共同协作，推动全球经济向提高各国福利的方向发展。

二、与"一带一路"相关国家及区域经济体的发展战略相互合作，推动完善国际政策协调机制

从国家经济合作层面来看，"一带一路"倡议在政府协调、贸易合作和基建联结等方面取得了诸多进展。通过加强政府间政策对接，与"一带一路"相关国家及区域经济体的发展战略相互合作，取得了阶段性成果。

俄罗斯"大欧亚伙伴关系"战略与中国"一带一路"倡议在目标和主要路径上存在较多一致性，它们的成功对接将有效推进欧亚一体化进程，有助于两国实现各自的战略目标，对国际关系格局产生深远影响。

"一带一路"倡议的"五通"与韩国"新北方政策"的"九桥"可以通过国家、机构、民间等层面的合作实现中韩金融合作对接。

哈萨克斯坦的"光明之路"新经济政策与"一带一路"倡议对接，将推动中哈两国在产能、金融、能源、互联互通等领域的合作，助力哈萨克斯坦经济发展。

"一带一路"倡议与越南的"两廊一圈"对接，中国可在基础设施建设方面分享资源、设备、资金和运营经验，推动越南基础设施建设，助力越南经济发展。

泰国的"东部经济走廊"计划与中国的"一带一路"倡议实现对接，双方在基础设施建设等传统优势产业方面合作潜力巨大。

印度尼西亚的"全球海洋支点"可以对接"一带一路"倡议，推进基础设施建设、农业、金融、核能等领域的合作，充分发挥海上和航天合作机制的作用，推动两国合作"上天入海"。

2015年6月，中匈两国政府签署了《关于共同推进丝绸之路经济带和21世纪海上丝绸之路建设的谅解备忘录》，这是中国同欧洲国家签署的第一个"一带一路"合作文件，实现了中国"向西开放"战略与匈牙利"向东开放"政策的有机对接。

"一带一路"倡议与欧盟"容克计划"的对接，推动亚太与欧洲经济圈实现联通，释放两个市场的巨大潜力，为建立更加良好的经济互动关系搭建平台。随着中国"一带一路"倡议和"容克计划"的对接，中国和欧盟在共同开拓第三方市场方面将会迎来更多的机遇。

"一带一路"倡议与蒙古国"草原之路"高度契合，符合双方共同发展利益，其对接具有时代的必然性，两国相互合作必将有利于各自的发展，乃至东北亚地区的长远发展。

英国"北部振兴计划"与"一带一路"倡议具有高度互补的效果。中英合作的曼彻斯特机场空港城项目正是"一带一路"倡议互联互通的典范。

波兰作为"琥珀之路"和"丝绸之路"的交会点，具有独特的区位优势。中方愿同波方一道，加强在"一带一路"建设框架内的合作，深入挖掘互联互通、基础设施建设等领域的合作潜力，力争取得更多成果。

"一带一路"倡议和柬埔寨"四角战略"对接，将给中柬各领域合作带来重大机遇，进一步促进柬埔寨经济高速发展。柬埔寨"四角战略"在许多领域和"一带一路"倡议高度契合，两者都倡导在相互尊重的前提下协调与他国的发展政策。

中国与文莱"2035宏愿"倡议对接得到了两国最高领导人的肯定，并且正通过诸如打造"文莱—广西经济走廊"等一系列具体项目积极开展。

三、创新打造"一带一路"金融合作平台

中国倡导并参与全球金融治理，是以推动全球治理机制调整为目标，以国家治理为核心，以区域治理为抓手，力争在尊重现有的国际货币基金组织、世界银行、联合国等全球治理机构利益的前提下，共同推动全球经济向增进全球福利的方向发展。

"一带一路"倡议致力于完善全球金融体系。"一带一路"倡议符合时代要求，符合各国发展愿望，能够提供一个具有包容性的发展平台，能够为全球金融治理打造良好的合作机制，能够有效结合中国和沿线国家经济快速发展的利益诉求，能够为改革和完善全球经济治理体系发挥重大作用。

加强"一带一路"务实合作，打造国际合作平台尤为重要，基础设施投资和相应的融资平台建设是深化亚洲国家互联互通伙伴关系的突破口和主要途径。

中国致力于在打造新型国际合作机制平台、加强与多边金融机构合作、完善全球治理体系方面发挥带头作用。目前，亚洲基

础设施投资银行、金砖国家新开发银行、亚洲金融合作协会和丝路基金等平台的建设已取得积极成果。

第一，亚洲基础设施投资银行是"一带一路"倡议下亚欧经济整合的有力金融支撑。显然，在多边框架下开展这一工作具有十分明显的优势，也是符合包括中国在内的各方利益的最优选择。亚洲基础设施投资银行作为政府间区域开发机构，按多边开发银行的模式和原则运营，最重要的功能和使命就是支持亚洲地区基础设施建设。通过与其他多边和双边开发机构开展密切合作，亚洲基础设施投资银行能够推动在基础设施等多个领域的投资，强化地区合作，有力促进亚洲经济乃至世界经济的可持续发展。

当然，要实现自身使命，亚洲基础设施投资银行首先要以开放的姿态提高成员来源的广泛性，特别是邀请区域外的发达国家参与筹建。另外，亚洲基础设施投资银行透明、开放的多边框架有利于消除和化解国际社会对中国的无端猜忌，从而最大限度地争取国际社会的理解和认同。

第二，金砖国家新开发银行旨在为金砖国家以及其他新兴经济体和发展中国家的基础设施建设与可持续发展项目提供资金。目前，金砖国家在国际舞台上发挥着日益重要的作用，已成为推动国际金融合作机制的建设者和重塑国际金融秩序的新生力量。金砖国家新开发银行不只面向五个金砖国家，而是面向全部发展中国家，为其基础设施建设和可持续发展项目筹措资金、提供贷款、助力建设。作为金砖成员，可在一定条件下获得优先贷款权。

中国推动设立金砖国家新开发银行，为金砖国家和广大发展中国家的建设做贡献，彰显了大国责任。中国一直致力于将金砖组织打造成促进南南合作的平台，通过全方位合作对话机制，就重大国际地区事务共同发声，同时推动发达国家履行支持承诺，带动其他发展中国家走可持续发展道路，参与全球治理。

第三，亚洲金融合作协会将有助于促进区域金融协调互联与沟通。目前，"一带一路"沿线金融机构数量众多且性质各异，亚洲基础设施投资银行、丝路基金以及众多非政府金融机构均能为"一带一路"建设提供各项支持，其中大量重要金融机构尚未成为亚洲金融合作协会会员。亚洲金融合作协会在未来可以以论坛或者其他形式，定期或者不定期地邀请尚未成为其会员单位的国际开发机构、商业或政策性银行、基金、保险公司等各类金融机构进行沟通交流。此外，亚洲金融合作协会还将有助于协调制定区域内的金融标准与金融规范，优化区域内的金融产品与服务。

第四，丝路基金带动境内外社会资本为"一带一路"国家提供融资支持。丝路基金是中长期开发基金，优势在于提供中长期股权投资，为项目解决资本金不足、投资主体单一等需求。截至2022年底，丝路基金投资项目遍及60多个国家和地区，承诺投资金额折合美元超过200亿。随着"一带一路"建设深入推进，丝路基金得以与全球投资人深入交流与合作，拓展了大量投资机会，共同通过市场化方式支持有潜力的项目和企业得到快速发展。例如，由丝路基金与欧洲投资基金设立的中欧共同投资基金已在近 20 个国家开展投资活动，涉及 80 多家中小企业，为支持科技、生命科学等领域的中小企业发展，促进中欧市场的融合做出积极贡献。

四、加快推动"一带一路"人民币国际化进程，构建多元化国际货币体系

2018 年，时任中国人民银行行长易纲表示，人民币国际化是一个"市场驱动，水到渠成"的过程。人民币国际化可以节约交易成本、对冲货币错配的风险，但是主要还是靠市场驱动。2008 年全球金融危机暴露了以美元为主导的国际货币体系的脆弱性。重新构建国际货币体系，实现多元化的货币体系格局是包括中国在内的大多数国家的共同愿望。

"一带一路"倡议为人民币国际化提供了新的契机，在贸易与投资结算、跨境融资等领域将催生更广泛的人民币跨境使用需求，助推人民币在基础设施投融资、大宗商品计价结算及电子商务计价结算等方面的职能突破，加速人民币国际化进程。此外，在"一带一路"倡议中，人民币国际化的推动必须遵循市场规律，其发展速度在根本上取决于中国的经济实力和贸易投资的自然带动，而非人民币在对外融资、海外投资中的强制绑定。

虽然"一带一路"倡议有助于推动人民币区域化的实现，但这一突破不仅需要借助金融机构和金融基础设施的完善，而且有赖国内外各类以人民币计价资产市场的建设，大力发挥人民币的

计价和储备职能，从而完成人民币国际化进程中的关键突破。

第一，要以"一带一路"信贷还款助推人民币国际化。在为"一带一路"建设提供信贷融资的过程中，建议中方要求接受中资金融机构资本支持、信贷服务的国家在还款时尽可能使用人民币，在考虑项目建设的时候优先考虑中国建设工程团队，对中国在关税、贸易方面给予一定的优惠。中资金融机构在提供信贷或金融资本支持时也尽可能使用人民币，这将极大地助推人民币国际结算、计价和储备职能的实现。

第二，要稳步推进资本和金融账户开放，拓宽人民币双向流动渠道。可以通过打通离岸、在岸市场，满足境外人民币资产投资国内市场进行保值增值的需求；进一步放开境外人民币资金投资境内金融市场的渠道，有效扩大人民币回流的路径。特别是在当前资金外流压力较大的情况下，可以顺势加快推出上述举措，既有助于缓解资金外流压力，也为人民币国际化提供了良好支撑。

第三，要大力发展境内外人民币债券市场，满足全球人民币资产配置和避险需求。一个面向全球发行和交易，更具深度、广度和开放度的人民币债券市场不仅将有利于"一带一路"债权融资，也将满足投资者的人民币资产配置和避险需求，从而使人民币从计价货币向储备货币转变。成熟的债券市场不仅对满足境外机构人民币资产配置需求和避险需求具有十分重要的意义，也有助于"一带一路"倡议与人民币国际化的推进。

第四，要加强"一带一路"沿线国家人民币离岸中心建设，优化离岸市场布局。建议选择与中国经贸往来密切、金融市场比较发达、影响力和辐射力相对较强的区域中心城市，稳健打造人民币离岸中心，进一步优化离岸市场布局，例如，可适时考虑在曼谷、孟买、阿斯塔纳、卡塔尔、开罗等地推进人民币离岸市场建设。

第五，要积极构建人民币计价和结算的大宗商品交易市场。推动建立发展多层次的大宗商品市场，尤其是大宗商品人民币期货市场，将能够促进人民币获得在石油、天然气以及其他大宗商品期货上的定价权，而建立多层次大宗商品市场、推动大宗商品领域的人民币计价和结算具有良好的机遇。

第六，要以银行等金融机构国际化推进人民币国际化。商业银行作为"一带一路"倡议的参与者和实践者，要进一步在"一带一路"沿线国家优化机构布局，在人民币国际化的过程中发挥积极作用，推进人民币与"一带一路"沿线国家货币的报价和直接交易，促进人民币用于沿线国家资产计价、纳入沿线国家储备货币，推进自贸区人民币跨境交易，主动创新人民币风险规避与资金增值产品，不断完善人民币资金清算渠道，构建更为畅通的人民币跨境流通机制，提升人民币使用的便利化程度。

五、"一带一路"积极推动国际金融规则改革合作

改革开放以来，随着中国综合国力和国际影响力的增强，中国金融机构在全球的各项排名不断上升。"一带一路"倡议为以

中国为代表的广大发展中国家主动参与国际金融规则的制定和改革提供了难得的契机。具体来看，绿色金融、普惠金融以及全球融资规则将成为"一带一路"倡议推动新国际金融规则的有力切入点。

一要引领全球绿色金融规则发展。金融作为社会资金配置的重要手段，是解决环境资源保护和经济发展间矛盾的有效工具。通过"一带一路"倡议推动绿色金融发展，是解决当前全球可持续发展问题的重要手段。具体来说，可从以下几个方面推动国际绿色金融规则的更新。首先，创新金融产品。具体的金融产品是绿色金融从理念到实践的转化。其次，金融机构转型。金融机构将绿色可持续发展理念融入日常经营，将绿色投资和负责任投资理念引入"一带一路"建设过程，必然激发规则创新的需求。最后，通过加强金融机构合作，为金融规则更新提供保障。通过"一带一路"建设，带动各国绿色金融融合发展，形成高水平、深层次绿色金融对话和交流机制，是国际绿色金融规则顺利更新的外部保障。

二要带动全球普惠金融规则发展。"一带一路"建设是新的普惠金融规则产生和更新的土壤。首先要完善普惠金融相关定义，厘清普惠金融内涵。其次要完善普惠金融相关指标，推动普惠金融数据治理工作。首要任务在于加强对现有国际普惠金融指标体系和数据库的分析应用，重视国家间的比较，充分发挥指标的标尺作用，客观、科学地评估各国普惠金融的实际情况和相关政策的实施效果。

三要促进全球反洗钱和反恐怖融资规则发展。由于洗钱行为的跨国属性越发强烈，因此金融机构在为"一带一路"建设提供金融服务时，反洗钱压力更大，也更有动力和渠道推动更新相关领域的规则，促使反洗钱和反恐怖融资工作落到实处。首先要加强政策对接，畅通合作机制。"一带一路"建设有大量融资需求，涉及的金融机构比较广泛，为保证"一带一路"建设金融服务的顺利开展，有必要就反洗钱在立法、司法和执法等方面加强国际合作，避免反洗钱成为政治工具和各国开展金融合作的阻碍。其次要加大研究力度，提高反洗钱工作的针对性。对于洗钱活动中出现的新手法、新技术、新趋势，金融机构要加大研究和沟通力度，同时探索建立健全反洗钱信息交换机制，完善交流渠道，针对反洗钱工作面临的具体问题提出相应的解决办法，并在取得共识的前提下，将其上升为金融机构共同遵守的国际准则。

此外，还要推动"一带一路"倡议与国际技术规则对接。一是成立统一的技术标准机构。由中国工程技术标准主管部门牵头，成立统一的技术标准"国际化"管理机构，发挥制度优势，统一组织和协调相关政府部门、专业组织、企业等，共同推进标准的国际化，避免各自为战、浪费资源。二是引入标准与推动标准的"走出去"。借助国内外技术专家和翻译专家，对相关国际通用的主要技术标准进行遴选与同步翻译和引入，可以提高中国工程界对国际标准的熟悉度。

发展中国家的债务处理需加强各个债权人的协调*

一、大量发展中国家债务脆弱性不断上升

近年来，发展中国家的债务问题受到广泛关注。发展中国家普遍面临大规模发展融资缺口，这些国家调动国内资源的能力有限，因此十分依赖外部借贷，导致债务负担不断加重。部分国家不当使用资金，未将资金投入生产性项目，导致国内经济无法实现可持续增长。

多边机构（比如国际货币基金组织）提供的资金，主要用于实现借款国的宏观经济稳定。但实际上，这些国家基础设施建设的资金需求远未被满足。过去十年，中国向有关国家提供的贷款主要用于项目建设，包括铁路、公路、桥梁、学校和医院，致力于在短期和长期内促进借款国的经济增长。与世界银行和其他多

---

* 本文为中国金融四十人论坛特邀成员、中国人民银行国际司司长金中夏在 2022 年 9 月 27 日的 CF40-PIIE 中美青年圆桌第 9 期"后疫情时代发展中国家债务可持续性"上做的主题演讲。

边开发银行一样，中国国家开发银行、进出口银行在海外独立选择投资项目，并通过在市场公开发行债券来募集资金。

发展中国家债务迅速增长的另一个重要原因，是全球金融危机后极度宽松的货币环境，诱使发展中国家过度借入低息贷款，并鼓励国际投资者进行逐利。发达国家发行的欧洲债券，票面利率大多低于 2%；而非洲国家发行的十年期欧洲债券的票面利率在 2013—2019 年是 4%～10%。许多非洲国家面临债务问题的重要原因就在于主权信用机构不断下调其国家评级，导致其债务成本不断上升。比如赞比亚在 2012—2015 年共发行了三次欧洲债券，合计筹集资金 30 亿美元。随着主权信用评级机构每年下调赞比亚的评级，其发行债券的票面利率从 2012 年的 5.4% 一路上升到 2015 年的 9%。

随着美联储政策收紧，美元将持续走强，但并不会无限期持续，因为虽然美联储将继续提高利率，但美国经济增速将放缓，这将在很大程度上抵消美元的强势，并在某种程度上使美元停止升值。在美元持续升值的过程中，部分国家会受到不利影响。经常账户赤字较大、严重依赖资本流入实现国际收支平衡的国家，遭受的打击尤其沉重。这些国家恐怕会面临严重的资本外流，甚至可能出现类似于亚洲金融危机的情况，风险巨大。

另外，有一个趋势值得关注。近年来，私人投资者逐渐成为发展中国家最大的债权人。根据联合国贸易与发展会议数据，截至 2020 年底，私人投资者持有发展中国家债务的比例高达 62%，而多边开发银行仅持有 24%，官方双边债权人仅持有 14%。

第六章 和平发展与全球治理

2009—2020年，私人投资者的债权份额从43%上升到62%，多边开发银行的份额从32%下降到24%，官方双边债权人的份额从25%下降到14%。这是一个非常重要的现象。

根据世界银行国际债务统计数据库，2009—2020年撒哈拉以南的非洲国家的主权债券增长了五倍，而同期非洲官方双边债务仅翻了一番。特别是自新冠肺炎疫情暴发以来，许多国家的主权债务水平已升至历史高位。而俄乌冲突导致能源和食品价格飙升，推动了通货膨胀进一步上升。与此同时，美联储和其他发达国家的中央银行正在提高利率，这导致许多发展中国家的货币大幅贬值，低收入国家主权债务收益率的中位数增加了50%以上，大量发展中国家债务脆弱性正在上升。

二、应通过包容、合作、发展的方式解决国际债务问题

2020年新冠肺炎疫情暴发以来，全球债务水平大幅攀升，发展中国家债务形势尤其严峻。二十国集团在实施缓债倡议的基础上，于2020年11月核准了个案开展债务处置的共同框架。这成为官方双边债权人的重要协调机制，是国际社会在债务重组行动上协调一致的重要进展。乍得、赞比亚、埃塞俄比亚、加纳等低收入国家先后申请在二十国集团共同框架下进行债务处理。苏里南、斯里兰卡等少数中等收入国家也陷入债务困境，提出债务重组申请。中国是对二十国集团缓债倡议贡献最大的国家，在共同框架下也积极参与乍得、赞比亚和埃塞俄比亚的债务处置工作。

二十国集团在落实共同框架的过程中取得了重要进展，但也存在一些挑战。其共同框架重点关注的是官方双边债权人之间的协调问题。但要实现更全面的协调，就不能忽视或低估其他债权人的作用。解决债务问题需要所有债权人参与，特别是私营部门和多边开发银行要参与债务重组。私营部门债务利率高、期限短，必须参加重组。多边开发银行提供融资要有助于减少债务总量。

正如之前所说，私人投资者已经成为发展中国家的主要债权人。如果没有私人投资者的参与，低收入国家的债务问题将很难得到有效解决。以乍得为例，最大的私人投资者嘉能可斯特拉塔股份有限公司未能及时与乍得政府进行谈判，导致国际货币基金组织贷款项目在审批阶段被耽误数月。几年前，由于刚果的私人投资者（主要是石油商人）未能与当局达成重组协议，导致国际货币基金组织的贷款项目最终偏离了轨道。

多边债权人也是发展中国家，尤其是低收入国家的主要债权人，持有债务占共同框架受益国公共外债的40%以上。考虑到多边开发银行持有很大一部分低收入国家债务，中方一直呼吁多边开发银行参与重组。但多边开发银行一直以参与债务重组可能会影响自身信用评级等理由，拒绝参与。

从历史上看，多边开发银行曾通过"重债穷国倡议"和"多边债务减免倡议"进行减债。1996年，世界银行和国际货币基金组织发起了"重债穷国倡议"，以应对20世纪70—80年代发展中国家不可持续的债务积累问题。该倡议呼吁所有债权人自愿减免债务，以减轻符合条件国家的外债负担。

据国际货币基金组织统计，截至 2017 年末，重债穷国通过该倡议共获得现值约 762 亿美元的债务减免，其中多边债权人提供 44.4%，巴黎俱乐部成员提供 36.4%，而其余部分来自非巴黎俱乐部成员和其他商业债权人。中国没有宣布参加"重债穷国倡议"，但十分关心并积极参与国际社会的减贫事业。我国向部分最不发达国家无条件提供债务减免，也被国际货币基金组织纳入"重债穷国倡议"的统计口径。根据国际货币基金组织测算，中国理论上应在"重债穷国倡议"项下完成相当于净现值 4.39 亿美元的债务减免，截至 2019 年 7 月，中国已经完成其中 3.76 亿美元的债务减免，约占总目标的 85%。

需要指出的是，多边开发银行一方面不愿进行债务重组，另一方面表示愿意提供优惠性新融资，希望通过这种方式支持债务国渡过难关。但这其实意味着多边机构不仅将所有的债务重组压力都留给了官方双边等债权人，而且还因为提供新融资加重了其他债权人的重组负担。

按照国际货币基金组织现有分析框架，对于公共债务不可持续的国家来说，无论多边开发银行提供的新融资条件多么优惠，都会增加其他债权人的债务负担。根据国际货币基金组织债务可持续性分析框架，债务重组需要同时满足两个指标，一是流量指标，二是存量指标，其中存量指标关注债务国的债务现值（PV），基于债务现值设计债务重组参数。多边开发银行的优惠性新融资增加了债务国未来的偿债支出，会提高债务国的债务现值。因此，其他债权人需要进行更深度的债务重组，才能使债务国的债务现值降低到国际货币基金组织设置的门槛。

因此，除非新融资是单纯的赠款，否则多边开发银行也应该参与债务重组，而不是用新的贷款来排挤其他债权人。中国一直呼吁多边开发银行参照过去的经验，参与债务重组。尤其是如果多边开发银行持有的债务占比较高，则更应该参加。即使现在立即参加债务重组存在困难，多边开发银行也至少应该提供更多赠款，或者提供优惠度更高的贷款，并不将这些新融资计入债务现值。

综上所述，国际主权债务处理需要以全面均衡的方式进行，这意味着要在债权人和债务人，在多边、私人和官方债权人，在巴黎俱乐部成员和非巴黎俱乐部官方债权人之间达成平衡，以包容、合作、发展的方式来解决问题。在这一过程中，国际货币基金组织的作用和信誉至关重要，其评估和提议必须坚持专业、客观、透明和公平。新冠肺炎疫情暴发以来，国际货币基金组织率先采纳了控灾减灾信托的债务减免措施，实施特别提款权普遍分配方案，这是非常值得称赞的。债务国首先要为其轻率的债务管理所带来的后果承担主要责任，从而避免道德风险。与此同时，债务国要提高其借款，包括抵押品的透明度。因为抵押品关系到所有存量和潜在的债权人。

中国债权人也将加强内部协调，并加强与国际货币基金组织和其他官方债权人的沟通合作。中国与各方一样，希望能妥善解决债务问题，避免引发系统性债务危机。一方面，对于出现的债务问题不能坐视不管、袖手旁观；另一方面，也不希望在债务处置中产生道德风险，使商业准则、合同契约精神受到损害。未来，中国国家开发银行和进出口银行也许有必要进行改革，更加明确地区分政策性贷款与商业贷款，进而提升其信贷业务的透明度。

需要看到，债务重组涉及公共资金债务重组，勾销任何公共资金在任何国家都不是容易的事情，我们必须协调所有相关的债权人，尤其是这些债权人会独立选取自己的大多数项目并进行管理。实际上，整个过程基本是按照商业规则运行的。现在，如果政府要求他们做什么或不做什么，协调起来会非常复杂，那么谁来承担这个责任呢？如果债权人自己做决定倒还好说，如果必须由政府来指导，而政府实际上并没有参与决策过程，问题就会变得非常复杂。

国家内部的协调过程会比较耗时，需要进行相关评估、优化程序。此外，这是中国第一次参与大规模的国际债务重组。回顾历史，实际上低收入国家的大规模债务重组现象并不罕见，而且是周期性地发生，但中国的债权人之前并没有处理大规模债务重组问题的相关经验。因此，我们必须从自己以及他人以往的经验中寻求启迪，并逐步建立起我们自己的决策和协调机制。

但是可以很高兴地看到，迄今为止我们已经非常及时地参与了减债倡议和共同框架下一些国家的债务重组事务，希望未来我们能够与国际社会合作，与其他债权人一起，无论是官方、多边还是私人债权人，圆满地解决这个问题。我们正在试图与传统的债权人，如巴黎俱乐部的成员进行合作和沟通，这是具体到每个国家的个例。只要有机会，我们就会尽量与巴黎俱乐部的成员进行沟通，最终达成协调的解决方案。

这是在共同框架下的积极进展，共同框架既包括巴黎俱乐部的成员，也包括非巴黎俱乐部的成员，既包括传统债权人也包括非传统债权人。这些人坐在一起，形成新的工作平台，这是一个新的开始。希望这个框架能够在这些以前互不相干的债权人之间建立互信，让他们都认识到可以为了共同利益进行合作，最终达成解决方案。

乍得是二十国集团共同框架下的首个案例，也是一个较成功的案例，经过共同努力，最终达成各方均可接受的债务处置方案。各方认可乍得在国际货币基金组织贷款项目期间已无融资缺口，目前需进行债务重组，等项目结束时再由债务委员会集体评估确定未来债务重组的必要性及具体方案。乍得案例为二十国集团共同框架开了一个好头，证明了这一共同框架的有效性。

总结来看，债务重组是一项非常有挑战性的工作。但如果我们积极应对，就可以为债务国推进结构性改革、改善社会治理方式、走上可持续发展道路创造机会。与此同时，债权国也可借此兑现承诺，展示对债务国的支持和善意，找到债权人之间的共同利益。这样各方才能避免误会，在瞬息万变的地缘政治形势下以合作建立互信。各大国际金融机构也可以发挥主导作用，团结各成员共同应对全球挑战，维护多边主义，避免世界经济的割裂和碎片化。

第六章 和平发展与全球治理

那么应该如何应对全球宏观经济的挑战？有两件事是可以做的。第一，在疫情结束后，尽快让人员和货物更自由地流动，这样一来，像斯里兰卡这样的国家就可以接待更多游客，而该国的经济自然可以逐渐恢复，债务负担也会逐渐减轻。

第二，应该停止对世界经济进行人为分裂，虽然有些分裂可能无法避免，但有很多分裂是人为造成的，我们可以理解部分国家为了确保供应链安全，开始与其他贸易伙伴合作解决供应链问题，但我们永远不应该阻止贸易伙伴与其他伙伴的贸易联系。这种做法已经超出了自私自利的范畴，而纯粹是破坏性的。

为了减少世界经济受到的损害，应该立即着手去做以上两件事。

从人类命运共同体角度提出
发展中国家债务解决方案[*]

部分发展中国家的债务危机可能使中国在贸易、投资、金融等渠道受到影响。中国可以考虑从人类命运共同体的角度出发，创新债务处置方式，探索更加市场化、国际化的债务处置工具。

2020年以来，新冠肺炎疫情冲击、全球供应链紧张、美联储货币政策转向、俄乌冲突等接踵而至，一些发展中国家的宏观经济秩序已经开始陷入混乱。土耳其在汇率贬值、大宗商品价格上涨的推动下，通胀率已经在2022年3月突破了60%。2022年4月初，黎巴嫩宣布其国家政府和央行破产。同时，处于经济危机的斯里兰卡也宣布国家进入紧急状态，期待对外债进行重组安排。秘鲁的物价飞涨，也引发了大规模示威游行和社会暴乱。

根据国际货币基金组织的数据，中等收入发展中国家的偿债负担已经处于30年来的最高水平。另外，在69个低收入国家当

---

[*] 本文作者徐奇渊系中国金融四十人论坛特邀研究员、中国社会科学院世界经济与政治研究所副所长。

中，截至 2022 年 3 月底已经有 8 个国家陷入债务困境、30 个国家处于高风险状态，占全部低收入国家的 55%。发展中国家的债务危机已经成为全球经济的又一重要风险。作为世界第二大经济体和大型的债权国之一，中国可能在贸易、投资、金融等渠道遭受影响。如何应对这一外部变化？我们将尝试从人类命运共同体的角度出发，给出技术性的解决方案。

一、发展中国家债务压力与日俱增

新冠肺炎疫情暴发以来，发展中国家债务压力与日俱增，随着美联储货币政策转向、俄乌冲突等外部冲击的出现，一些依赖于粮食、能源等大宗商品的进口，依赖于旅游业收入和侨汇收入的发展中国家，尤其是原本就处于经常账户赤字和重债状态的发展中国家，已经或正逐步临近债务危机。截至 2022 年 3 月底，已有 38 个低收入国家被国际货币基金组织认定为高风险国家或处于债务危机中。

除了本国因素，重债穷国的债务状况非常容易受到利率和汇率波动影响。一方面，这些国家总债务中的可变利率债务占比很高，2020 年的占比达到了 31%，远超 15% 的历史均值。另一方面，这些国家的外币债务占比也大幅上升。其总外债中以美元和欧元计价的债务占比从 2000 年的 51% 升至 2020 年的 72%。这意味着，一旦全球利率中枢上移或本币贬值，这些国家的偿债压力将大幅加重。在全球通胀率普遍上涨、美欧货币政策加速转型、美元强势周期来袭的情况下,发展中国家的债务管理和外汇获取能力将面临严峻挑战。

在此基础上,俄乌冲突给发展中国家债务这只"骆驼"身上又增加了一根沉重的稻草。俄乌冲突爆发以来全球金融市场避险情绪上升,根据 J.P.摩根的新兴市场债券指数,2022 年 3 月底时非洲国家的债券利差平均上升了 20 个基点,其中加纳上升了 90 个基点、埃塞俄比亚上升了 200 个基点,整个非洲的外部融资成本都在上升。

如前所述,一些中等收入、低收入的发展中国家也正在陷入经济危机和债务危机。低收入国家的情况更为糟糕。2022 年 3 月末,世界银行的宏观经济、贸易与投资全球总监马尔切洛·埃斯特瓦认为,未来一年中可能会新增十多个发展中国家面临债务违约。目前来看,这还不至于形成全球的系统性风险,影响也会小于 20 世纪 80 年代的拉美债务危机,但这仍然可能成为 20 世纪 90 年代中期以来发展中国家所面临的最大一波债务危机。

二、从人类命运共同体角度提出债务解决方案

自新冠肺炎疫情暴发以来,人类命运共同体的时代特征愈加鲜明。面对世界经济的复杂形势和全球性问题,任何国家都不可能独善其身。2020 年,二十国集团提出了《暂缓最贫困国家债务偿付倡议》和《缓债倡议后续债务处理共同框架》等缓解低收入国家债务困境的初步倡议。但是迄今为止,只有三个国家提出了

申请，而且债务重组的过程耗费时间长、获得的好处相当有限。很多国家都担心申请加入《暂缓最贫困国家债务偿付倡议》和《缓债倡议后续债务处理共同框架》可能会被污名化，导致其主权信用评级被下调，进而失去在国际金融市场获得其他渠道融资的能力。事实上，在发展中国家债务压力与日俱增的同时，国际社会尚没有形成务实的应对方案。

与此同时，近年来中国的对外贷款所面临的现实和潜在挑战也更加严峻，而西方国家以一面之词指责中国的对外债务存在各种问题。事实上，自2020年《暂缓最贫困国家债务偿付倡议》和《缓债倡议后续债务处理共同框架》启动以来，中国积极支持二十国集团与债务相关的倡议，以一己之力承担了超过60%的缓债规模，暂时保证了对外债权安全，为避免爆发主权债务危机提供了重要安全缓冲。但是在后续债务规则谈判中中国仍面临压力，特别是当下，在国际社会聚焦的债务信息透明度问题上，对中国的参与机制设计、进行多边协调提出了更高要求。另外，现有债务解决机制仍不足以解决发展中国家债务困局，更多发展中国家的偿债能力在未来2~3年将面临更为严峻的挑战。

发展中国家债务危机不仅会对国际金融市场、全球经济增长造成严重冲击，也会对中国的海外资产形成威胁。从人类命运共同体的角度出发，中国也急需扩大工具箱，创新债务处置方式，探索更加市场化、国际化的处置工具。同时，以债务处置过程为契机，在边际上推动中国与国际债务协调机制进一步接轨，并推动国内协调机制改革。

从国际大环境来看，国际社会也在持续关注发展中国家债务困境。在 2021 年国际货币基金组织增发 6 500 亿美元等值的特别提款权的基础上，2022 年 2 月在印度尼西亚雅加达召开的二十国集团财长和央行行长会议提出，希望国际货币基金组织尽快推进特别提款权自愿交易机制，并欢迎各国自愿捐赠总额为 1 000 亿美元的特别提款权用于抗击新冠肺炎疫情。同时希望国际货币基金组织和世界银行在 2022 年年度会议前建立复原力与可持续性信托（RST），并鼓励各成员方持续为减贫与增长信托提供捐赠。基于这一背景，国际社会提出了多种债务处置方案。中国也应当抓住这一时机，以合作共赢、积极对接国际规则作为思路，推动多边机制下的债务处置机制创新，从人类命运共同体的角度提出中国方案，在创新的债务处置机制中充分发挥建设性作用。

具体而言，我们提出的基准方案是：多边机制提供特别提款权优惠贷款，为债务国提供增信支持。在此基础上，债务国通过新发行债券获得融资，从而对现有商业银行贷款进行置换。该方案处理的债权、债务关系，可以包括所有其他国家的双边债权、债务关系，中国以外的债权国同样可以使用。同时，该方案考虑到了各个主体方参与其中的激励，并且在基准方案的基础上可以衍生出多种变形。在尝试解决当前发展中国家债务困局的同时，该方案也有助于推动中国国内相关领域的改革和与国际规则的对接。

三、基准方案：发行"国际抗疫合作债券"推动债务置换

应从构建人类命运共同体的高度出发，积极探索债权处置的创新模式。一方面实现中国与债务国的合作共赢，在维护好海外债权利益的同时，帮助发展中的债务国渡过难关；另一方面又能够回应西方国家的指责，推动中国在该领域的国内改革以及与国际规则的对接，甚至引领新一轮国际债权规则的制定。基准方案的具体内容如图 6-1 所示。

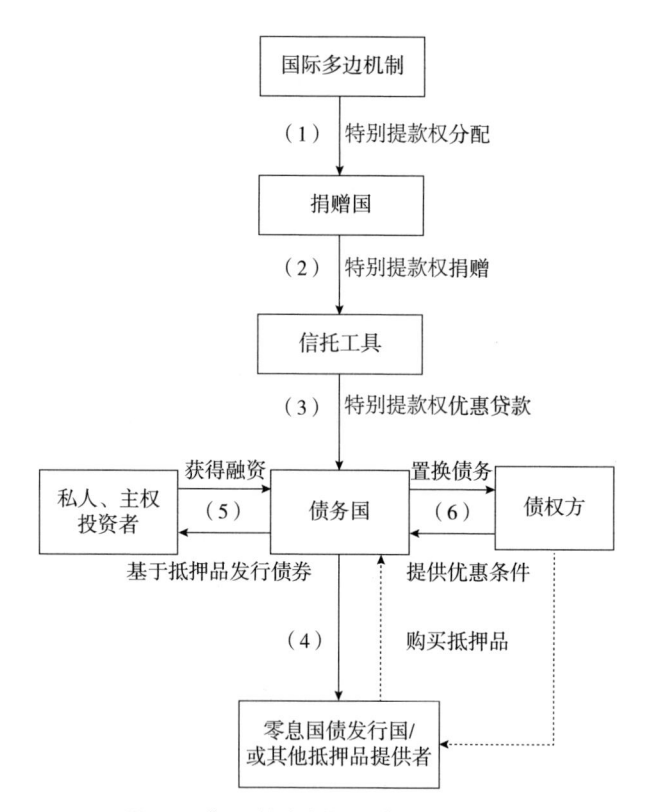

图 6-1 "国际抗疫合作债券"基准方案示意

第一步，国际多边机制（例如国际货币基金组织）向债务国提供特别提款权优惠融资。首先，国际货币基金组织筹到一笔特别提款权资金，可以来自成员方给予的特别提款权无息借款，期限与未来的债券融资匹配（借款成员方同意分担或有损失）。然后，国际货币基金组织将特别提款权资金注入已有信托（例如减贫与增长信托）或新设信托工具中，贷给有需要的国家，以帮助其进行债务重组。所有债权国、债务国可以进行双边或多边协商，以公开透明、市场化原则向国际货币基金组织申请特别提款权贷款。

这笔特别提款权贷款的利率为免息或低息。贷款期限方面，可以与债务国发债计划相匹配，基于这一项目的特殊性适当给出较长的贷款期限。发债融资来源以市场融资为依托，但是由于新发债的增信、发行、置换、退出等涉及一系列的协调过程，一般债务国会选择在原先的债权国进行融资。

在申请过程中，应当由国际货币基金组织等多边组织与债权国、债务国相关部门合作建立和完善债券发行所涉及的债权债务数据报备机制，促进参与主体在合理范围内提升债务处置市场化水平和透明度。以中国和债务国共同申请计划为例，在发行计划获批后，国际货币基金组织信托工具向债务国提供特别提款权优惠贷款。

第二步，债务国获得抵押品的增信从而发行新债。以中国作为债权国为例，债务国将获得的特别提款权兑换成人民币来购买中国发行的特别零息国债（或国开债）。债务国以持有的零息国债作为抵押品，在中国在岸债券市场或离岸市场发行人民币计价的"国际抗疫合作债券",从而置换选定的债务。在拥有优质抵押品的情况下,债务国发行债券的评级可以得到提高,并获得国际投资人的认可,从而获得相对较低成本的债券融资。根据熊猫债市场经验,投资人也可同时获得信用风险保障和较好的利差收益。其他债权国与债务国可按相似结构在美国、欧洲等市场发债。

第三步,将新发债获得资金与现有贷款进行置换。在置换前,由中国和其他相关方参考二十国集团和国际货币基金组织多边机制原则,与债务国就置换涉及的期限、利率达成协议,对债务结构进行优化,降低其总体债务本息支付负担。在操作过程中,中国金融机构原来给予债务国的美元债可以转化为人民币计价债券。人民币还款可通过相关的协议安排或者国际货币基金组织的特别提款权基金来设计实施方案。

四、基准方案的变形和拓展

考虑到国内、国际协调的现实难度,以及债务偿付困难的不同性质,上述基准方案可能有以下拓展方式。

(一)参与主体拓展

多边机制可以包括国际货币基金组织,以及非洲开发银行、亚洲基础设施投资银行等多边开发机构。债权方不仅包括中国,所有债权人都有相同参与机会。类似于国际货币基金组织的减贫与增长信托的操作,捐赠国可以将本国暂不使用的特别提款权无息长期借贷给减贫与增长信托，也可以对方案涉及的利息减让进行捐赠。

（二）债券发行计划的拓展

债权国、债务国共同向国际货币基金组织申请发行计划的形式，也可以改为债务国单独向国际货币基金组织申请，然后再寻找债权国磋商的方案。在这两个情形中，国际货币基金组织权力范围有所不同，具体取决于各方意愿。债券发行可以选择各国、各币种方案。在中国还可以拓展到人民币离岸市场，发行币种可以拓展到特别提款权计值。在这方面中国具有特殊优势，中国是过去 30 年以来唯一成功发行过特别提款权计值债券的国家。

（三）债务置换计划的定位拓展

当前基准方案的定位是帮助债务国改善流动性，以促进债务危机的解决。因此，其与巴黎俱乐部机制、二十国集团共同框架机制这些着眼于债务危机的处置方案并不矛盾，甚至有互补关系。对于以流动性危机为主的国家，可以实施无本金减记的基准方案；对于面临流动性危机、债务危机的国家，拓展方案可以加入本金减记以及净增加新融资等。

（四）拓展为新增债务融资方案

长远解决债务问题需要满足发展中国家抗击新冠肺炎疫情和经济可持续发展的必要融资需求。一方面以本方案中的特别提款权增信结构为基础，结合绿色债务置换、社会影响力债券等经验，设计专门用于疫苗普及等满足抗疫需求的新增融资工具；另一方面可以借鉴中国银行间市场近期关于可持续发展连接票据等绿色、碳减排、可持续发展融资工具的创新，设计专项用于支持绿色发展、应对气候变化、推动可持续基础设施建设的融资工具。

五、从人类命运共同体视角来看基准方案的激励所在

首先，该方案基于人类命运共同体的价值观，符合多边主义、可持续发展的潮流，符合国际惯例和金融市场规则。该方案可以创新推动债务处置与绿色发展相联系，并能帮助国际多边机制撬动商业银行债权人和金融市场投资人积极参与债务问题解决。发达国家债权人也可能从中获益，从而以多赢的思路推动各方共同解决问题。此外，当前国际社会要求完善债务数据报备和数据库建设的呼声高涨，中国等发展中国家通过具体案例与国际货币基金组织等多边组织协商，在可接受范围内循序渐进，探索债务数据透明度机制建设，既有利于促进发展中国家债务透明度改革，也有利于国际多边机构发挥更为灵活、公平、有效的作用。

其次，基准方案以债务置换为基础，避免了债务国违约的道德风险，维护了中国作为债权人的利益。同时，通过展期、较低的置换利率，以及对流动性危机国家、债务危机国家的区分处置，将有助于债务国缓解债务压力，增强其债务可持续性。另外，由于一些原因，中国暂时难以完全融入巴黎俱乐部机制，同

时二十国集团的《暂缓最贫困国家债务偿付倡议》和《缓债倡议后续债务处理共同框架》可能造成债务国评级下调，且无法解决新增融资问题。新方案可以使债权国和债务国在上述两类框架之外增加兼容的选项。

再次，新方案可能有助于减少对美元的依赖。发展中国家可以将存量债务置换为人民币计值，或特别提款权计值，从而减少对美元的使用。尤其是在发行特别提款权计值债券方面，中国是过去30年唯一成功发行特别提款权债券的国家，在这方面也具有一定优势。在一定程度上，该方案也有助于推动人民币国际化。从债券资产的需求方，也就是从资产配置的角度考虑，其一，欧美经济体通胀水平持续上升，而同时中国通胀水平保持稳定，这增加了人民币资产的吸引力；其二，更多国际机构希望投资人民币资产以分散风险并获取稳定回报，若债务国将获得的特别提款权兑换成人民币来购买中国发行的特别零息国债（或国开债），将加快推动人民币国际化。

最后，该方案有助于促进国内改革，与国际规则对接。将存量债务的一部分置换为债券，有助于渐进实现债权信息的透明度，与国际规则实现对接。置换过程中，中国与发展中国家的双边贷款，将置换为国际金融市场公开发行的债券。这本身也是增加透明度、与国际规则实现对接的过程。同时，中国原有的部分对外贷款性质存在一定争议，通过置换也可以将贷款性质进一步明确为国际债券市场投资者持有的债权，这将更好地保护中国的海外债权利益。

第七章
完善现代金融体系

完善现代金融体系与未来的
金融改革*

党中央提出"完善现代金融体系、构建新发展格局",说明金融体系本身还有许多有待完善的机制,经济发展新阶段也对金融服务提出了新的要求,简单说,就是经济增长模式已经在转型,金融模式也得随之转型,不然就无法扭转金融效率下降、金融风险上升的势头。

对于什么是现代金融体系,有不同的解读。如果从当下看,完善现代金融体系迫切需要达成两个政策目标,一是加大金融支持实体经济的力度,二是守住不发生系统性金融风险的底线。要准确预测政府会采取什么政策措施、会在什么时候落地,其实很不容易,但基本的改革方向应该是可以判断的。事实上,2013年底举行的中共十八届三中全会已经比较完整地勾画出了金融改革的蓝图。

---

* 本文节选自中国金融四十人论坛成员、北京大学国家发展研究院副院长、北京大学数字金融研究中心主任黄益平与北京大学国家发展研究院副研究员王勋的专著《读懂中国金融:金融改革的经济学分析》(中国金融四十人论坛书系)。

未来的金融改革很可能会围绕四个领域展开：一是金融创新，包括市场结构、业务模式等方面的创新；二是市场化改革，包括强化市场纪律和实现市场化风险定价等；三是金融开放，加大金融服务业开放的力度、逐步实现资本项下的基本可兑换，以及人民币国际化再出发；四是金融监管改革。

一、金融创新

金融支持实体经济的力度减弱，主要是因为现行的金融结构、金融模式和金融业务不再适应经济新发展格局的需要。因此，金融体系迫切需要创新。

（一）从金融服务的功能出发改善金融结构，适应经济发展新阶段的需要

改善金融结构，应重点关注金融功能的构成，而非金融机构的构成。一是因为金融机构的构成变化相对较慢，而金融机构的功能是可以适当调整的。比如，一般认为中小银行更擅长服务中小企业，但国内外都有中小企业融资做得比较好的大型商业银行，比如美国的富国银行和中国的邮政储蓄银行。二是随着数字技术在金融领域的应用日益普及，金融机构的相对优势也会发生变化。比如，微众银行和网商银行这类新型互联网银行，利用数字技术每年可以发放超过千万笔中小企业贷款。当前，我国金融创新的首要目标是支持创新、支持中小企业融资。

（二）发展多层次的资本市场，提高直接融资的比重

这是中共十八届三中全会明确提出的金融改革方向。资本市场比商业银行更擅长支持创新，况且我国资本市场在非金融企业外部融资中的比重只有10%略多，还有很大的提升空间。不过，资本市场未必能支持中小企业融资。资本市场融资门槛远高于银行信贷，中小企业如果因为缺乏财务数据和抵押资产而无法获得银行贷款，相信也很难从资本市场获得融资。同时还要关注两个问题：一是政策能在多大程度上有效推动资本市场发展，如果德国和日本都无法发展出像英国、美国那样发达的资本市场，中国的难度也许更大；二是资本市场规模扩大后是否真的可以有效支持创新活动，如果发展了30年的资本市场都没能很好地支持企业融资和家庭投资，也许大力发展多层次资本市场的第一步应该是改善市场机制、提升市场质量。这就要求减少政府对资本市场的直接管控，降低政策不确定性，加大系统性的市场开放力度，引进更多机构投资者，提高资本的耐心，在明晰责任的前提下培育容忍失败的创新环境，为创新型企业提供更加丰富的金融工具、激励机制和制度安排。

（三）进一步探索银行与资本市场的联动，推动服务模式向"商行+投行"转型

在可预见的将来，间接融资，特别是商业银行仍然可能主导中国的金融体系。既然德国和日本可以依靠银行为主的金融体系走到国际经济技术的前沿，也许中国同样有机会。但商业银行的

服务模式必须转型。比如，利用软信息，深耕小微企业客户群。利用金融科技手段，创新风控手段，建设开放银行。设立支持科技创新企业与小微企业发展的政策性银行。商业银行应该更主动地转型，支持经济高质量发展。在客户战略上，要加强客群细分与客户研究，实现对中小企业客户信用风险与内部操作风险的有效防范。在风险可控的前提下，鼓励银行对接多层次资本市场，将银行资金对接各类投资机构，或者利用核心企业的供应链开展金融服务。以"线下软数据+线上大数据"提高银行的风险评估能力。监管部门应该出台开放银行政策和标准，建立行业规范，商业银行可在认真权衡的基础上选择适当的开放银行模式。建议借鉴德国复兴银行和日本政策金融公库股份有限公司等的做法，探索设立中国小微企业政策性银行，针对性地支持民营、创新、小微企业的金融需求。

（四）尽快实现监管全覆盖，规范数字金融的业务模式与行为

积极平衡大数据收益与个人隐私、大科技公司效率与垄断之间的关系，推动大数据和云计算在整个金融部门中的稳健运用，支持创新驱动的经济高质量发展。虽然大科技平台和网络银行利用数字技术在提供普惠金融服务方面取得了举世瞩目的成就，但也引发了一系列新问题：大数据归谁所有？大科技平台会不会成为歧视金融消费者的新的垄断工具？野蛮生长局面应代之以一整套准入门槛和行业规范。政府也应积极推动所有金融机构运用数字技术解决金融难题，支持开放银行实践，鼓励资本市场利用数

字技术连接更多市场参与者，提供更好的市场信息。

当前的金融创新具有许多新特征，比如混业经营成为客观现实，利用数字技术的交易，风险传导的速度和范围已经彻底改变。传统的分业监管已经很难有效控制甚至监测金融风险，应该考虑混业监管的做法，起码应该加强功能监管与监管科技的作用。可以采用"监管沙盒"的做法，对金融创新实践发放有条件的牌照，进行密切观察。这样既能支持创新，又能防范风险。在监管政策实施过程中，淡化行政性特点，突出市场化、专业性，避免"一刀切"和"运动式"的做法，防止"一放就乱、一管就死"的现象一再重演。

二、市场化改革

中国金融改革的精髓，看表面应该是"渐进"，而非"激进"，看本质应该是"务实"，而非"最优"。然而，"渐进""务实"改革的另一面是一些改革政策不彻底，甚至留下了一些"半拉子工程"。因此，市场化改革还得继续往前走，真正实现"让市场机制在金融资源配置中发挥决定性的作用"。

（一）改善金融机构之间、企业之间的竞争，尽可能实现"产权中性"

市场机制是现代金融体系的基础制度，其核心包括两个方面：机构的准入与退出、资金的定价与配置。政府应该遵守公治理基本原则，并尊重市场经济基本规律，将资源配置主导权留给市场，不应以宏观经济管理或微观金融监管的名义直接干预金融市场运行与金融机构经营，更不应以监管之名行保护之实，歧视非国有金融、经济主体。彻底打破刚性兑付，形成市场化的退出机制，无论对金融部门还是实体经济都需要建立市场化的风险处置机制。而"有为政府"的功能应该限于维持秩序、监管风险并弥补市场失灵。

（二）进一步推进银行商业化改造

银行在未来的金融体系中依然举足轻重，因此需要适应银行主导的现实，推动银行的市场化派生机制和资本市场参与。推进银行类金融机构准入与退出机制的改革，存款保险制度已经运行三年多，建议将其从中央银行独立出来运行，真正发挥支持市场化退出的作用。完善银行的公司治理结构，在内部形成有效的制衡机制，改变董事长独大的现状。建立新型银企关系，不应持续由国家同时指挥国有商业银行与国有企业，银行可以尝试有市场约束的"关系融资"。完善商业银行风险定价能力，真正实现借贷利率市场化，关键还是要消除信贷市场上的机制扭曲，让银行能够合理地在效率与风险之间取得平衡。

（三）真正实现市场化风险定价

让金融风险得到合理补偿，是金融服务可持续的基本前提。"十三五"期间，我国普惠金融发展取得了突破性进展，一方面是政府与监管持续要求商业银行增加对中小企业的融资，另一方面金融机构也积极优化信用风险评估与管理手段。与此同时，监管部门连年要求银行降低中小企业贷款的利率。虽然决策部门是想帮助中小企业，但因为违背了市场原则，有可能"好心办坏事"，要么影响商业银行增加中小企业贷款的意愿，要么被迫放款，最终可能增加信用风险。监管部门支持中小企业贷款的关注点应该是首先解决"融资难"的问题，不能靠行政手段解决"融资贵"的问题。降低企业融资成本，可以用一些不需要扭曲市场价格的手段，如放松货币政策、降低市场利率，增加金融机构之间的竞争，改善信用风险管理的能力等。

（四）货币政策要从数量型向价格型框架转变

改革初期的货币政策主要依靠数量工具进行直接调控，过去几十年间，数量工具逐步向价格工具转变、直接调控逐步向间接调控转变。实证研究发现，我国央行的货币政策规则兼具数量型与价格型（利率型）的特点，说明转型尚在进行中。货币政策转型需要关注四个方面。一是进一步明确货币政策的目标，从目前实际操作中的四个目标（经济增长、充分就业、稳定物价、国际收支平衡）简化到《中华人民共和国中国人民银行法》的正规表述，即维护价格水平稳定，同时支持经济增长。二是确立相对专业、独立的货币政策决策机制，央行是向国务院报告还是向全国人大报告并不是关键，但货币政策决策具有很强的专业性与时效性。三是明确货币政策工具，过去的两大工具分别是存贷款基准利率和存款准备金率，现在在流动性管理方面已经形成了一套可以灵活运用的工具，包括中期借贷便利、央行再贷款和存款准备金率等。近年来，形成了贷款市场报价利率，作为反映银行贷款利率水平的指标，央行似乎是在构建以七天回购利率为核心政策利率的利率走廊，但政策利率传导的有效性还需要进一步提升。四是改善央行与市场的沟通，可以考虑放弃用"稳健"这类含义模糊的词汇描述货币政策，更加清晰地向市场表达央行立场。

（五）完善现代金融的法律体系

金融服务的质量是由法律体系决定的，市场规则、行为准则、准入与退出，都应该清晰地由法律来规范，减少过度依赖行政性手段相机抉择的现象。要统一金融立法，改变过去分业立法、机构立法的模式。立法也要与时俱进。现行的一些法律如《商业银行法》和《证券法》等内容明显滞后，难以适应金融业的快速发展和金融改革的持续深化。强化金融法治案件执行，强化对金融债券的法治化保护效率。继续强化社会信用体系建设，约束失信行为、建立个人破产制度。

三、金融开放

随着圆满完成第一个百年奋斗目标，党中央在 2020 年提出了"以国内大循环为主体、国内国际双循环相互促进"的新策略。这引发了部分国际人士关于中国是否走向内向型经济政策的担忧，但这种担忧完全是多余的。事实上在前几年，中国政府加大了金融服务业开放的力度，向国际金融机构发放新的牌照、提高甚至取消外资持股比例等。2020年公布的《"十四五"规划》也明确提出"稳慎推进人民币国际化"。这些都表明，虽然未来一段时期，中国经济发展重心会转向国内需求与国内创新，但对外开放的基本立场不会改变。因为国内经济做强、做大，需要加强与国际经济的交流合作，"闭门造车"无法达成目的。而且中国已经是世界第二大经济体，是全球经济增长的重要推动力量，更加强劲的国内经济大循环也将有利于进一步促进国际经济大循环。

未来金融开放政策的实施可能会继续保持"渐进""务实"的策略，不太可能发生"一步到位"或"休克疗法"式的变革。具体看，未来的金融开放可能集中在三个领域展开。

（一）金融服务业的开放

这主要是指外资金融机构走进来与中国金融机构走出去。如果横向比较，中国金融服务业，特别是银行与保险的对外开放度确实比较低。过去主要是担心外资金融机构进入中国会挤垮国内金融机构，影响国内金融的稳定。目前来看，这两个方面的风险都不是很大：一方面，国内金融机构已经比过去强大许多；另一方面，外资金融机构是否造成金融风险主要看监管能力，与中资、外资关系不大。从正面影响看，外资金融机构的进入可以加强竞争、改善服务，同时还能带来新的业务模式与产品，对于改善市场结构、提高经济效率、支持技术创新具有重要意义。事实上，过去几年在这方面的举措已经显著加速，相信未来还会保持这个趋势。

（二）资本项目可兑换

国际货币基金组织将资本项目分为七大类、40 项，2020 年，我国实现了可兑换和基本可兑换的 19 项，占比 47.5%。不可兑换的主要是居民或非居民个人的跨境贷款、证券和衍生品交易。将来改革的目标应该将绝大部分项目提升至基本可兑换，其余的保留部分可兑换的管理方式，最主要的是衍生品交易、不动产交易及个人跨境信贷。大的目标是在未来 5~10 年实现资本项目的基本可兑换。不过资本项目开放是一项需要十分小心落实的改革。资本项目可兑换可以提高资本配置的效率，但同时也可能增加波动性，甚至引发金融危机，所以资本项目改革必须在效率与稳定之间取得平衡。具体而言，一是采取稳健、渐进的步骤；二是保留对跨境资本流动的管理，对于部分风险高、波动性大的短期资本流动，在条件成熟前尽量不要放开；三是设计一些宏观审慎政策，比如对短期资本流动收税，减少资本大进大出，维护金融稳定。

（三）人民币国际化

2009 年开始的人民币国际化政策，重点是提高跨境贸易与投资的人民币结算，人民币在国际支付中的比重显著提高。可惜

2015年"8·11"汇改之后，一部分举措走了回头路。现在重新审视，确实有值得改进的地方。第一是汇率弹性不够，如果汇率不能灵活地上下浮动，一旦汇率波动放大，央行就不得不出手干预，跨境资本流动与支付就会受到影响。第二是当时的政策过于强调国际支付功能，对国际投资功能重视不够，国外居民与企业的人民币没有可以投资的地方，就会缺乏接受、持有人民币的意愿。因此，人民币国际化再出发的新举措应该高度重视国际投资的功能，这意味着离岸人民币市场建设和资本市场双向开放必须提上议事日程。

四、金融监管改革

中国金融体系面临的另一个重大挑战是，能否守住不发生系统性金融风险的底线。中国过去维持金融稳定主要靠政府信用背书，但近几年的实践表明，中国监管部门在防范金融风险方面的作用十分有限。随着金融市场规模扩大、种类增加、复杂性提高，政府兜底变得越来越难。将来维持金融稳定需要更多依靠金融监管。

当前，我国金融监管框架似乎已经很完整，但实际监管效果却并不理想。不少政策空有其名，未真正得到执行，比如银监部门对于银行向关联机构输送资金有严格限制，但并没有管住包商等银行长期存在这样的做法。"有法不依"的原因很多，比如能力不足、意愿不高或干扰过多。一个突出的问题是，"一行两会"是监管部门，也是政府的组成机构，有不少政府行为的特征是：既要管监管又要管发展；监管政策经常需要配合宏观调控；对违约与破产的接受度比较低；施政具有很强的运动式特点。

我国资本市场发展了30多年，仍然没有很好地满足企业融资与家户投资需求，监管不到位是一个主要原因。监管部门提出了"建制度、不干预、零容忍"的监管方针，首先是完善市场制度和监管政策，不轻易干预市场运行，绝不容忍任何违法、违规行为，这个方向是正确的。

现在急需对金融监管进行一场彻底的改革，关键是要尊重金融规律，让金融监管回归初心，把金融监管的"形式"变为"实质"。既然规章制度已经到位，监管手段也已经具备，需要做的就是把监管落到实处。具体可以采取如下几个方面的改革措施。

（一）明确监管的政策目标

金融监管的目标应该是保障公平交易、保护金融消费者、维持金融稳定。其他政策目标，比如资产价格水平、宏观经济稳定、金融行业发展等，都不是金融监管部门的责任，这些政策目标与监管政策的目标并不总是一致，有时甚至直接对立，应该将其分离出来由其他政府部门负责。金融监管部门专司金融监管一项职责，比如证监会要维持股票、债券市场公平交易的秩序，资产价格的起伏不应成为金融监管政策的调控对象。

（二）提高金融监管部门规则制定和监管执行的独立性、专业性和权威性

监管的独立性并不一定要求在机构设置上将金融监管部门独立于政府部门之外，而是在明确的政策目标前提下，对于政策工具的选择与使用保持相对专业、独立的决策过程。至于监管部门是向国务院还是向全国人大负责，并不是问题的关键，上级部门应该按照已经确定的政策目标来评价监管工作，但尽量不要干预监管的具体举措。另外，监管独立性并不意味着监管机构与政府部门之间要完全分隔。恰恰相反，金融监管部门应该与其他经济部门，特别是财政部、发改委等保持密切联系与政策协调。金融监管部门在执行监管政策的过程中一定要有"牙齿"，一旦发现违规行为，一定要采取严厉的惩罚措施。过去的违约成本太低，市场参与者的违规行为很难消除。

（三）监管政策一定要追责

这几年金融体系出现了很多风险，但几乎很少有监管官员为此承担责任，缺乏必要的负面激励。当然，有一些领域，监管追责确实有一定难度，比如P2P行业的监管主体起初一直没有明确，银行许多违规行为与政府支持纠缠在一起。但追责也需要一定的前提条件，一是明确监管政策目标，这样才能清晰地评价监管部门的工作成效，如果赋予监管部门过多的责任，就会造成工作成绩判定的困难。二是保障政策决策与执行的相对独立性，如果主管部门频繁干预监管部门施政，也就很难对其追责。如果在满足

这两个条件的情况下还没有做好，就必须承担相应的行政、经济，甚至法律责任。

（四）增加监管部门的编制与经费

这些年监管效果不好，还有一个重要原因是监管资源严重短缺。人手不够，"顾不过来"就很正常。比如，1999年末中国金融业总资产大约为15.5万亿元，到2021年末上升到352.4万亿元。如果看市场结构、产品种类以及投资者数量，金融行业的复杂性更是明显增加。但在此期间，监管部门的编制完全跟不上这样的变化。因此，监管能力必须跟得上金融体系在规模和质量维度方面的发展，重点是要保证有足够的人手、充足的经费和较高的专业水平。

深化金融供给侧结构性改革[*]

在中国经济结构转型的过程中,居民、企业和政府的金融服务需求发生了重大变化。居民部门的收入和财富快速增长,对金融资产配置提出了新需求;企业经营活动的风险上升,对融资工具提出了新需求;政府收支缺口持续放大,也对融资工具提出了新需求。

面对居民、企业和政府的金融服务新需求,当前金融体系在不断调整适应,但是金融服务供求不匹配现象普遍存在。金融服务"正门不通走后门"的绕道现象凸显,一度表现为影子银行、同业业务以及大量通道业务的快速崛起。实体经济部门的金融服务需求没有被充分满足,还要为复杂的金融绕道服务付出更高的成本。实体经济活动风险没有被有效分散,仍然集聚在金融中

---

[*] 本文主要基于中国金融四十人论坛《2018·径山报告》《中国金融改革路线图——构建现代金融体系》子课题《深化金融供给侧改革》的研究成果,经作者修改更新。作者张斌系中国金融四十人论坛资深研究员、中国社会科学院世界经济与政治研究所副所长。

介，一些金融中介通过缺乏监管的金融绕道服务放大杠杆和期限错配，增加了新的风险。

解决当前金融体系面临的问题需要两方面的依托。一方面是完善金融监管；另一方面是金融补短板，更好地满足实体经济的金融服务新需求。在当前中国的市场环境下，金融补短板的角色尤为重要，没有金融补短板，实体经济需求变化只能通过更复杂的金融服务绕道实现，这个绕道过程会花样百出，让金融监管部门处于被动救火的局面。金融补短板打开了金融服务的正门，不仅可以更好地服务实体经济，对于遏制金融绕道带来的风险和挑战也是釜底抽薪的。

金融补短板需要在金融产品和市场，金融中介以及金融基础设施方面做出大的调整。发展资本市场是满足金融服务新需求的必选项。当前迫切的金融补短板工作还包括发展以权益类REITs产品为代表的标准化、长周期金融资产；推动税收优惠的个人养老金账户发展；提高地方政府债务限额，提高国债和地方政府债在政府总债务中的占比，拓宽和规范基础设施建设融资渠道。

这些举措可以帮助满足居民部门对养老保险日益迫切的投资需求；满足企业对风险投资的融资需求；满足政府对具有公益特征、长周期的基础设施投资需求。通过新的金融产品，有助于避免金融风险过度集聚在金融中介部门，有助于避免金融服务绕道，从而有效降低融资成本和债务杠杆。

一、经济结构转型与金融服务新需求

（一）居民部门

中国在经历收入赶超的同时，也在经历人均金融财富的赶超。2006年全球中等金融财富人数4.6亿人，2021年上升到7亿人，增量部分的80%来自中国。2006—2022年，中国居民部门金融财富从24.6万亿元增加到230万亿元，平均每个家庭达到50万元，年均增速17%。2014年，中国超过日本，成为全球家庭金融财富第二大国。

国际经验显示，随着人均收入提高，家庭金融资产与GDP之比也随之提高。中国的人均金融财富与收入增长相匹配，不存在金融资产过度积累的情况。2021年，全球人均家庭金融资产是人均GDP的3.0倍，美、德、法、日、韩、印度等经济体的人均家庭金融资产分别是人均GDP的5.1、2.2、2.7、3.8、2.4、1.0倍，中国截至2022年是1.9倍。

与收入增长相匹配的家庭金融资产增长意味着家庭借助金融市场发展分享经济增长红利。从国际比较来看，中国居民部门的家庭金融资产与GDP之比和收入水平大致匹配，中国不存在过度的家庭金融资产积累。社会上很流行中国存在货币超发的观点，主要的依据是从国际对比角度看中国的M2与GDP之比过高。银行存款作为家庭金融资产的重要组成部分，中国居民部门确实积累了较多的银行存款形式的金融资产，但是考虑到其他形式的金融资产欠缺，总的金融资产并未过度积累。

在中国家庭金融资产中,现金、存款,以及近似于银行存款的代客理财产品占比居高不下。中国居民部门持有的金融资产形式主要包括:现金、存款,以及近似于银行存款的银行理财产品;证券,包括居民部门直接购买的债券、股票和证券客户保证金,以及居民部门通过购买基金份额间接持有的股票和债券;保险准备金,包括五险(养老保险、医疗保险、失业保险、工伤保险和生育保险)、企业年金、职业年金以及个人商业保险等。截至2022年,现金、存款,以及代客理财产品合计154.3万亿元,在全部家庭金融资产中的占比为68%;证券类金融资产48.0万亿元,在全部家庭金融资产中的占比为20.9%;养老保险准备金27.8万亿元,在全部家庭金融资产中的占比为12.1%,过去十年养老保险准备金比例没有像国际经验显示的那样随着收入水平的增长而增长(见图7-1)。

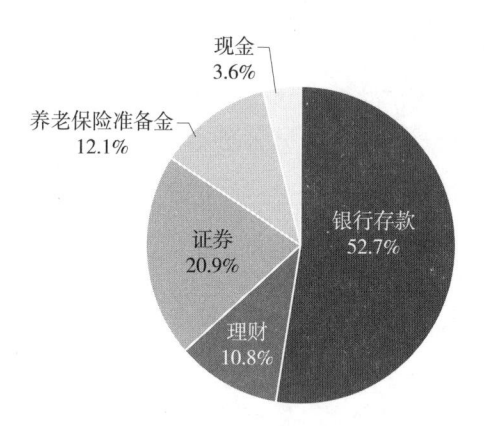

图 7-1 中国的家庭金融资产分布

数据来源:中国人民银行、国家统计局,作者估算。

值得一提的是，本文中基于总量数据的估算结果与中国家庭金融调查研究中心基于 40 000 个家庭调查的《中国家庭金融资产配置风险报告》的调查数据存在明显差异，主要体现在对家庭金融资产总量的估计上，该报告指出中国家庭 2015 年的户均资产为 103 万元，其中只有 12% 是金融资产，即户均金融资产为 12 万元；这里基于总量数据估算的户均金融资产为 24.5 万元，2017 年达到 32 万元。这一差异在发达国家的两种类型统计中也普遍存在，发达国家也是基于总量数据估算的家庭金融资产数据远超调查数据，差异可能主要来自调查对金融资产的不完全统计以及高金融资产家庭难以被充分纳入统计。

从国际经验来看，收入/金融财富水平的提高带来了金融资产配置结构的显著差异。随着家庭收入/金融财富水平的提高，从其他国家居民部门的金融资产配置情况看，银行存款在全部金融财富中的占比会下降，养老保险准备金的占比会上升，证券类资产占比与收入水平没有明显的相关关系。这说明随着收入和金融财富水平上升，家庭的金融资产配置对低风险、低收益且期限结构较短的存款类金融产品需求下降，对有养老保险功能、期限结构较长的金融产品需求上升。国际上对个人养老保险金融产品多有税收方面的优惠政策，再加上养老保险金融资产收益率高于一般的银行存款，这是吸引家庭投资者配置养老保险金融资产的重要诱因。

中国居民部门在金融财富快速提升的同时对金融财富配置提出了新要求，但新要求没有被满足。尽管中国在过去 15 年，居民部门金融财富增长了超过七倍，但是资产配置结构没有出现太显著的变化。中国居民的金融财富过度集中在货币和银行存款以及类似银行存款的代客理财产品上，证券类金融资产偏低，最突出的缺口是养老保险金融资产比例过低且没有伴随中国家庭财富的增长相应提高。2006—2022年，类银行存款产品在全部家庭金融财富中的占比虽然有所下降，但是下降幅度有限，类银行存款远远超过其他所有金融资产之和；养老保险类金融资产占比上升非常微弱，仅从2006年的9%上升到2022年的12%，这一占比从全球范围来看都处于最低的行列。造成上述局面的主要原因，并非中国居民部门不愿意持有比银行存款更高风险和收益配比，且期限结构更长的养老保险类金融产品，而在于缺少相应的政策引导配套措施以及养老保险金融服务供给短缺。

2022年以来，我国居民部门面临的金融资产供需失衡问题更加严峻。进入2022年，我国房地产市场进入新一轮下行周期，居民购房意愿大幅下降。2022年，我国商品房销售额同比下降了26.7%，比2021年减少了48 622亿元。2023年1—7月，商品房销售额累计同比下降7%。在此期间，我国权益市场的表现也不及预期，上证指数基本保持在3 000~3 300点宽幅震荡。

一方面，房地产市场低迷让居民部门减少购房支出并积累了更多的盈余；另一方面，以股票为代表的风险资产价格持续保持低迷，其结果是居民部门家庭资产向货币和银行存款集中的趋势更加明显。2022年，我国新增住户存款高达178 992亿元，其中新增活期存款为40 900亿元，新增定期和其他存款为138 091亿元。

为鼓励居民增加养老保险类金融配置，近年来我国在政策上也做了一系列调整和尝试，例如推出个人养老金账户等。但由于个人养老金账户的额度每人每年只有 12 000 元，对增加个人养老金配置起到的促进作用有限。

（二）非金融企业部门

经济结构转型伴随着产业发展格局的显著变化。中国经济在 2010—2012 年跨过了工业化的高峰期，正在经历着迈向更高收入水平进程中不可避免的经济结构转型。在经济结构转型进程中，非金融企业的发展模式会发生以下几个方面的持续变化。一是从制造到服务。中国经济在工业化高峰期之前，第二产业固定资产投资在全部固定资产投资中的占比持续增加，工业化高峰期以后则开始持续回落。2022 年，第二产业固定资产投资在全部固定资产投资中的占比为 32%，较 2012 年 44% 的高点下降了 12 个百分点；第三产业固定资产投资占比为 65%，较 2012 年上升了 12 个百分点。二是人力资本密集型服务业的崛起。高收入国家的经验表明，并非所有的服务业都在工业化高峰期以后出现更快的增长，只有技术密集型服务业才会实现更快增长。中国在工业化高峰期以后出现了类似情况，从增加值增速看，工业化高峰期以后的人力资本密集型服务业增速快于 GDP 增速。三是制造业升级。跨过工业高峰期的制造业部门总体投资增速放缓，但是基于研发投入、生产和产品多个环节的证据共同显示中国的产业升级依然保持较快进程。在产业升级过程中，研发投入开支快速增长，从

2012年到2022年，大中型工业企业的R&D（科学研究与试验发展）经费与工业增加值之比从2.8%上升到3.2%。

非金融企业经营活动风险提高且难以辨认。产业发展格局的显著变化落实在企业层面是，更多的企业不得不从传统的劳动/资本密集型要素投入转向人力资本密集型要素投入。对于传统的劳动/资本密集型制造业：需要厂房、设备等大量易于估值的有形资产投入；普遍存在从生产到消费的时滞，这个时滞带来了订单、信用证；产品标准化程度高，存在可供学习的成功模板，易于进行复制生产，且面向全球市场，失败概率小。对于人力资本密集型行业：需要大量难以估值的人力资本投入和较少的有形资产投入；生产和消费同时发生，没有时滞，很少使用订单、信用证；标准化程度低，缺少可供学习的成功模板，难以进行复制生产，且主要局限在本地市场，失败概率大。

劳动/资本密集型产业在获取抵押品方面具有优势，容易与银行贷款形成对接，大型企业则可以借助债券市场获得更廉价的融资。而人力资本密集型服务业/制造业，在企业起步阶段或者项目开展初期面临着较高的风险且缺少抵押品，难以获得债务融资，只能与权益投资形成对接，企业或者项目在进入稳定发展期并积累了声誉以后可以借助债券市场获得廉价融资。在过去相当长一段时间里，权益类融资跟不上企业转型的发展需要是制约中国非金融企业融资最突出的短板。截至2023年7月，在国内金融市场为非金融企业提供的融资存量当中，各种类型的贷款余额、债券融资余额和境内股票融资余额分别为170万亿元、31.4万亿元和 11.2 万亿元，股票融资余额的占比只有 5.26%，其余都是债务类融资工具。

这不是完整的企业融资余额口径，更完整口径反映非金融企业资金来源的是资金流量表（金融交易）中的非金融企业外部融资流量数据。从 2011—2020 年资金流量表的情况来看，在此期间贷款和未承兑商业汇票、债券、股票、直接投资和其他项目在非金融企业新增融资中的平均占比分别为 64.3%、25.6%、8.1%、9.7% 和 –7.7%。

为解决企业部门权益类融资渠道短缺的问题，近年来中国在资本市场上做出了许多重大改革。一是推出了科创板。2019 年 7 月 22 日科创板正式开市，首批上市 25 家公司。截至 2023 年 6 月末，科创板累计受理企业超 930 家，上市超 540 家，首发融资额超 8 400 亿元。二是全面实行注册制改革。2023 年 2 月 17 日，全面实行股票发行注册制正式实施。截至 2023 年 8 月 16 日，全面实行股票发行注册制落地实施以来，A 股新增上市公司 205 家，首发募集资金 2 672.02 亿元。其中，50 家科创板公司募集资金 1 255.36 亿元，78 家创业板公司募集资金 850.67 亿元。三是大力推动私募股权和创投基金发展。2015 年 1 月中国的股权和创业私募股权基金规模还只有 1.68 万亿元，2023 年 7 月上升到 14.4 万亿元，增加了近九倍。

上述改革在一定程度上拓宽了非金融企业权益类融资渠道，但迄今为止，中国非金融企业融资工具仍然过度依赖贷款，权益类融资占比过低。与中国非金融企业融资结构形成鲜明对照，美日欧等发达经济体以及东亚地区的韩国等，股票及其他权益类融资在全部融资存量当中的占比都在 40% 以上。中国迫切需要扩大针对非金融企业的权益类融资渠道和工具。这是从劳动/资本密集型产业向人力资本密集型产业转型的需要，也符合高收入经济体的国际经验，同时也是金融更好地支持科技创新的必由之路。

（三）政府部门

工业化高峰期以后，政府收入增速显著下降。政府收入与名义 GDP 增速高度相关，工业化高峰期以后的真实 GDP 增速和 GDP 通胀因子都显著下降，政府收入的主体部分公共财政收入增速也随之显著下降。2022 年公共财政收入增速只有 0.6%，是新冠肺炎疫情暴发前近 30 年来的最低点。不仅如此，作为广义政府收入的国有资本经营收入、社会保险基金收入增速近年来也在放缓。

财政支出增速下降，但财政收支差额仍快速拉大，政府融资需求增加。随着公共财政收入增速下降，政府为了避免公共财政收支差额过快增长下调了财政支出增速，尽管如此，财政赤字与 GDP 余额之比还是快速上升。2022 年公共财政支出增速为 6.1%，是疫情前近 30 年来的最低点；财政收支差额与 GDP 之比达到了 -4.7%，是疫情前近 30 年来的最低点。政府融资需求快速增加，政府债务与 GDP 之比也随之快速上升。

政府仍面临较大支出压力和大规模融资需求。从国际经验来看，高收入经济体在工业化高峰期以后，政府服务（基于国际标准行业分类 3.1 版，政府服务包括公共行政、国防、强制性社保、教育、健康和社会工作等）支出在 GDP 中的占比会持续快速提升。目前，中国政府服务支出在 GDP 中的占比远低于高收入国家在类似发展阶段的水平，填补政府服务的短板意味着政府未来面临更大的支出增长压力，这些政府服务支出增长是进一步改善居民生活福利的必要保障。给定增加政府服务的支出压力，政府可以通过减少建设投资支出减少财政压力。但是，另一个与高收入经济体发展进程不同的地方是，中国目前的城市化进程进展滞后，截至 2022 年中国官方按照常住人口统计的城镇化率为 65.2%。与此形成鲜明对照，高收入国家在工业化高峰期以后城市化率都达到了 70% 以上。中国在工业化高峰期以后城镇化率仍在持续攀升，即使如此城镇化率还是大大低于高收入经济体类似的发展阶段。中国未来至少五年内仍面临推进城镇化和相关基础设施建设投资的庞大需求。给定政府收入增速的下降和支出增长的压力，政府未来面临着较大规模的融资需求。

债券融资和权益融资是政府融资工具的短板。近年来，中国的政府债务快速增长，2020 年广义政府债务与 GDP 之比达到 95.7%，狭义政府债务与 GDP 之比为 45.4%。在政府举债的众多融资工具中，债券融资的利息低且期限较长，这也是发达国家普遍采用的融资方式。目前，在中国政府的举债过程中债券融资占比仍然较低。截至 2022 年，国债与 GDP 之比是 29%，国债加地方政府债的政府债券余额在 GDP 中的占比为 50%，而欧美日等发达经济体的占比分别达到了 75%、112% 和 197%（见图 7-2）。考虑到对中国政府债务的统计还不完整，政府债券融资在政府债务中的占比更低。

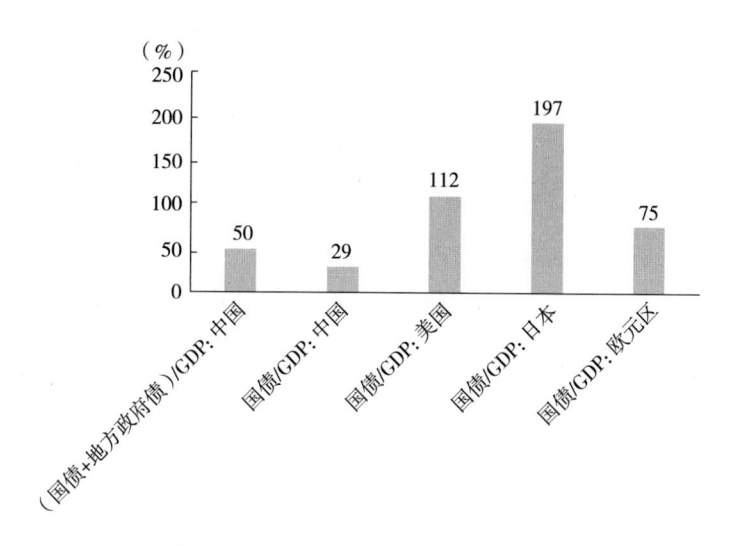

图 7-2　2022 年国债与 GDP 的国际比较

数据来源：Wind，作者估算。

　　缺少与庞大基础设施建设规模相匹配的融资配套机制。截至 2022 年，中国基础设施建设投资规模达到 21.0 万亿元，基础设施建设项目的内部结构也在持续变化，原被作为基础设施建设代名词的"铁公机"占比持续下降，2013 年以来，在基础设施建设中占比最高的是公共设施管理业，已经占据了基础设施投资的半壁江山。在基础设施建设投资的资金来源当中，预算内资金占全部基础设施投资资金来源的 16.8%，国内贷款占 11.2%，主要资金来源是自筹资金和其他资金。在自筹资金和其他资金来源中，大量借助融资成本较高且期限较短的地方融资平台债、影子银行贷款以及信托和其他非银行金融机构贷款，这些高成本且期限结构较短的资金来源构成了地方政府隐性债务的主要来源。

二、供求失衡与金融服务绕道

供求匹配的金融服务大路还不通畅，实体部门和金融中介通过绕道的方式满足新的需求变化。居民部门投资在绕道，企业和政府融资也在绕道，商业银行和非银行金融机构则是在寻找绕道的办法。金融服务中介的绕道业务是在金融中介之间以及金融中介和实体经济部门之间建立更复杂的债权债务关系。金融中介在从中获得了较高的利润增长的同时也承担了高风险，实体经济部门则为此付出了更高的融资成本和更高的债务杠杆率。

房地产成为家庭养老和保险的替代金融投资工具。从国际经验来看，随着居民部门金融财富水平的提高，财富的配置方式也会发生变化。中国也不例外。中国居民部门快速增长的金融财富不再满足于低风险、低收益的银行存款的持有方式。在更高的金融资产水平上，居民部门愿意持有更高风险、高收益组合的金融投资产品，愿意持有长期、带有养老和保险功能的金融投资产品。但是由于这些金融服务需求得不到满足，居民部门对金融资产的需求转向了房地产投资。房地产成为替代金融资产作为高风险、高收益金融投资产品，或者带有养老和保险功能的金融投资产品的替代投资工具。根据西南财经大学《中国家庭金融资产配置风险报告》，房地产在中国家庭资产中的占比达到六成以上。与此形成对比，美国家庭的房地产在全部家庭资产中的占比只有中国家庭的一半。

对房地产旺盛的投资需求同时也支撑了高房价，并催生了房地产的"高周转"模式。每当政府因为房价过高而采取对房地产信贷的遏制政策，房地产部门就不得不借助于更高成本和更扭曲的方式得到融资，房地产行业一直以来都是金融服务中绕道业务的重要客户。2022年以来，随着房地产市场逐步降温，房地产企业债务问题成为悬在中国金融系统之上的"达摩克利斯剑"，首当其冲的就是各种为房地产提供融资的金融产品，特别是信托产品。

企业融资工具不匹配加剧了企业融资难和融资贵的情况。企业投资过度依赖以银行贷款为代表的债务融资工具，权益类融资发展滞后，这使得中国的企业债务保持在较高水平。这种情况如果放在工业化高峰期以前，问题还不严重，处于工业化高峰期以前发展阶段的劳动/资本密集型制造业正处于快速扩张期，利润增长有保障，对于银行而言也有相对充足的抵押品做保障。但是在工业化高峰期以后，情况会大大不同。

传统企业面临着结构转型的生死存亡挑战，银行对企业发展前景缺乏信心，对厂房设备这些抵押品的价值评估动摇，企业从银行获取贷款变得更加困难，为了获取资金，它们不得不付出更高的成本。

开办新企业、开辟新业务往往是缺少抵押品且具有高风险的经营活动，银行的传统贷款业务很难评估这些经营活动涉及的风险，因而也很难提供贷款。权益类融资因为总体发展规模有限也难以为新企业、新业务的发展提供充分的支持。企业融资需求在传统银行贷款模式和权益融资模式下双双受阻，部分融资需求只好借助于更复杂的、银行与非银行金融机构合作的金融绕道服务来满足。企业要为这些金融绕道服务提供更高的融资成本。过高的融资成本让企业投资变得越发无利可图，企业投资需求也因此被抑制。

政府融资工具不匹配抬升了政府的债务成本。政府融资工具不匹配主要体现在两个方面。一是债券融资工具不充分。中国经济仍需要进一步推进城市化进程，需要大量相关的基础设施建设，这些基础设施建设需要低成本、长周期的债务融资工具。政府凭借其信用优势，本应该以更低的成本融资。然而政府没有充分利用其信用优势降低融资成本，地方政府债务当中有40%来自地方融资平台债、影子银行贷款以及信托和其他非银行金融机构贷款这些高成本的中短期融资工具，不得不借助于更复杂的金融中介获取更高成本、更短期限的融资工具，这不仅增加了融资成本，也降低了债权债务关系的透明度，加剧了金融风险。

对于一些政府支持并且有较高收益的建设项目，可以通过权益融资方式吸引社会公众投资，从而有效降低融资成本和政府债务水平。近年来，我国在推进的PPP（公私合营模式）是对权益融资方式的尝试，但实质进展有限。根据国际货币基金组织的报告，大多数（80%以上）公私合营项目集中在传统的公共基础设施领域，公私合营的合作方通常由政府控制（纯私人合作方仅占投资的30%左右）。合作方的范围包括政策性银行、政府基金、私人资本和其他国有实体，如中央和地方国有企业，甚至是地方融资平台。2016年底，公私合营项目的资本值达GDP的27%，实施部分不足1/5。

在所有金融不匹配造成的问题中，政府投融资渠道不匹配是当前最突出也是最值得重视的问题。由于缺乏有效的直接融资渠道，地方政府借助地方融资平台从地方银行获得贷款成为地方政府的主流融资模式。其结果是地方政府隐性债务风险与地方金融稳定问题被牢牢绑定在了一起。

近年来，随着地方财政收支平衡压力越来越大，地方政府隐性债务风险开始暴露。2022年12月30日，贵州省遵义市城投宣布将其在贵州银行和贵阳银行的贷款展期至20年，且前10年仅付息不还本。这一举措引起了市场的强烈震动。贵州省其他城投平台公司的新债发行受到市场主体的抵制，与贵州省情况类似的其他省份发债也面临类似的窘境。

尽管地方政府隐性债务问题已经开始暴露，但是其暴露的剧烈程度和公开性远不如房地产企业的债务风险，地方政府不同程度的隐性担保也一直都在，结果是银行部门在缺乏资产的情况下，非但没有减少对城投债的配置，反而选择将更多的资金投向城投平台。这些资金既包含向地方城投平台直接提供的贷款，也包含对城投平台发行的城投债的认购。2023年8月15日，天津城建发行了一笔规模10亿元、期限135天的债务，结果认购高达70倍，最初预定的发行利率是5%~5.5%，实际发行利率只有4.5%。

供需失衡带来的金融结构失衡问题还会自我强化，在此过程中金融风险不断累积。居民部门由于缺乏养老保险类金融资产，对房地产配置的热情也在迅速下降，叠加风险资产的收益率偏低，只能将越来越多的资产集中在银行存款。对于银行来说，负债端积累了越来越多的居民存款，资产端又越来越缺乏实体融资需求（既包括企业融资需求，也包括居民的按揭贷款需求），为维持基本的贷款增速，银行将更多的资金投向地方融资平台。地方融资平台主要从事长周期，带有一定公益项目特征的基础设施投资，这些投资的商业回报率很低。所有这些加在一起，银行的资产质量堪忧，背后的金融风险不断累积。

三、金融补短板

"金融空转""脱实向虚"等现象的背后，根本原因是金融供求失衡局面的长期存在。这在一定程度上来自政策调整滞后与现实发展的需要。金融补短板，关键内容是把目标明确、责权匹配的专业化决策机制落在实处。政策目标尽可能得单一，合理分工和专业化决策是实现目标的根本保障。需要避免设立多重目标，以及避免设置一些不合理的目标。例如，监管机构不宜把经济增长、股票指数高低作为目标，货币当局不宜把结构类问题作为目标。

金融补短板需要在金融产品和市场，金融中介以及金融基础设施方面做出大的调整，需要大量的改革和长时间的市场培育，所涉及的也不仅是金融领域。以下重点讨论当前比较迫切的金融补短板内容。

第一，推动以 REITs 为代表，能带来现金流的长周期、标准化的基础金融资产。REITs 全称为不动产投资信托基金，是通过发行信托收益凭证汇集资金，交由专业投资机构进行不动产投资经营管理，并将投资收益按比例分配给投资者的一种信托基金。可以用于发行 REITs 的资产包括租赁房、工业园区、基础设施、度假公寓、办公楼、仓储中心、商场等所有能够产生长期、稳定现金流的不动产和基础设施。REITs 有多种类型，国际上的主导类型是权益型 REITs，类似股票。

权益型 REITs 为居民部门提供中长期金融投资工具，为企业和政府的不动产投资找到权益型融资工具，降低企业和政府杠杆率、降低金融中介风险，是同时解决居民、企业和政府金融服务供求失衡的有效金融工具。不仅如此，无论是存量不动产还是新建不动产，借助 REITs 都可以改善对不动产管理的激励机制，把不动产交给更专业的管理者，提高不动产管理质量和收益水平，实现更好的资源配置，让城市更加美丽。

REITs 面临着广阔的发展空间。美国 REITs 与 GDP 之比在 6.7% 左右，如果中国也能发展到类似规模，对应的是超过 5 万亿元的市场规模，等同于中国股票市场建立以来的融资规模。北京大学光华管理学院的《中国不动产投资信托基金市场规模研究》指出，中国公募 REITs 的规模为 4 万亿~12 万亿元。此外，REITs 主要对接不动产项目，而中国固定资产投资当中的 70% 是建筑安装类投资，远高于美国和其他发达国家，这种投资模式意味着 REITs 在中国有更大的发展潜力。

推动 REITs 发展需要两个方面的政策支持。一是税收政策支持，按照国际惯例，当 REITs 将经营应税所得的 90% 以上分配给投资者时，免征企业所得税；REITs 经营中包含物业出租的，免征房产税；REITs 发行过程中需对新增缴纳的土地增值税、企业所得税、契税递延至转让给第三方时进行税务处理。二是金融政策支持，为 REITs 设立单独备案通道，制定相应的审核、发行规定；对租赁经营管理情况良好、市场认可的项目，允许发行无偿还（赎回）期限、无增信措施的产品；允许公募发行；允许公募基金投资 REITs 产品。

第二，推动税收优惠的个人养老金账户发展。从国际比较来看，中国居民部门金融资产中的养老保险类资产不仅规模太小，而且养老保险资产规模中的配置比例也非常畸形。现有的养老保险类资产主要来自社会统筹账户建立的公共养老金，企业和职业年金规模很小，个人养老金规模更小。从国际经验来看，带有税收优惠的个人养老金账户有三个特点，一是税收递延优惠，二是个人独立专属账户，三是具有个人投资选择权。个人养老金是养老体系的重要组成部分，在中国也有着巨大的发展空间。现有的每人每年 12 000 元的额度远不足以满足居民部门将养老金作为重点金融资产的配置需要。

个人养老金账户发展满足了居民部门增长的对养老保险金融资产的需求，有助于减少对房地产的投资性需求，也为实体经济部门的发展提供了长期资金。此外，从国际经验来看，养老金多关注中长期投资，投资风格相对稳健，是资本市场发展的支柱力量,有助于减少资本市场短期剧烈波动。金融市场要提供有更多选择余地、期限结构较长的基础金融资产,以及培育长周期资产配置和风险管理,开发满足不同人群生命周期需求的专业养老金管理机构。

第三,提高地方政府债务限额,提高国债和地方政府债在政府总债务中的占比,拓宽和规范基础设施建设融资渠道。考虑到各级政府出于弥补政府公共服务缺口和推进我国城镇化的需要,未来仍面临规模庞大的融资需求,需要尽可能地使用低成本的国债和地方政府债来满足这些融资需求,避免地方政府利用复杂的通道业务获取高成本、期限错配的资金。通过建设项目专项债、基础设施项目 PPP 和 REITs 等多种方式拓宽基础设施融资渠道,不仅降低了基础设施建设的债务成本,也利用市场力量对项目形成了评估和监督。

新时代背景下中国金融体系
与国家治理体系现代化*

党的十八大以来,以习近平同志为核心的党中央坚持观大势、谋全局、干实事,成功驾驭中国经济发展大局,在实践中形成了以新发展理念为主要内容的习近平新时代中国特色社会主义经济思想:从提出经济发展新常态,到以新发展理念推动经济发展,到深入推进供给侧结构性改革,再到中国经济已由高速增长阶段转向高质量发展阶段。习近平新时代中国特色社会主义经济思想,既是多年来中国经济发展实践的理论结晶,也是新时代做好中国经济工作的指导思想。

金融作为现代经济的"血脉",是连接各经济部门的重要纽带,是现代国家治理体系的重要组成部分。做好新时代、新发展阶段的金融工作,改革是关键。既要坚持社会主义制度,又要坚持社会主义市场经济改革方向;既要加强金融服务实体经济的能

---

* 作者徐忠系中国金融四十人论坛成员、中国银行间市场交易商协会副秘书长。根据《经济研究》2018 年第 7 期修改。

力,又要尊重金融市场发展的一般规律;既要有针对性地解决国内经济金融运行存在的问题,又要充分认识到经济金融全球化环境下制度竞争的决定性;既要有顶层设计,维护全国统一市场,又要鼓励基层试点,地方制度适度竞争,优化趋同,将"自上而下"与"自下而上"结合起来;既要立足于我国改革开放的成功经验,又要充分吸取失败改革的教训。要改变改革中存在的缺乏顶层设计、过度依赖短期行政手段、对改革"试错"容忍度低等问题,应重在从完善体制机制、建立健全长效机制、形成良好的改革氛围等方面深化改革。

一、金融服务实体经济是践行新发展理念、适应高质量发展的要求

党的十九大报告指出,"中国特色社会主义进入新时代","社会主要矛盾已经转化为人民日益增长的美好生活需要和不平衡不充分的发展之间的矛盾","我国经济已由高速增长阶段转向高质量发展阶段",因此"必须坚持质量第一、效益优先,以供给侧结构性改革为主线,推动经济发展质量变革、效率变革、动力变革"。金融以服务实体经济为根本出发点和落脚点,金融体系对新发展阶段的适应性转变是高质量发展的必然要求。

在经济高速增长阶段,金融服务实体经济主要关注"规模"和"数量"。随着经济进入高质量发展阶段,金融领域的主要矛盾也相应转变为经济高质量发展对金融服务的需求与金融有效供

给不足、供给结构失衡的矛盾。因此，与经济发展从规模扩张向质量变革、效率变革、动力变革相适应一样，金融发展应从关注"规模"转向关注"质量"，金融功能应由传统的"动员储蓄、便利交易、资源配置"，拓展为"公司治理、信息揭示、风险管理"等。

对标高质量发展，金融要高度关注资金流向。经济步入高质量发展阶段，服务业占比提升、技术进步、全要素生产率提高成为经济增长的重要动力，金融资源配置应逐步转变为总量稳健、结构优化，需进一步提升对于资金流向、资金配置效率的关注度，金融体系演进是否与经济结构变化相适应的问题也更加值得关注。

高质量发展要求货币政策稳健中性，并加快由以数量型调控为主向以价格型调控为主转变。从货币政策取向看，高质量发展阶段，既要防止总需求短期过快下滑，又要防止"放水"固化结构性扭曲，推升债务和杠杆水平。从货币政策调控方式转型看，在向以价格型调控为主的转型过程中，货币政策仍不得不在一定程度上依靠数量调控手段，同时加强宏观审慎政策，以确保金融稳定和产出物价等平稳发展。但要充分认识到，过度依赖数量调控方式将降低利率传导效率和货币政策调控效果（马骏和王红林，2014），过多使用一些结构性工具也不利于经济转型。为适应经济高质量发展的政策要求，必须加快推进货币政策向以价格型调控为主转型。

从服务实体经济出发，必须推动金融市场支持创新发展。只有金融市场形成比较完备的资本投资机制以及相配套的中介服务体系，才有可能加速科技创新成果向现实生产力的转化，推动科技创新创业企业从无到有、从小到大，进而增强经济活力，形成新的经济增长点。

普惠金融要平衡好创新和监管的关系。近年来，我们把利用数字技术作为推动普惠金融发展的政策着力点。未来，在坚决打击非法金融活动、加强数据安全和个人隐私保护、加强消费者保护制度以及补齐监管短板的同时，还需更好地处理金融与财政的关系，避免金融承担财政职能。完善普惠金融改革方案设计，防止改革效果与初衷南辕北辙。

发展绿色金融。发展绿色金融的基本逻辑和思路是通过市场化的手段将生态环境影响的外部性内生化，以减少污染性经济活动。从政策角度看，明确"绿色"标准是前提，推动可持续发展是关键，探索绿色金融创新是重点，顶层设计与基层探索相结合是方法，切实防范风险是底线。下一步，需要鼓励绿色金融产品创新发展，开发碳金融等市场化产品，推动行业环境风险压力测试，为绿色投融资提供环境风险量化工具，鼓励和支持有条件的地方通过专业化绿色担保机制、设立绿色发展基金等手段，撬动更多的社会资本投资于绿色产业。此外，要发展绿色指数及相关产品，推动强制性绿色保险制度、建立强制性环境信息披露制度。当然建立全国统一的碳配额交易市场和碳抵消市场是关键。

二、金融体系及其功能应内嵌于国家治理体系现代化

（一）经济金融全球化环境下的国际竞争本质上是制度的竞争

在经济金融全球化、开放程度不断扩大的环境下，资本和劳动力的流动性大幅提高，体制机制更完善的国家能更好地吸引资本和人才，实现生产要素的积聚，把握竞争优势。制度的竞争力体现在活力、效率和弹性上：活力即能否最大限度地调动和发挥微观主体的积极性；效率即社会资源能否得到科学合理的配置；弹性即抵御冲击、自我修复的能力。

金融是实体经济的"血脉"，金融制度的竞争力在相当大程度上决定了经济制度的竞争力。金融治理是国家治理体系的重要组成部分，应包括市场化的利率、有弹性的汇率、完备的多层次金融市场体系、治理机制与风控机制完善的金融机构、专业稳健且传导有效的金融调控体系，以及有力有效的金融监管体系等多个方面。

金融与实体经济互为镜像，我国当前实体经济存在的突出问题和挑战，既是经济运行中长期内在矛盾的积累和暴露，也存在金融体系在国家治理体系中的重要功能没有充分发挥的原因。应坚持问题导向，针对性地发挥金融治理的作用。要更好地发挥金融治理在国家治理体系和治理能力现代化中的作用，关键是处理好以下几对关系：政府与市场的关系，财政与金融的关系，去杠杆与完善公司治理的关系，金融风险防范与治理机制完善的关系，人口老龄化、养老金可持续与资本市场的关系。

（二）政府与市场的关系

近年来，我国经济发展进入新常态，产能过剩、杠杆率高企等结构性矛盾日益显现。这些现象实际上是我国曾在一段时间过度迷信凯恩斯主义经济政策的结果：寄希望于通过积极的宏观调控刺激增长，通过增量扩张来消化存量矛盾，政府替代市场配置资源，阻碍了市场自主出清的过程，导致一些结构性矛盾固化并加剧。

第一，杠杆率高企是过度刺激激化结构矛盾的综合反映。杠杆率问题与短期刺激政策长期密切相关，在过度追求GDP的大环境下，国有企业和地方政府融资平台一味地扩张资产规模，没有及时补充资本金，甚至"明股实债"，过度透支政府信用，导致杠杆率不断攀升。

第二，"僵尸企业"是监管宽松和宏观调控疲弱的必然结果。过度宽松的货币政策会提供低利率条件，为"僵尸企业"的形成并维持生存提供了背景。金融监管宽松使银行在明知"僵尸企业"不具备偿贷能力的情况下仍然"供血"，是其持续存在的重要根源。除企业部门外，金融机构的市场化退出机制仍未建立，金融生态主体"优胜劣汰"的自然规则还没有完全形成，必然导致金融体系效率不断下降。在存款保险制度已经建立的情况下，应尽快探索建立起优胜劣汰的金融机构市场退出机制，强化金融机构公司治理的外部约束，促使其审慎稳健经营。

第三，过度刺激政策在固化结构矛盾的同时，也带来了效率下降和贫富差距扩大的问题。刺激政策一方面"挤出"民间投资，降低资源配置的效率，另一方面导致资产价格上涨，扩大贫富差距，违背共同富裕的目标。

（三）财政与金融的关系

财政与金融关系的制度安排是现代经济体系的核心制度之一。我国处于完善社会主义市场经济的转型期，财政与金融关系的失衡仍然存在，具体表现为以下几点。

第一，从资源配置实践看，政府在资源配置中比重上升与财政责任转嫁并存。我国地方政府融资模式在向"土地财政+隐性负债"模式转变，通过明股实债的 PPP 项目融资、政府引导基金和专项建设基金等方式规避对地方融资平台融资功能的限制，地方政府隐性债务风险攀升且高度不透明，财政风险可能直接转化为金融风险。

第二，从政策层面看，财政政策与货币政策之间的冲突仍然较多。经济结构调整本应"以财政政策为主和以货币政策为辅"，但我国货币政策不得不承担部分结构调整的职能，影响了宏观调控的总体效果。同时，国债的金融属性及其在金融市场运行和货币政策调控方面的重要作用被忽略，导致国债收益率作为金融市场定价基准的作用无法充分发挥。

第三，从监管层面看，财政作为国有金融资产所有者，越位和缺位并存。在现行国有金融资产管理体制中，财政部既是股东，又是公共管理者，国有金融资产的"委托—代理"关系更多地体现为行政性的上下级关系，容易出现身份定位上的冲突和混乱。破解财政与金融失衡的体制根源，一是划清政府和市场的边界，推动财政与金融双归位；二是合理界定财政政策、货币政策各自的边界，加强财政政策与货币政策的协调，形成政策合力；三是厘清财政的股东职责与金融监管的边界。

（四）去杠杆与完善公司治理的关系

我国宏观杠杆率过高，表现为非金融企业部门债务率较高，尤其是地方政府融资平台和国有企业，实为政府隐性负债。其中国有企业高杠杆与国有企业公司治理不完善密切相关，体现在国有出资人实际缺位、缺乏有效的制衡机制以及信息披露不充分等多个维度。

落后的国有资本管理模式是我国有效公司治理和现代企业制度无法建立的根本原因。我国部分政府部门和监管机构对于公司治理制度框架的认识，很大程度上还停留在部门管辖、行业管理的较低层次，走的依然是行业主管部门全面管企业的老路，导致了诸多弊端。近年来，我国推行市场化债转股工作，本意是探索通过金融市场改善企业公司治理，但在实践中偏离了"债转股"的本质，改善企业公司治理的作用没有充分发挥。一是定位于降低财务成本而非改善公司治理。二是"明股实债"，银行仍然在企业公司治理中"置身事外"。这与"债转股"通过银行持股，改善公司治理，增强企业盈利能力的初衷南辕北辙。

彻底改善国有企业公司治理，必须充分发挥金融治理的作用。第一，鉴于我国以间接融资为主导的实际，短期内的可行选择是加强金融机构持股，参考日韩模式和莱茵河模式，允许银行适当持股并积极发挥股东作用。第二，探索职工持股计划。要充分吸取过去职工持股尝试的教训，让职工以真金白银的方式购买并持有企业股权，而不是采取直接分配的方式。第三，探索通过控股公司模式完善国有企业公司治理。建立"国资委—控股公司（国有资本投资运营公司）—国有企业"三层架构，取代"国资委—国有企业"两层管理结构，正确认识"坚持公有制为主体"与控股公司模式的关系。第四，可通过"双层安排"实现加强党的领导和完善公司治理的统一：第一层，把国有资本出资人身份与董事会职权结合起来，在实现党管国企所有权的同时解决好支持非公有制成分、鼓励民营、外商投资的关系；第二层，成立公司经营层面和面向基层干部、员工的党委，发挥党组织的政治核心作用。

（五）金融风险防范与治理机制完善的关系

我国金融风险整体可控，但在一些重点领域金融风险隐患较为突出，背后是金融治理机制的建设问题。一是地方政府债务。我国地方政府隐性债务风险突出，解决该问题的根本出路是理顺中央和地方的财税关系，建立地方政府融资市场化约束机制。二是居民部门杠杆。在我国居民部门的负债中相当大的一部分借贷是用于满足购房需求，居民杠杆率快速增长也反映出我国房地产市场的明显扭曲。因此应完善房地产市场健康发展的长效机制；同时，应完善资本市场，避免居民财富过度集中在房产上。

（六）人口老龄化、养老金可持续与资本市场的关系

人口老龄化是我国养老金可持续发展面临的一大挑战，如何有效引导养老储蓄对接长期投资，为居民提供有力的养老保障是养老金可持续发展的关键。近年来，我国养老金体系的缺陷不断暴露。一是个人账户空账导致事实上的"现收现付"制在当前条件下不可持续。二是养老体系"碎片化"，压力过度集中于第一支柱。三是养老金投资范围受限，在引导资金投向和资源配置中的重要作用没有得到充分发挥。四是全国统筹缴费的正向激励不足。

改革完善养老金体制，应充分认识养老金具有社会保障和金融中介的双重属性，重视资本市场的长期投融资功能。第一，做实个人养老账户。由现收现付转向基金累积，使账户产权更为清晰，实现"多缴多得"的正向激励。同时也应大力发展养老金的第二、三支柱，补齐短板。第二，划拨国有资本补充社保基金。首先，以国有资本补充社保基金，是偿还社保制度转轨的历史欠账。其次，社保基金持股国有企业并行使出资人职责，可探索以"基金所有"代表"全民所有"的新型公有制形式，改善国有企业公司治理。再次，继续实行地方统筹，并提高养老金的可携带性。最后，养老金投资运营要落实功能监管。

三、建设现代金融体系要遵循金融市场发展的一般规律

我国金融体系起步较晚，所面临的问题和挑战发达国家在

其发展过程中也曾面临过。因此，应充分借鉴国际经验，深入总结和把握金融发展的客观规律，明确现代金融体系建设的目标和路径，少走弯路，以充分利用后发优势。当然，在借鉴国际经验的同时，也一定要结合实际，建设中国特色的现代金融体系。

（一）正确认识金融业综合经营趋势

我国近一段时间以来推进金融监管体制改革，就是在构建与综合经营发展趋势相适应的金融监管体制。

第一，综合经营既是经济全球化发展的必然趋势，也是金融自由化、市场化发展的必然要求。主要发达经济体均已确立了金融业综合经营的发展方向，因为金融业综合经营已成为实体经济和金融发展的内在需求。一是企业金融服务需求日趋综合化、多元化，综合经营有助于服务实体经济的发展需求。二是综合经营有效连接融合各金融市场、金融业态，最大化协同效应，是金融业提高自身竞争力的必然选择。

第二，综合经营本身不会放大风险，监管的不适应才是风险之源。一是综合经营将"鸡蛋放进多个篮子"，有利于金融机构分散、降低风险，但也给跨行业金融监管带来挑战。二是次贷危机的风险根源不是综合经营，而是落后的碎片化监管。

第三，限制综合经营不可能消除风险，只会产生新的风险。金融机构在其从事的任何业务上都可能选择更高的风险，监管应重点关注如何降低风险动机，而不是忙于设置市场壁垒。

（二）中央银行与金融监管不可分离

2008年全球金融危机重创了有效市场假说和央行单一目标制的理论基础。央行只管通胀是不够的，不管金融稳定是不行的。随着金融监管引入宏观审慎管理理念，金融稳定也重回中央银行核心目标，中央银行在宏观审慎管理和系统性风险防范中的核心作用逐步确立。

第一，中央银行货币调控离不开金融监管政策的协调配合。央行调控外在货币，而监管政策直接作用于金融机构，权威性强、传导速度快，具有引发内在货币剧烈调整的威力，在很大程度上决定了货币政策传导的有效性。

第二，中央银行履行金融稳定职能需要获得相关金融监管信息。明斯基将融资分为三类：套期保值型、投机型和庞氏骗局。一个稳定的金融系统必然以套期保值型融资为主，央行作为最后贷款人，必然需要在法律上、管理上具备引导社会融资形成以套期保值融资为主的结构的能力，而这种能力必然建立在中央银行了解金融体系中各类型的融资及其相关风险的监管信息的基础上。

第三，中央银行行使最后贷款人职能开展危机救助需要金融监管政策的协调配合。巴杰特法则要求中央银行在流动性危机发生时采取迅速果断的行动，防止系统性风险的蔓延，同时遵守向面临流动性困难而非财务困难的银行提供流动性支持的原则，防范道德风险。如果不参与事前事中监管，且监管信息无法有效共享，中央银行就很难清楚掌握银行的资产状况，因而难以做出准确的救助决定，降低了救助效率。

（三）监管体系必须激励相容

第一，监管目标应清晰明确，解决好发展与监管的矛盾。在金融监管领域，我国的金融监管者往往也直接承担发展职能，在监管与发展的二元目标的激励下，监管者会自然地倾向于成绩，即更容易观测的发展目标，而相对忽视质量，即不易观测的监管目标。

第二，监管权责应对等。监管者可能出于个人利益的考量而偏离公共利益目标，导致监管失灵。激励相容的监管体制就是要通过合理的监管分工、严格的问责惩戒、薪酬等正面激励抑制监管者偏离公共利益的冲动，将监管者的行为统一到金融监管的整体目标上来。监管分工方面，如果分工出现权力和责任不匹配，就会导致监管机构严重的激励扭曲，有权无责往往权力滥用，有责无权则监管目标无法实现。问责机制方面，要基于监管失误对监管者施加惩戒，强化其监管激励。

第三，监管政策应公开透明。监管的自由裁量权应与监管机构的独立性相匹配：对独立性较强、能将公共利益内化为自身目标的监管者，可以被赋予更多的相机监管的权力；而对于独立性较弱、受政治压力及利益集团影响较大的监管者，则应当采取基于规则的监管制度，减少相机决策，增加政策透明度，这也是《巴塞尔协议》等国际监管规则的理论基础。

四、建设现代金融体系的关键在于建设现代金融市场体系

发达的金融市场是现代金融体系的鲜明特征。作为世界第二

大经济体,一个日益接近世界舞台中央的发展中大国,我国应基于自身新的发展阶段、发展趋势和国际地位,充分认识金融市场的重要性。

建设现代金融市场体系势在必行。一是实现金融体系对标高质量发展的必然要求。二是贯彻新发展理念的必然要求,新发展理念以创新为首,而创新发展以发达的金融市场为有力支撑。三是"去杠杆"的必然要求,从源头上降低债务率的关键是发展金融市场,通过大力发展股权融资补充实体经济资本金。四是货币政策由以数量型调控为主向以价格型调控为主转变的必然要求。五是金融业对外开放的必然要求,只有金融市场自身过硬,才能充分实现扩大开放所带来的福利改善、效率改进、竞争力提升等积极影响。六是有弹性的人民币汇率需要具有广度和深度的外汇市场。七是人民币国际地位的提升也急需金融市场的快速发展。

随着金融监管体制改革的推进、金融业进一步对外开放,我国金融市场的结构将发生重大变化,建设现代金融体系以建立规则统一、信息透明、具有深度和广度的多层次现代金融市场体系作为突破口,有利于妥善处理政府与市场的关系,财政与金融的关系,去杠杆与完善公司治理的关系,金融风险防范与治理机制完善的关系,人口老龄化、养老金可持续与资本市场的关系,以此为纲,可提纲挈领、纲举目张,带动金融改革全面深化。

第八章
防范金融风险

提升金融监管效能 *

一、中国金融监管架构的演变与发展

改革开放以来,中国金融监管的主体架构经历了由中国人民银行统一综合监管到"一行三会"的分业监管,再到目前的"一委一行两会"的改革发展过程。

20世纪90年代之前,中国金融机构和金融业务形式相对简单,中国人民银行统一监管是这段时期金融监管的主要特征。1990年之后,随着金融机构种类多样化和金融业务品种多元化,证券市场、保险市场快速发展,分业经营格局基本形成,原有的监管体制已经不适应新的金融格局和加强金融管理的要求。1992年10月,国务院证券委员会和证券监督管理委员会成立,负责股票的上市发行和监管。1998年,证券委员会并入证券监督管理

---

* 本文为中国金融四十人论坛课题《提升金融监管效能》的部分成果(经作者修改补充),课题负责人黄益平系中国金融四十人论坛成员、北京大学国家发展研究院副院长、北京大学数字金融研究中心主任。

委员会，中国人民银行的证券监管权全部移交证监会。1998年11月，国务院决定成立中国保险监督管理委员会，以监管中国保险市场运行。2003年4月，中国银行业监督管理委员会成立，统一监管商业银行、金融资产管理公司、信托投资公司和其他储蓄类金融机构。中国人民银行除保留监管政策制定参与权外，专职负责货币政策的制定与实施。至此，以"一行三会"及其分支机构为主体的监管体系形成。

2002年起，中国金融机构由分业经营走向混业经营，原有的机构监管模式越来越不能适应现实。为加强监管协调，同时尽快补齐监管短板，2017年7月，国务院金融稳定发展委员会（以下简称"金融委"）成立。2018年3月，《国务院机构改革方案》决定将银监会、保监会合并以组建银保监会，"一委一行两会"主体架构形成。2023年3月，全国两会期间，进一步推动了监管架构改革。主要内容包括以下几点。一是在银保监会基础上成立国家金融监督管理总局，将金融控股公司的监管职能划入国家金融监督管理总局。保留证监会，将企业债的发行职能划入证监会。二是加强行为监管，将央行和银保监会的消费者保护，以及证监会的投资者保护职能，划入新成立的国家金融监督管理总局。三是进一步明确地方金融监管机构的监管职能，将发展任务分离出去。在金融科技快速发展，新的金融形式不断出现的形势下，客观上要求金融监管体制主动适应金融业务形态发展。继续推进监管体系改革，也是防范化解金融风险、提升金融治理水平的内在要求。

二、近期系统性金融风险虽可管控但应时刻警惕

近几年,我国金融稳定的局面开始出现变化。2015年起发生了一连串金融风险事件,股市急剧下挫、货币面临贬值、P2P爆雷、房市暴冷暴热、杠杆率居高不下、互联网金融风险频发、影子银行快速扩张等,金融风险事件似乎已经变成经济生活的常态,不停地在不同部门之间游走。

金融稳定形势发生变化,跟经济快速增长与政府隐性担保两大支柱发生改变有关。2010年起,中国GDP增速持续回落,随之而来的是微观层面资产负债表的恶化,金融风险上升在所难免。全球金融危机爆发以来,中国"僵尸企业"比例出现明显反弹,既影响资源利用效率和企业去杠杆,也影响金融风险的化解。同时,宏观经济形势的变化明显限制了政策担保或兜底的能力,放大了系统性风险。

全球金融危机发生以来,宏观经济面临的主要风险被描述为"风险性三角",即杠杆率大幅上升、生产率明显下降和政府宏观经济政策空间收窄。我国自金融危机爆发,尤其是2012年经济下行以来面临的"风险性三角"问题更为突出。2008年后,我国全要素生产率增长明显下降,甚至出现负增长。从财政政策看,历经前期多轮刺激,地方债务风险凸显,大规模集中基建、增加基建债务的余地并不大。货币政策方面,截至2020年12月末,M2(广义货币)余额218.68万亿元,为世界之最,M2与GDP之比在世界主要经济体中位列第二。市场流动性过剩导致杠杆率快速

上升，货币供给扩张对经济拉动的效果逐步下降。如果政府通过大规模刺激追求高速增长，将很可能造成更严重的金融风险。

经济减速与转型、流动性充裕与高杠杆和金融抑制高与金融监管弱三大因素交互作用，推高了我国系统性金融风险水平。经济的换挡、结构转型和新旧动能转换造成平均投资回报下降和微观层面的资产负债表恶化，使金融风险上升。我国金融体系由银行主导的特点决定了杠杆率较高，金融市场存在政府隐性担保的特点则决定了债务困难的解决方式往往是放松货币政策，增加流动性。这种高杠杆率容易因期限错配和基础资产收益波动，引发金融不稳定。

目前，我国的金融体系既存在管制过多的问题，也存在监管不足甚至缺失的问题。过去几年快速发展但乱象丛生的影子银行和互联网金融，其实就是正规金融部门金融抑制程度高的后果之一。与此同时，当前分业监管的框架已经明显脱离具有混业经营趋势的金融市场现实，不但各部门之间的政策缺乏协调，而且形成了监管空白地带，一些创新性的金融业态没有受到及时有效的监管。

三、金融监管难以有效管控金融风险的原因

第一，机构监管的架构在新兴业务和交叉业务领域易出现监管空白，导致这些领域监管缺失。机构监管框架下，监管主体按照机构属性划分监管对象，对于开展新型业务和交叉业务的机

构，往往存在监管空白，难以有效防范风险。在宏观审慎监管加强的情况下，金融机构更加倾向利用机构监管模式下的监管空白以及不同地区监管标准的差异进行监管套利，从事高风险溢价的金融业务，从而使宏观审慎政策难以实现逆周期监管的效果。有规不依、有法不依的现象仍然存在。而且宏观审慎政策刚刚开始建立，实施过程中难免会出现一些不是很顺畅的做法。

第二，监管机构缺乏必要的专业性、灵活性和决策权，易导致监管政策偏离金融稳定目标。金融监管的有效性取决于决策的专业性和政策的时效性。在现行监管体系下，货币政策和金融政策的最终决策权在国务院而非监管机构，经济形势的多变性更易导致监管政策错过发挥作用的最佳时间窗口期。此外，金融监管政策也会受到干扰，被用作宏观调控措施，偏离维护金融稳定的根本任务，甚至产生矛盾。

第三，缺乏独立有效的行为监管是我国当前金融监管架构的重要缺陷，常常导致金融消费者合法权益难以得到有效保护。宏观审慎监管以防范系统性风险为目的，行为监管以保护金融消费者合法权益为目的，中国的监管框架仍旧重审慎监管、轻行为监管，金融机构信息披露不真实、不充分、不及时的问题仍然十分严重，并且金融消费者的金融知识参差不齐，风险识别能力有限。金融产品供给方和消费者之间严重的信息不对称，再加上金融消费者对政府隐性担保的预期，放大了消费者的非理性投资行为，增加了金融体系的脆弱性。

实践中，金融监管者未能及时实施严格的行为监管措施，以平衡金融机构与金融消费者之间的利益，对金融消费者保护不足甚至缺失，难以有效纠正金融市场的失灵问题，从而出现监管失灵，金融消费者权益遭受大面积的侵害，这也是金融危机爆发的根源之一。

第四，金融创新与金融监管之间难以实现动态平衡，"运动式"监管易引起市场波动且难以保护合理的金融创新。当前我国的监管做法缺乏必要的灵活性，一旦一个行业或一类产品出现风险，监管机构往往倾向于采取"一刀切"式的监管。这种监管做法虽然能直接抑制风险，但代价巨大，一是产品市场甚至整个行业大幅萎缩甚至消失，二是容易引起市场剧烈震荡，三是难以保护合理的金融创新，使投资者遭受较大损失。此外，"一刀切"也无法从根本上解决监管有效性低下的问题。

第五，地方金融监管缺乏能动性与有效性，央地监管协调困难以及缺乏必要的监管权限和手段是主要原因。调研发现，地方金融监管有效性偏低的主要原因在于：一是中央与地方金融监管机构，以及地方监管相关部门之间缺乏制度性长效协调机制，难以形成监管合力；二是地方金融监管机构的监管职责缺乏法律依据，权责分离导致事前风险防范不足和事后处置效率低下；三是地方金融监管机构无行政执法权，加上监管能力有限，难以切实有效履行监管地方类金融机构的职责；四是地方金融监管机构兼具发展与监管职能，职责定位不清晰，地方类金融组织的机构监管模式导致职能分散与监管界限模糊。

四、全球金融危机后金融监管改革的新进展

（一）重视功能监管，避免监管空白和监管漏洞

按照监管原则和模式，金融监管可分为机构监管和功能监管。机构监管按照"谁发牌照谁监管"的原则，监管机构以金融机构的法律性质或注册类型为基础确定监管对象。功能监管则是以金融机构所从事的金融业务性质（如银行、证券、保险等业务）明确监管机构，每种类型的金融业务都有对应的功能监管机构。

分业经营的情况下，机构监管的模式能有效地按照金融机构的类型进行监管，监管成本较小且有效性较高。综合经营的趋势下，功能监管的概念开始受到关注。功能监管模式下，不同类型的金融机构开展相同性质的金融业务，将面临相同的监管标准，从而有利于促进市场公平和良性竞争。需要明确的是，功能监管模式，是对业务统一规制的监管，是对金融机构开办某类业务的监管，并非与机构监管对立。

为有效避免监管空白，无论是已经走向"双峰"监管的英国，还是坚持综合监管的新加坡，甚至是仍然采取机构监管的美国和中国香港，在监管实践上已经开始采取功能监管的理念，以减少监管漏洞。

（二）重视宏观审慎监管，注重防范系统性金融风险

2008年全球金融危机爆发前，国际主流的监管理念是微观审

慎监管，认为单个金融机构自身资本充足就可以抵御其他金融机构倒闭所引发的风险。但金融危机的爆发破除了这种理念。2008年全球金融危机爆发后，各主要发达国家均对自身的监管体系和监管理念进行了反思，更加突出宏观审慎监管的重要性。宏观审慎监管的核心是针对金融市场的顺周期性，对金融体系进行逆周期调节，从而防范由顺周期波动和跨部门风险传染引发的系统性金融风险。同时，确定具有系统重要性的金融机构，并设置更为严格的风险控制标准，以降低外部冲击或内部风险对整个金融体系的冲击。

作为危机后国际金融监管改革的核心内容，国际社会在加强宏观审慎监管方面已取得了一些积极进展，并在宏观审慎政策运用方面初步形成了可实施的操作框架。

（三）设立新的更加严格的微观审慎监管标准，增强金融体系的微观基础

微观审慎监管实行以"风险为本"的单个机构监管。目前，国际上通行的"骆驼"评级体系，是分析金融机构运营是否健康可持续的基础框架。

2008年全球金融危机后，国际社会在提高金融机构资本金要求和强化内部治理等方面加强了微观审慎监管。《巴塞尔协议Ⅲ》明确了新的资本充足率、杠杆率和流动性等监管标准，促使银行减少高风险业务。金融危机前，不合理的薪酬机制成为金融机构公司治理的薄弱环节。鉴于此，金融稳定理事会和欧盟等分别推

出了规范金融机构经理人及管理人员的薪酬制度，以防止金融机构经理人为追求短期高额利润而从事高风险业务的不当激励。

（四）重视相对独立的行为监管，加强对金融消费者合法权益的保护

行为监管是金融监管机构对金融机构的经营行为进行监督管理，通过制定有关信息保护、避免误导欺诈、公平交易、争端解决等规定，保护金融消费者的合法权益。实践中，相对于审慎监管，行为监管的重视程度往往不够。对金融机构行为监管的缺失，也是美国次贷危机爆发的重要原因。而采用"双峰"监管模式的国家，其金融体系在危机期间以及之后较为稳健的表现，引起了越来越多国家监管机构的关注。英国、美国等西方主要国家开始改革原有的金融监管体系，加强行为监管和对金融消费者的保护。此外，金融稳定委员会、二十国集团、世界银行等组织和机构也纷纷推出指导性意见，强调相对独立的行为监管的重要性。

（五）实行"双峰"监管模式的国家，其金融体系在危机期间更加稳健

从机构设置的角度，金融监管可分为机构监管、综合监管和"双峰"监管。2008年全球金融危机期间，澳大利亚和荷兰的金融体系表现得更为稳健，并且危机之后恢复较为迅速，在很大程度上得益于审慎监管和行为监管既相互独立又相互补充的"双

峰"监管模式。因此，英国在 2008 年全球金融危机后，决定继续推进金融监管改革，并于 2013 年 4 月正式走向"双峰"监管。目前，西班牙、意大利和法国也在积极考虑采取"双峰"监管模式。

五、提高我国金融监管效能的政策建议

提高金融监管的效能，防范和化解系统性金融风险，维护金融体系稳定是一项系统工程，应坚持顺应市场、统筹政策、夯实监管、支持创新的原则。具体的政策建议包括以下几点。

第一，加快金融监管的立法和制度建设，明确监管目标与职责，合理区分监管与宏观调控、监管与经济发展、监管与金融行业发展。

我国的金融监管效能不高，既有"该管的没管好"的问题，也有"不该管的管了不少"的现象。提高金融监管的效能要从三个环节同时着手，一是明确监管政策目标，将金融活动全面纳入监管；二是赋予监管部门必要的决策与执行权力；三是建立监管问责制度。

建议完善金融监管立法和制度建设，考虑在制定"金融稳定法"时，将监管部门支持金融部门发展的责任移交出去，并明确行为监管的标准与方法。监管政策的目标应该明确为保障公平竞争、保护金融消费者利益和维持金融稳定。监管需要配合宏观调控的需要，但一般不宜因临时的宏观调控而改变。监管政策对金融机构支持国家产业发展战略的配合，需坚守监管的初衷，不能

放弃基本的金融安全要求。建议，凡是国家产业发展战略明确要淘汰和抑制的行业和产业，应该制定明确的限制，甚至禁止金融支持的政策；凡是符合国家产业发展战略、需要重点发展的领域，一般应运用市场化引导性政策，尽可能少用"三个不低于"一类的行政命令性政策。

金融监管部门不应承担相关金融行业发展责任，不能为了行业加快发展而调整或放松监管政策。我国保险行业、信托行业的集中风险就是前车之鉴。

第二，提高微观审慎监管标准，加强对金融机构日常业务经营常规化、动态化监管。目前监管部门对金融机构业务的监管是以指标监管和事后监管为主。一般来说，监管部门在金融机构突破监管指标后的介入无法起到防范风险的作用。因此，需要对金融机构日常业务经营进行常规化、动态化的监管。这样的监管，更多的是针对发现的异常情况与被监管机构进行及时的、专业的沟通，以便充分了解一些业务创新、业务变化，对正常的业务创新和变化做到心中有数，针对一些疑问与机构进行探讨，对可能的风险及时加以制止。

金融机构在执行监管指标时，会根据自身情况制定相对严于监管的指标，并自设一些管理指标，监管部门应依据这些指标体系进行询问和监管。监管机构也应该不定期地走访一些企业，以了解企业真实杠杆及多头融资情况，进而评估其对银行及金融市场的潜在影响，同时也能更好地评估相关银行经营的审慎性水平。

第三，建立监管问责制度，加强监管政策的落地与执行，明

第八章 防范金融风险

确依法取缔非法金融活动（无牌经营金融业务）的部门和程序。一是应建立监管问责制度，要求监管部门对因监管缺失产生的金融风险承担相应责任；二是监管政策应确保落地并严格执行；三是监管政策应随市场情况做出动态调整，且政策调整需要精细化。

目前，由哪个部门依照什么程序依法取缔非法金融活动尚无明确的规定。只有当出现风险或发生群体事件时，才会由政府出面，组织多部门进行处置，并定性为非法经营进入法律程序。因此，应尽快明确依法取缔非法金融活动的牵头部门和程序。建议由相关业务监管部门作为非法金融活动认定和依法取缔的牵头执法部门，进入程序后，其他部门如工商、公安、法院完成相关法律程序。

第四，进一步完善"双支柱"宏观调控框架，明确宏观审慎政策的职责边界和权责划分，不断丰富宏观审慎政策工具箱。在"双支柱"的框架下，货币政策专司币值稳定，而宏观审慎政策则负责金融稳定，两者共同支持经济与金融的稳定。为了保证货币与宏观审慎政策决策机制之间既独立又合作的关系，建议明确宏观审慎监管的主要任务为检测与评估系统性金融风险，在此基础上不断丰富与完善宏观审慎政策工具箱。

我国"双支柱"调控框架仍然处于起步阶段，尚需进一步丰富和完善：一是强化货币政策与宏观审慎政策的协调配合；二是建立完善的金融风险监测预警体系；三是转变政策工具的"行政性"，将来应该考虑引进一些类似准备金、托宾税和负债率等更加"市场化"的政策工具。与此同时，也可以考虑继续保留对一些容易形成大进大出的短期跨境资本流动的管制。

第五，统一地方金融监管的标准与政策，明确地方金融监管的权责匹配，加强中央与地方、地方各级之间的监管协调。应制定和执行全国统一的地方金融监管标准和政策，一是因为各地监管能力差异很大；二是政策差异容易导致监管套利；三是一些地方政府缺乏承担地方金融风险全部责任的能力，中央政府仍然需要分担相当的责任。

具体可考虑以下几点。一是加强国家层面的立法。建议尽快出台"地方金融监管法"，在坚持金融监管中央事权的基础上，以立法形式规定地方金融监管机构的监管事项、责任、执法权力，确保地方监管执法有据。二是制定统一的经营规则和监管规则。应尽快明确区域性股权市场、辖区内投资公司、社会众筹机构、地方各类交易所等的经营和监管规则，建议由证监会统一制定。三是压实地方政府责任，明确将发展职能从地方金融监管中分离出来。

第六，大幅增加对人员编制、业务经费与技术能力等方面的金融监管资源的投入，加强监管能力；同时利用数字技术等手段为监管赋能，以监管创新应对业务创新。目前，中央和地方的金融监管机构，在人员编制、业务经费、技术能力等各方面，都难以对新机构、新业务以及新产品进行适时有效的监管，因此有必要加大资源投入力度。

建议监管机构借鉴"监管沙盒"的做法，在将市场机构与金融科技相关的新产品和新业务的风险控制在一定范围的基础上，鼓励金融机构开展提高金融效率、增加金融有效供给的创新。同时，建议监管机构积极利用数字技术以促进监管创新，提高监管有效性。

第七，央行、监管机构与财政部门应共同构建国家金融安全网，更多依靠市场方式取代政府的隐性担保，防范与化解系统性金融风险。一个完整的国家金融安全网应该包括如下五方面内容：一是微观审慎与行为监管确保个体层面的稳定与公平；二是宏观审慎管理缓解甚至避免系统性风险的积累；三是央行发挥最终贷款人的功能，确保市场流动性的充裕；四是市场化的机制，如存款保险制度处置风险；五是央行与财政相互配合，以应对系统性金融风险。

可以预期的是，如果发生金融风险，责任主要还是会落在央行与财政的肩上。政府可考虑用财政资金设立"金融风险处置基金"，在出现可能引发系统性金融风险的资本金短缺时维持局面。更重要的是，该基金的设置有助于提升机构与市场对未来的信心。有了信心，也许最终并不真正需要动用大量的资金稳定金融。

第八，在机构监管模式中应重视功能监管对提升监管效能的作用；借鉴"双峰"监管模式的经验，长期可考虑逐步确立审慎监管与行为监管适当分离的监管架构。金融机构提供的金融产品的种类和服务的范围在不断变化，金融机构与市场之间的边界也逐渐开始交叉，传统的机构监管者会面临监管重叠和监管空白共存的尴尬局面。功能监管的含义是，只要不同类型的金融机构开展相同性质的金融业务，均面临相同的监管标准和监管主体，这样不仅会有效减少监管缺失，还有利于促进市场公平和良性竞争。

研究表明，采取"双峰"监管模式国家的金融体系更加稳健。审慎监管的职能如"医生"，重点在于审查金融机构运行是否健康稳健；而行为监管的职能如"警察"，重点在于规范金融机构的行为，纠正金融机构的不当与违规行为。审慎监管与行为监管应在相互配合的基础上各司其职，从而保证金融机构既健康运行，又行为得当，从而提升整个金融监管体系的稳定性。

因此，功能监管，以及审慎监管和行为监管适当分设的"双峰"监管架构，可作为我国金融监管的改革方向。建议监管机构的监管理念由"谁发牌照谁监管"转向"将所有金融业务都纳入监管"，实行以业务性质划定监管主体的功能监管。建议在国家金融监督管理总局下设审慎监管局和行为监管局，审慎监管局专门负责对金融机构的微观审慎监管，行为监管局专门负责对金融消费者、投资者的合法权益保护，从而形成金融委统一领导下的准"双峰"金融监管框架；金融委负责加强政策沟通协调，实现信息、数据共享；中国人民银行负责制定和执行货币政策，并对整个金融体系实施宏观审慎监管；审慎监管局和证监会以金融业务为基础实施微观审慎监管；行为监管局负责金融机构的行为监管，在加强对金融机构交叉性金融产品和服务的信息披露、产品定价及产品出售等行为监管的基础上，改善消费者金融基础知识普及情况、提高消费者对金融产品和金融交易的理解，并更多发挥市场机制作用，提高金融消费者风险承担意识和能力。

第八章 防范金融风险

金融稳定立法的目标定位和关键要素 *

一、制定"金融稳定促进法"的现实考虑

金融稳定与否事关金融基本功能的发挥，事关金融运行的方方面面。虽然就目前看，落实处置金融风险的资金来源，是建立合理高效、相互制衡的金融风险处置机制的矛盾焦点。但长远看，具有前瞻性的事前防范机制比风险处置、事后救助对金融稳定更加重要。因此，金融稳定立法应为"金融稳定促进法"。

金融稳定体现为金融中介促进资源配置功能的顺畅实现，通过有效的金融资产配置结构，服务于实体经济发展的根本目标。"金融稳定促进法"应促进金融体系处于能够正常发挥关键功能的状态：一是宏观经济健康运行，货币财政调控政策稳健有效；二是金融的资金媒介功能持续有效发挥，有效传导价格信号、促

---

* 本文为中国金融四十人论坛课题报告《制定〈金融稳定促进法〉研究》的部分成果。课题负责人王毅系中国金融四十人论坛成员、中国光大集团副总经理。

进资源优化配置；三是金融体系自身可以承受内部波动和外部冲击，解决金融失衡问题，整体上实现平稳运行。

在金融稳定和风险处置中不得不考虑三个基本环境：一是金融作为中央事权，在单一制国家很容易形成"有风险找中央"的兜底思维；二是国有金融资产在全部金融企业中占70%以上，"有困难找政府"的父爱主义很难避免；三是动用公共资源救助有风险的民营金融机构，往往会陷入"亏了国家、肥了个人"的两难境地。

制定"金融稳定促进法"，重点是要解决本轮金融风险处置中暴露出的体制机制和规则不足的缺陷：第一，市场出清机制不畅；第二，部门职能划分不清；第三，花钱买平安，买单机制不明；第四，央地关系权责不匹配；第五，监管"牌照信仰"；第六，公司治理架构无效；第七，追责问责机制缺失。

过去30多年金融风险处置有成功之处：一是坚持制度先行，优化顶层设计，政府主导风险处置；二是实行风险隔离，使金融机构能轻装上阵；三是重视补充资本，夯实机构经营实力；四是健全公司治理，强化市场纪律的自我约束；五是依法严厉查处违法违规机构和责任人，严肃市场地位；六是风险处置与深化金融改革相结合，花了学费买来教训，不断拾遗补阙完善金融制度。

也存在值得吸取的教训：一是存在政府过度参与，扭曲了市场机制；二是没有从根本上建立一套规范的风险处置机制，没有形成一套相互监督和约束的部门职责安排；三是对金融机构和金融市场过度保护，容易引发道德风险；四是侵蚀了公共利益，透支了未来公共资源；五是透明度不足，间接导致了金融乱象的重复演变。有必要指出的是，过去中国经济持续高速增长掩盖了风险处置模式的弊端，这也彰显出当下和今后金融风险处置的困难。

制定"金融稳定促进法"可以借鉴次贷危机中美国问题资产救助计划（TARP）的实践，以及国际金融稳定制度建设的经验：构建全面的金融稳定框架；金融安全网逐步拓展至宏观审慎和行为监管维度；监管理念逐步从机构监管向功能监管转变，将影子银行体系纳入审慎监管；强化系统重要性机构监管；重视消费者权益保护。

二、金融稳定立法的基本框架与要素

制定"金融稳定促进法"应遵循以下原则：一是坚持市场化、法治化；二是协同高效，相互监督；三是机制畅通，反应敏捷；四是权责清晰，奖罚分明；五是系统完备、重点兼顾。

金融稳定立法的基本框架与要素应该包括以下八个方面。

第一，在金融监管体系建设上，应坚持分业经营与分业监管，可考虑赋予中国人民银行监管纠偏权力；强化机构分业监管下的功能监管；明确金融稳定决策机构职责，赋予其拟订金融规则制定权、重大事项决策权和问责追责权。

第二，公司治理层面，把加强党的领导和完善公司治理统一起来；强化对大股东约束，确保全体股东平等待遇；董事会对有效实施风险管控负有最终责任；规范金融机构信息披露，加大惩处力度；激励与约束并举，建立稳健的薪酬体系；充分发挥金融机构外部治理机制的监督作用。

第三，在消费者权益保护上，建立金融消费者权益保护统一机制，严格信息披露要求，强化侵犯金融消费者权益行为的惩处机制，加强金融消费者教育，提高监管对金融创新的反应速度，建立救济制度和非诉机制。

第四，在金融稳定监测、预警与风险处置方面，构建信息沟通和协作机制，建设预警机制，开展压力测试，完善金融风险事前、事中和事后处置全链条工作。

第五，金融稳定立法应明确风险损失分摊的基本原则，设立严格的救助启动条件，制定清晰的动用程序，强化资金动用的法律约束。要坚持在明确股东责任、用足自身资源之外，用好市场救助机制，引入共同基金、穷尽地方政府资源、动用中央政府资源的救助逻辑。

第六，在动用公共资金处置问题金融机构风险时，应遵循"成本最小化"和"系统性风险例外"原则。应明确股东出清、行业性资金救助、央行流动性救助、央行专项再贷款救助、地方可动用资源、中央财政兜底的资金动用顺序。

第七，夯实金融稳定基础支撑和保障，包括优化信用环境、信息整合与共享、监管能力建设，发挥好第三方中介机构的作用。

第八，对于问责追责和处罚，应该建立独立的第三方金融监管规则合理性评估、金融监管绩效评价和金融风险检讨机制，完善金融机构的内部问责机制及股东行为约束机制，建立金融从业人员追责制度，健全对金融监管机构的问责体系，明确地方政府属地责任。加大金融违法处罚力度。

三、金融稳定立法中需要处理的八个重要关系

制定统一有序、高效权威的"金融稳定促进法"，关键要厘清几个重要关系，协同部门利益。

第一，创新、效率与金融稳定。金融稳定立法要安全和发展并重，平衡好金融安全与金融效率、资源保障与道德风险的关系，为真正的金融创新提供正向激励。衡量金融创新真实与否的基本标准在于，是否有利于效率的提升，是否风险可识可控，是否能被有效监管。

第二，金融稳定与中央银行的关系。央行作为最后贷款人能够为市场提供流动性支持，但应在确保其他手段均不能奏效的情况下付诸实施。央行的核心角色应重在"预防"而非事后"救助"，发挥宏观审慎管理、信息整合、基础设施稳健职责，而非充当"救火队长"的角色，更不宜让市场产生央行兜底预期。

第三，金融稳定与监管机构的关系。金融稳定制度规定分散在多部门，应健全顶层设计，实现宏观审慎管理与微观审慎监管的对应和补充，淡化监管的行业发展职能。设置"监管"与"接管"的防火墙，做好监管效能评估，开展有效的监管问责。

第四，中央银行与金融监管的关系。应强化行业监管职能、功能监管职能，健全资源配置市场化、金融机构退出与恢复、消费者保护等机制。明确央行在行业监管纠偏、央地协调监管、信息共享等协作机制中的主导地位。

第五，金融稳定与财政的关系。财政部门既履行出资人职责，又是金融风险最终救助成本的实际承担者，同时作为"最后买单人"负有保障公共资源安全的职责，应参与风险救助全过程，在金融稳定机制中发挥制衡约束作用。

第六，中央与地方的关系。金融监管主要是中央事权，地方金融监管是有效补充。应建立中央和地方金融监管协调机制，厘清风险处置中中央与地方的职责，压实地方政府风险处置属地责任，建立地方向中央求助机制，严格规范求助标准与程序。

第七，金融稳定与透明度。金融稳定需要通过立法完善金融市场基本制度，增强金融机构运行、金融市场、金融监管、金融风险处置的透明度，大幅提高违法成本。

第八，金融稳定立法与其他法律的关系。金融稳定立法是对金融稳定工作的全局性顶层设计。金融稳定立法应建立统筹全局、体系完备的跨行业、跨部门金融稳定总体工作机制，构建防范、化解和处置金融风险的具体实施机制，做好与破产法的有效衔接。

四、金融稳定立法应突出解决的问题

第一，夯实金融稳定的基础支撑和信息保障，明确统一的金融基础数据信息系统整合职责，制度化开展金融稳定评估、监测、预警，否则风险防范无法未雨绸缪。

第二，明确金融风险处置资金的来源和使用规范，以及由此产生的资金日常管理问题。

第三，明确金融风险处置中股东、金融机构、监管当局和地方政府的职责，有效防范道德风险，提升风险处置效率。

资本项目开放和货币国际化的
国际经验及教训*

党的二十大报告提出，要推进高水平对外开放，稳步扩大规则、规制、管理、标准等制度型开放，有序推进人民币国际化。资本项目开放是高水平对外开放的核心内容之一，从国际经验看，资本项目开放亦与货币国际化密切相关。鉴于此，充分借鉴国际经验和教训，对我国把握历史机遇，落实二十大报告提出的宏伟目标，打造"双循环"的新发展格局有重要意义。

考虑到资本项目开放和货币国际化涉及的内涵广泛，而清晰的概念又是开展有效讨论的基础，本文首先对相关概念进行了梳理。其次分别总结了货币国际化、资本项目开放的国际经验教训。最后在分析我国开放现状的基础上，有针对性地、分阶段地提出了我国近中期进一步开放资本项目的路线图。

---

* 本文为中国金融四十人论坛课题《资本项目开放和货币国际化的国际经验教训》的部分成果。课题负责人朱隽系中国金融四十人论坛成员、丝路基金有限责任公司董事长、中国人民银行国际司原司长。

一、相关概念

（一）资本项目开放、资本流动管理和资本管制

国际上对资本项目开放并无明确、统一的要求。1995 年，国际货币基金组织认为，资本项目开放就是指解除对资本和金融项目下各类交易在市场准入、货币兑换和跨境汇出入等环节的限制。经济合作与发展组织在资本项目开放方面的权威来自《资本流动自由化通则》。对于短期资本流动，如货币市场交易、金融信贷、外汇交易等，成员方无须经过审批即可直接采取资本管制措施，但需根据透明度要求通报相关政策措施。对于其他类型的资本流动，如直接投资、房地产出售、资本市场证券交易等，成员方需先提出实施资本管制措施的申请，经经济合作与发展组织投资委员会批准后方可实施。

需要强调的是，资本项目开放并不代表对资本项目下的交易完全不进行管理。事实上，即使是那些公认的资本项目开放程度已达到很高水平的经济体，如美国、英国等，对跨境直接投资、不动产和证券市场等一些交易也会进行不同程度的限制。

（二）货币国际化和货币可自由使用

学界和国际机构对货币国际化并无统一的定义。总体来看，可以将货币国际化定义为一国货币走出国境，在国际贸易和金融交易中广泛发挥价值尺度、流通手段、储值手段和支付手段等职能的过程。其中被主要国家普遍纳入外汇储备的佼佼者则称为国

际储备货币。成为国际储备货币是人民币应有的目标。

从国际经验来看，一国资本项目开放并不意味着该国货币必然成为国际货币，但货币国际化的程度越高，对资本项目开放的要求也会越高。

二、货币国际化的国际经验和教训

从美元、德国马克、日元、新加坡元等货币国际化的经验看，各国在货币国际化的过程中因立场差异而采取了不同的政策措施。但总体看，其货币国际化的过程体现出以下几个规律。

（一）货币国际化进程是市场主导的，需遵循基本的市场规律，政府的政策难以改变货币国际化发展的根本趋势

当本币国际化条件已经具备时，政府的抑制政策无法阻挡市场力量对本币国际化的驱动。联邦德国在马克国际化初期试图限制马克的国际化，但效果有限，最终不得不顺势而为，解除限制性措施。

（二）政府可以在货币国际化进程中起到助推器、稳定器和润滑剂的作用，特别是可在投融资领域促进货币国际化进程

货币国际化初期，经济增速一般较快，经常项目往往存在顺差，本币自然呈现回流，因此，需要通过投融资活动向境外提供本币，形成境内境外市场联动和本币的循环。日本的"黑字环

流"是这方面的典型例子。"黑字环流"在加快对外投资发展、改善日本收支平衡等方面发挥了积极作用，同时还抓住了日本经济腾飞的重要时间窗口，推动了日元国际化水平提升。

（三）货币国际化需要利率和汇率实现市场化

市场化的利率是促进货币自由使用的制度基础，对于推动货币国际化至关重要。从美国利率市场化的经验来看，利率市场化与货币国际化是相互促进，协调发展的。特别是1986年美国利率完全市场化加快了金融体系的创新，使其进入高速发展阶段，为境内外投资者提供了更多成本低、安全性高、流动性强的美国金融工具，巩固了美元的国际地位。

从汇率的角度看，在信用本位制度下，浮动汇率制度是必然的选择。货币国际化伴随资金的自由流动，要求汇率更加市场化。回顾1975—1998年德国马克汇率变化与货币国际化，可以看到，在灵活汇率制度下，德国马克汇率有升有贬，实现了市场化，因此德国能有效应对外部冲击，推动其货币国际化进程。

（四）货币国际化要求建立发达和开放的金融市场

一个开放、成熟和具有相当深度的金融市场能够便利投资者投资特定货币计价的资产，从而提高此货币的国际化程度。同时，货币国际化需要金融基础设施作为支撑，深层次的金融市场拥有高度的流动性，外部网络优势的存在可以促进交易成本的降低。因此，发达的金融市场对于货币国际化而言是必不可少的。

回顾美元崛起和发展的历程，完善的金融市场是其确立全球主导货币地位不可或缺的要素。而日本金融市场备受管制，发展滞后，是日元国际化失败的重要因素。

（五）在货币国际化过程中，离岸市场需和在岸市场协调发展才能发挥其积极作用

从国际经验来看，在货币国际化的初期，一国的在岸金融市场往往开放程度有限、对跨境资金交易的限制较多，而离岸市场在税收、监管和金融基础设施等方面具有优势。这些优势会使离岸市场的参与者更加多元化、交易更加活跃，更有利于形成市场化的价格信号，可以对在岸金融市场的发展和开放起到引领作用。但依靠离岸市场的发展还无法有效支撑货币国际化。无论离岸市场如何发达，在岸金融市场始终是货币流动性供给的源头，国际投资者对该货币的信心从根本上也取决于在岸市场的稳健程度和发展程度。缺少成熟的在岸市场，离岸市场的发展也将变成无本之木。美国离岸金融业务的发展推动在岸市场的发展，两者的有效融合促使美元国际化。而日本离岸市场发展滞后，且与在岸市场难以协调，是日元国际化失败的原因之一。

三、资本项目开放的国际经验

回顾各国资本项目开放的进程，可以得出如下经验教训。

（一）在宏观经济稳健的情况下开放资本项目较易成功

如果被迫因宏观经济状况恶化而开放资本项目，需付出惨重代价。资本项目开放使得国际金融市场波动，容易对一国国内金融市场和实体经济造成影响。资本项目开放要取得成功，首先应维持稳定的宏观经济环境。美国、英国和法国等均是在宏观经济状况稳健的情况下主动开放资本账户的，由于开放条件较为成熟，发达经济体资本项目开放进程较为顺利，在开放过程中也得以防控风险。相反，由于宏观经济不稳健，阿根廷在20世纪70年代中期和90年代初两次资本项目开放尝试均遭遇失败，呈现出"资本项目开放—爆发危机—金融管制—走出危机—再次开放—重启管制"的螺旋形特征。

（二）成功开放资本项目要求一国建设一个稳健的金融体系

如果金融体系不稳健，资本项目开放后，国际金融市场价格的波动有可能通过汇率传导机制冲击银行和其他金融机构的清偿能力，还会动摇外国投资者信心，进一步加剧资本外流，引发危机。银行体系的脆弱性是导致土耳其和泰国资本项目开放失败的重要原因。

（三）完善的金融监管是开放资本项目的重要前提条件

资本项目开放要成功，离不开强有力的金融监管。在增强银行部门应对国际资本流动风险方面，监管当局加强对国际资本流动中相互关联风险的监管，制定合理的资本充足率标准，确保现场监督和非现场监督规范符合国际标准。此外，监管当局还应设立完善的存款保险框架、合理的危机应对和处置框架来增强金融体系应对资本流动逆转的能力。墨西哥就是金融审慎监管不到位造成危机爆发的典型案例。

（四）资本流动管理措施效力递减，治标不治本

从新兴市场经济体实施资本管制的效果看，资本管制属于临时性措施，具有以下特征：一是资本管制的政策成本很高。泰国 2006 年"控流入"的教训就是一个很好的例子。二是资本管制有"治标不治本"的特点，其效果随着时间推移递减，应该作为暂时性的措施使用。阿塞拜疆 2016 年采取的资本管制措施属于失败的例子，而乌克兰 2015 年采取的临时性外汇管制措施则比较成功。

（五）应重视衍生品市场分散和防范风险的作用

衍生品市场对促进金融市场整体发展、推动资本流动和支持经济增长都有积极的作用，从而能为资本项目开放创造更有利的条件。因此，全球主要发达国家一般都建立了较为成熟的衍生品市场。例如，自 20 世纪 70 年代开始，美国的衍生品市场就处于全球领先地位。伦敦于 1982 年就建立了金融期货交易所，日本也于 1985 年建立了债券期货市场。发达经济体高度认可衍生品在推动金融市场发展和防范缓解金融风险方面发挥的作用。

一些新兴市场经济体在衍生品市场发展过程中，由于市场深

度不够、宏观审慎管理不到位，反而引发了市场投机，导致金融市场风险加剧，最后甚至演变为危机。如，1997年亚洲金融危机、1998年俄罗斯危机、2001年阿根廷危机的背后，都不乏金融衍生品过度投机的问题。因此，新兴市场经济体对发展衍生品市场有所顾虑。但巴西是新兴市场经济体中衍生品市场分散和防范风险的成功案例。

总体来看，金融衍生品市场的高效性和灵活性使其对国际资本有天然的吸引力，一国不太可能在金融衍生品市场发展缺位的情况下成为真正的金融强国，我国资本项目开放的推进也必然伴随着衍生品市场的进一步发展。关键的一点是要建立起有效的监管机制，避免过度投机，确保市场真正发挥分散防范风险的作用。

综上，可以看出，各国资本项目开放的模式是多样化的，既有一步到位的，也有渐进的。从各种开放模式都既有成功也有失败的例子可见，资本项目开放并无固定的模式和次序，取得成功的关键是要综合考虑国内外经济条件、国家经济特点和发展程度等多方面因素，并制定相应的开放策略。只有适合自身国情的开放方式，才是最佳的开放方式。

四、人民币国际化和中国资本项目开放现状评估及政策建议

随着中国经济进入新发展阶段，我们面临着内外部环境的新

挑战，加快推进资本项目开放和人民币国际化正变得日益紧迫，这主要体现在以下三个方面：第一，加快资本项目开放是我国构建新发展格局和建设现代化经济体系，实现高质量发展，推进高水平对外开放的内在需要；第二，加快资本项目开放、推动人民币国际化是我国应对美西方打压遏制、防范金融风险、维护经济安全的需要；第三，货币国际化竞争加剧，也提升了我国加快资本项目开放、有序推动人民币国际化的紧迫性。

（一）我国具备进一步加快资本项目开放和推动人民币国际化的基础

首先，从宏观经济基本面看，我国稳居世界第二大经济体，已成为全球第一大贸易国，并且拥有全球第二大消费市场。同时，我国物价长期保持稳定，外汇储备充足，经济韧性良好。

其次，我国已经建立了规模庞大、具有一定深度的金融市场。目前，我国债券市场托管余额全球排名第二，证券市场交易规模全球排名第三。

再次，我国金融机构整体稳健，抵御风险能力较强。

最后，我国制度准备也日益完善。汇率、利率市场化改革已取得突破性进展，宏观审慎政策和微观金融监管方面已累积了充足的经验。

我国在资本账户开放和人民币国际化方面虽已取得显著进展，但与发达国家相比仍有差距，国际机构和市场主体对我国资本项目兑换便利性认可度不高。

（二）当前影响我国资本项目开放的关键问题

第一，资本项目的开放程度与发达国家相比有差距，需在重点项目上破局。尽管我国已有 92.5% 的资本项目实现可兑换或基本可兑换，但相较于发达国家，我国对资本项目的限制明显更多。因此，应考虑针对一些重点项目进行破局。中国人民银行前行长周小川在 2015 年时强调，现阶段应着力放宽境内个人对外投资管制和境外优质公司在境内发行股票。同时，应加大衍生品市场的开放力度。

第二，资本项目的交易和汇兑环节联动性可进一步加强。资本项目开放包括取消交易和汇兑两个环节的限制。目前，我国在资本项目交易环节的开放程度普遍低于汇兑环节。例如，直接投资领域，资金汇兑可以直接在银行办理，但准入管理涉及多个政府管理部门，经常造成易汇兑、难投资的情况。

第三，应认真权衡外汇交易的"实需原则"。我国现行的"实需原则"对抑制过度投机、妥善管理跨境资金流动风险发挥了积极作用。2019 年，易纲指出，随着人民币国际化深入推进，境外主体持有人民币数量越来越多，配置人民币资产会面临市场、流动性等风险，相应产生风险管理需求，对衍生品市场的需求会越来越强烈。适当放松"实需原则"可以便利境外投资者的风险对冲和套期保值，避免交易方向的同质化和顺周期，发挥衍生品市场分散和防范风险的作用。

第四，应进一步改善营商环境，提高政策稳定性和可预期性。如果市场主体对我国营商环境感受不佳，将影响市场信心，导致国际投资者对进入中国市场投资心存疑虑。现阶段，我国营商环境亟待改善的方面包括会计、信用评级、税收制度和法律制度四大方面。

（三）进一步推动资本项目开放的路线图

在近期，可择取已有前期先例、有较成熟的国际经验参考和有一定制度基础的项目，优先开放。

一是在部分项目上破局，包括依托 QDII 和大湾区跨境理财通的经验，放宽境内个人对外投资的限制，推出 QDII2 境外投资。结合科创板、创业板股票发行注册制的改革进展和沪伦通的前期经验，开放符合条件的优质外国公司在境内发行股票或存托凭证，建设中国股票市场的国际板。结合前期衍生品市场开放经验，进一步开放国债期货、股指期货等境外投资者呼声高的衍生产品，并逐步扩大商品期货品种的开放范围。

二是加强资本项目交易和兑换环节的联动性。主要是进一步统一 QFII/RQFII、债券通和 CIBM 等投资渠道下的可投资产品、对冲规则、资金汇出规则和交易对手方限制规则，形成清晰、统一的开放框架，实现从管道型开放向制度型开放转变。同时，要放松对发行熊猫债筹集资金使用的限制。

三是开启放松外汇管理实需原则的进程。主要是参考国际经验，通过设置最高"非实需额度"等方式，在控制风险的同时，提高市场活力。

四是改善营商环境。可考虑改革的内容主要包括，将《一般公认会计原则》等主要国际会计准则纳入中国认可的等效会计原则范围。不再要求来华发债的境外机构编制差异说明表，仅要求其在财务报表附注中说明与国内准则的不同之处。不再要求境外机构聘请国内评级机构。出台境外投资者投资我国债券市场的免税细则。同时，还要明确"终止净额结算"等国际通行原则的法律有效性。

在落实近期改革措施的同时，在中期可进一步推动以下开放事宜：一是明确对个人境外实业投资、境外买房、境外购买保险产品等的管理制度，实现较高便利的个人对外投资开放；二是完成修订《外汇管理条例》，并全面落实准入前国民待遇加负面清单的管理模式，进一步便利直接投资；三是不再执行实需原则，允许交易目的多元化，实现主要通过市场化监管方式来控制风险、遏制投机，维护金融稳定；四是参考国际经验，进行境外投资者投资我国债券市场免税的长期安排；五是完成对《中华人民共和国破产法》等法律、法规的修订，推动国内法律制度与国际进一步接轨。

在推动上述开放事宜的同时，我国应始终把防范资本流动风险、切实保障我国经济安全作为首要考虑。因此，打造和完善我国资本项目开放的风险防范体系，是我国应与开放同步持续推进的工作。我国已经初步建立起了防范跨境资本流动风险的宏观审慎政策框架，在微观监管方面也有较好的基础，当前应尽快着手建立，并在中期不断完善与国际接轨的多维度风险防范体系。

开放条件下防范金融风险的难点与对策[*]

一、开放条件下防范金融风险的难点

近年来，世界政治经济格局发生深度调整变化，中国经济金融发展面临的外部挑战明显增多。为有效防范化解风险，党中央、国务院做出打好防范化解重大金融风险攻坚战的重要决策部署，提出"稳定大局、统筹协调、分类施策、精准拆弹"的基本方针。经过集中整治和综合施策，我国在防范化解金融风险方面取得了重大阶段性成果。总体来看，金融风险由前几年的快速积累逐渐转向高位缓释，已经暴露的金融风险正在得到稳妥有序的处置，金融风险整体收敛、总体可控。

当然也要看到，中国经济运行周期性、结构性问题仍然存在，金融风险正在呈现一些新的特点和演进趋势。一是重点领域

---

[*] 本文为中国金融四十人论坛《2020·径山报告》《走向"十四五"：中国经济金融新格局》分报告《开放条件下防范金融风险的难点与对策》的部分成果（经作者修改补充）。作者王信系中国金融四十人论坛成员、中国人民银行研究局局长。

风险仍然较高。地方政府隐性债务存量规模大，公司信用类债券违约压力较大，房地产市场风险可能在某些区域显现，并可能传导至金融机构。二是重点机构和各类非法金融活动的增量风险得到有效控制，但存量风险仍需进一步化解。三是随着金融开放进程加快，境内外金融风险叠加共振的可能性不容忽视。

（一）既要支持"三农"、小微、民营等经济薄弱环节，又要防止中小金融机构不良资产上升，增加其脆弱性

"三农"、小微等经济薄弱环节具有天生的内在弱质性，农业受自然条件影响风险较大，小微企业多数资产少、底子薄、抗外部冲击能力弱，但其涉及范围广、覆盖人口多，在解决就业、提高居民收入、维护社会稳定上具有举足轻重的作用，也是补齐发展短板、拓展增长潜力的重点所在。由于"三农"、小微等在经济运行中的弱势性，其融资机会很容易被挤占。在金融服务"三农"、小微中，与大型商业银行相比，中小银行地缘和客户资源优势较强，经营机制更为灵活，在为民营小微企业提供广覆盖、差异化、高效率、可持续的融资服务方面，发挥了至关重要的作用。

必须平衡好支持经济薄弱环节与防控中小金融机构风险的关系，特别是要把握好以下几个原则：一是更多采用市场化方式引导中小金融机构加大支持力度，不宜硬性规定数量和价格；二是在发挥大型金融机构作用的同时，减少对中小金融机构的挤出；三是中小金融机构要专注服务本区域微观经济主体，提高风险控

制能力。

（二）既要逐步进行风险处置、释放压力，又要防止处置风险时引发的区域性甚至系统性风险

重点领域的金融风险依然存在，还有一些"硬骨头"要啃，一些领域的风险如果置之不理，容易积重难返，积聚到一定程度就会爆发，可能对经济金融造成巨大冲击。因此，在巩固攻坚战取得的阶段性成果基础上，必须坚守底线思维，统筹考虑宏观经济形势新变化，把握好抗击疫情、恢复经济和防控风险之间的关系，讲究方式方法，稳妥推进各项风险化解任务，确保风险总体可控、持续收敛，要把握以下几点原则。

一是科学把握节奏和力度。要有计划实施，做好工作步调和时间安排的统筹协调，有些可以实行错峰推进。二是处置方案的设计要贴合实际，不搞"一刀切"。对于问题较为严重、风险处置难度较大的情况，要逐家研究处置方案，细化工作措施，有序推进风险化解工作。三是严格监管、规范发展，在处置存量风险的同时，做好增量风险的防控。要坚持标本兼治，建立健全金融规范发展的长效机制。

（三）既要扩大金融业双向开放，通过竞争提质增效，又要防止能力和竞争力不足带来的风险

金融服务业开放有助于提升我国金融业发展水平和金融机构整体竞争力。但也要看到，金融服务业开放不仅存在正面效应，

也可能潜藏风险。一是金融业竞争加剧，特别是中小金融机构将会面临更大的竞争压力。外资金融机构在市场份额、客户资源、专业人才等方面的竞争，会对国内金融机构业务模式、盈利能力等造成冲击。二是走出去的能力不足。特别是，由于我国长期处于较为封闭的金融环境，国内机构和投资者对国际规则和东道国规则缺乏了解和必要的尊重。因此，在金融开放过程中，必须把握好开放和自身能力建设的平衡。

一是合理把握开放的力度和速度。金融开放应服务国家战略和实体经济发展需要，遵循协调性原则，处理好各项改革之间的关系，合理安排开放顺序。二是金融开放程度要与金融监管能力、金融机构的风险管理能力相匹配。只有在监管到位的情况下，金融开放才能够起到促改革、促发展的作用。三是金融开放程度也要与投资者的能力相匹配，要加强投资者教育和消费者保护。

（四）既要推动人民币国际化，减少货币错配和对美元体系的依赖，又要统筹协调好资本项目开放和人民币汇率机制完善

作为经济增长速度较快的大型开放经济体，我国要警惕货币错配问题。我国外币资产多于负债，存在净外币资产。但在2008年全球金融危机之后，美元走弱，利率降低，我国企业等微观主体由此积累了大量的美元债务。数据显示，截至2019年末，我国外币登记外债余额中有83%为美元债务。推进人民币国际化，有助于减少货币错配、消除汇率风险、降低金融制裁的风险。但

人民币要成为重要的国际货币，对汇率形成机制和资本项目开放都有要求，必须统筹协调好这三者之间的关系。

一是币值稳定以及汇率的自我稳定功能将为一国货币国际化提供一个成熟的市场机制，从而加快货币国际化进程。二是要满足境外投资者对人民币投资产品的需求，发挥好离岸市场作为人民币国际化重要支点的作用。三是有序推进人民币资本项目可兑换，有助于进一步提高人民币可自由使用程度，更好地满足实体经济的需求，但同时也要做好跨境资本流动的风险管理。

（五）既要发挥金融科技促进创新服务实体经济的作用，又要防止其过度创新，放大金融风险

金融科技发展有利于提高金融体系运行效率、提高金融服务水平，但也对风险防范和金融监管提出新挑战。金融科技发展带来的突出风险问题包括：金融欺诈风险、监管套利风险、数据滥用风险、网络攻击风险、系统性风险。金融科技发展对金融监管构成挑战。首先，分业监管不适应大型科技公司的混业经营模式。其次，监管机构难以识别高科技"黑箱"及其中隐含的风险。再次，风险监测、预警滞后将难以控制风险积聚。最后，风险处置难度也较大。因此，既要发挥金融科技促进创新服务实体经济的作用，又要防止其过度创新，放大金融风险，要把握好以下几点原则。

一是确保监管有效覆盖。只要从事金融业务，就应当按照业务属性，获得该行业金融监管部门的许可。二是平衡好风险监管

与鼓励创新的关系。注重发展合规科技与监管科技，提升监管效能，既鼓励创新，又将风险控制在可控范围之内。三是平衡好金融科技发展与消费者保护的关系，特别是老年人和受教育程度低的弱势群体。研究现有金融消费者保护机制适用于互联网金融业务的有关问题，明确风险补偿机制和风险处置机制。

二、防范金融风险的主要对策

在扩大金融服务业对外开放的大背景下，"十四五"期间防范金融风险的总体思路就是：围绕服务实体经济，健全货币政策和宏观审慎政策双支柱调控框架，加强货币政策和财政政策协调，推进金融服务业对外开放，统筹上海金融中心、粤港澳大湾区、海南自由贸易港建设，推动完善国际治理，加强国际协调，加快金融市场化、法治化建设，进一步强化金融监管，在发展中防范风险，在发展中解决问题。

（一）加强宏观政策协调，提高宏观调控有效性

一是加强货币政策和财政政策协同配合。财政政策要提质增效，健全现代预算制度，优化税制结构，完善财政转移支付体系，更好发挥推进结构调整的优势作用。要更加注重解决市场失灵的问题，促进储蓄向投资转化。宏观政策间在技术层面上加强协作，把握好中央和地方政府债券发行、财政库款缴存等的节奏和力度，强化离岸政府债券和香港央行票据发行及境内货币政

策操作的协调配合，减少对市场流动性的短期扰动。二是精准有力实施好稳健的货币政策，为经济高质量发展营造适宜的货币金融环境。三是进一步健全结构性货币政策，完善现代中央银行制度。在保持总量适度的基础上，创新和运用好结构性货币政策工具，完善结构性政策规则，疏通政策传导，加大金融对实体经济，特别是民营、小微企业、绿色低碳、乡村振兴、就业等支持力度，增强经济内生增长动力。

（二）健全"双支柱"政策框架，运用好宏观审慎压力测试

"十四五"期间，在国内经济转型升级过程中，有必要健全"双支柱"政策框架，构建好宏观审慎政策体系，运用好宏观审慎压力测试，守住不发生系统性风险底线。

1. 提升金融宏观调控和金融监管协调

一是完善宏观调控机制，建立运转良好的现代中央银行制度。改进货币政策治理体系，完善货币政策目标和工具，提高金融市场价格形成机制及传导的有效性，疏通货币政策传导。二是稳步推进宏观审慎政策体系建设，防范系统性风险。构建系统性金融风险评估预警体系，稳步推进宏观审慎压力测试，形成系统风险定期监测、分析、评估和报告的框架和制度。三是推进功能监管，减少监管分割。提高地方金融监管能力，加强监管协调机制建设。

2. 增强金融机构防范风险和服务实体经济的能力

一是进一步发挥货币政策和宏观审慎政策的逆周期调节作用，引导货币信贷合理增长，在加大金融对实体经济支持力度的同时，促进宏观杠杆率保持基本稳定。二是发挥好结构引导作用，引导金融机构加大对实体经济关键领域和薄弱环节的信贷支持力度。三是推动金融改革，引导金融机构配合各项改革举措落地，完善金融机构治理。四是提升宏观审慎政策和监管政策的有效性，督促引导金融机构提高风险管理能力。五是加强和完善现代金融监管，强化金融稳定保障体系，依法将各类金融活动全部纳入监管，守住不发生系统性风险底线。

3. 强化统计信息保障，运用好宏观审慎压力测试

信息上，应进一步推动金融统计数据信息整合，建立不同层次的系统风险核心指标集，加强系统风险统一监测。从国际经验看，弥补信息缺口是制定金融稳定政策的重要前提。应进一步加强金融业综合统计和金融信息资源共享。针对不同的外部性和金融市场失灵风险，建立多层次的系统风险核心指标集，为宏观政策提供依据，为审慎政策工具应用提供中间目标。

方法上，应加快我国系统风险模型开发应用，正确认识压力测试在宏观政策决策中的作用，统筹开展压力测试。系统风险模型是制定金融稳定政策的基础，更是开展压力测试的技术保障。以系统风险模型为核心开展各层次、不同目标的压力测试，是科学实施宏观审慎政策的关键。应尽快推动我国系统风险模型开发和应用研究，在国家层面建立宏观审慎压力测试制度，从宏观审慎压力测试的顶层设计、组织实施、信息披露等方面进行系统规划。

（三）进一步推进金融供给侧结构性改革

1. 优化金融结构和布局，更好地满足实体经济投融资需求

长期以来，我国金融服务业在满足人民资产性需求和长期金融保障方面的能力相对不足。投资渠道窄，国内针对居民个人的金融服务建设相对滞后，难以满足资产管理需求。现有投资渠道难以给投资者良好预期和稳定收益，导致居民集中投资房地产领域。投资门槛高，资本市场结构不合理，金融产品与服务同质化严重，难以满足需要。直接融资渠道狭窄，难以满足居民资产性需求的增长。

"十四五"期间，应着力加大金融在养老医疗方面的支持力度。解决社会保险基金长期面临资金总量不足、筹资渠道单一、保值增值绩效较差、经常性和持续性投入难以保障等问题。拓宽养老和医疗产业融资渠道。增大普惠金融支持精准扶贫力度，提升农村金融综合服务水平，增强金融支持扶贫的有效性和针对性。在跨国金融服务方面，提升人民币结算的金融支持与服务，进一步推进人民币国际化。

2. 提升金融机构公司治理水平

一是完善金融机构股东监管，规范股东行为，加强穿透管理。二是健全金融机构内部治理体系，规范股东大会、董事会、监事会与管理层关系，完善授权体系，建立董事会与管理层制衡机制，防止内部人控制。三是规范国有金融资本管理。通过公司治理程序，加强对董事的监督管理。

3. 因势利导发展金融科技，提升金融服务效率

一是加强顶层设计，完善监管制度体系。完善区块链、大数据等技术标准和监管规则，加强监管协调和行业自律，引导从业机构合规审慎经营。二是严格市场准入，全面推行功能监管。三是完善个人数据保护的监管规则，制定金融科技行业数据标准，推动数据标准的统一。四是发展监管科技，提升风险识别、防范与处置能力。五是加强产融结合相关监管，着力防范信贷资源错配、内部和关联交易、金融脱实向虚、机构交叉传染风险。

（四）推进金融服务业对外开放，加强国际经济金融政策协调

1. 有序推进人民币国际化

一是扩大人民币跨境支付结算，探索实施更高水平的贸易投资便利化试点，重点推动贸易和投资领域人民币跨境使用。二是加强与离岸市场监管当局的信息交流和监管合作，抑制投机冲击。同时，深化在岸金融市场，形成推动人民币国际化的合力。

三是统筹考虑人民币清算行和人民币跨境支付系统发展。四是继续推动国内金融市场开放，进一步便利境外投资者使用人民币投资境内债券和股票，支持将境内金融市场产品纳入主流国际指数。建立健全开放的、有竞争力的外汇市场，进一步吸引境外央行类机构增配人民币资产，稳步提升人民币储备货币功能。

2.以区域开放带动全方位开放

面向未来，自由贸易试验区和自由贸易港建设肩负着加快政府职能转变，积极探索管理模式创新，促进贸易和投资便利化，为全面扩大开放探索新途径、积累新经验的重要使命。一是进一步优化提升自由贸易试验区营商环境和法治环境。推进简政放权，减少行政许可和审批事项，实行高水平的事中监管和事后监管，提高准入效率。二是大力推进自贸试验区金融开放创新。优化负面清单管理模式，促进跨境投融资便利化。三是推动上海国际金融中心建设再上新台阶。

3.加强国际经济金融政策协调

一是以二十国集团为平台，加强国际宏观政策协调。未来可在二十国集团框架下，加强宏观政策协调。推动各国依据其产业链链条长度、吸纳就业能力等指标，设计重点产业清单，最大限度保证相关国际产业链正常运行。二是平衡好内外部均衡，加强各国宏观政策协调。在经济全球化背景下，各经济体联系日益紧密，宏观政策的溢出效应日益明显。随着各国经济金融一体化程度进一步提高，货币政策国际协调可操作性增强，正负效应凸显。在此背景下，为更好地实现宏观总体平衡、提升本国福利，应把握好保持汇率弹性、完善跨境资本流动宏观审慎管理和国家宏观政策协调三方面平衡。

4. 重视开放中的金融风险

一是完善对外投融资体系，防范债务风险。当前和未来一段时间全球发展融资缺口将继续扩大。经济合作与发展组织报告显示，全球金融发展融资缺口高达 2.5 万亿美元，并有进一步扩大的趋势。随着民粹主义浪潮兴起，传统欧美国家减小对低收入国家的援助力度，主要机构提供资金相对不足。着力推动我国对外投融资体系向高质量、绿色可持续方向发展，高度关注并妥善应对对外投融资建设中潜在的债务风险。二是防范和重视"长臂管辖"风险。应提升合规意识，妥善处置和应对"长臂管辖"风险。政策上，应引导企业充分了解国际反洗钱、反恐怖融资、反腐败、反逃税、网络安全等重点领域的法律规定，明确操作流程和关键控制点。

房地产金融发展的困境与破解[*]

自 1998 年启动住房制度市场化改革以来的 20 余载,我国住房市场化程度、城镇化水平、老百姓居住品质都实现了跨越式发展。其中,房地产金融在支持住房需求和住房建设方面,发挥了突出作用。

当前,在进一步改革优化户籍制度、推动城镇基本公共服务覆盖未落户常住人口、全面推进农村集体经营性建设用地直接入市、改革城市投融资机制等改革意见的指引下,一方面,新进城农民、新落户市民、新升级居民这三股力量所派生的基本住房需求(包括合理改善型需求)未来 5~10 年仍会保持坚挺;另一方面,土地供应总量相对不足、结构不甚合理、地价偏高、公共

---

[*] 本文为中国金融四十人论坛《2020·径山报告》《走向"十四五":中国经济金融新格局》分报告《房地产金融发展的困境与破解》的部分成果(经作者修改补充)。作者梁红系中国金融四十人论坛成员、华泰证券股份有限公司机构业务委员会联席主席。

住房发展滞后等供给制约因素长期未有实质性改观，而未来新增供地规模和效率仍有待观察。

供需矛盾之下，结构性房价压力始终存在。这要求在继续坚持因城施策、稳地价稳房价稳预期的房地产长效调控机制的同时，探索土地、财税、住房等诸多方面的制度改革，以保持房地产市场长期平稳健康发展，最大限度地支持和保障民众幸福生活。其中，智慧的房地产金融政策机制设计尤为关键。

一、房地产金融生态的三大矛盾和短板

房地产金融是依托新型城镇化再度激发中国经济增长的活力和韧性的重要工具。然而，该工具仍然存在不少问题，概括来看就是三大矛盾和三大短板。不直面这些矛盾、补齐这些短板、做出行之有效的改革创新，不仅不能助力城镇化和经济增长，反而可能形成拖累。

（一）当前房地产金融生态中存在三大矛盾

1. 金融供给管理与行业发展需求的矛盾

在新型城镇化发展目标之下，我们预判新房市场未来5~10年的需求中枢仍维持在年均10亿~12亿平方米（1 000万~1 200万套住房），因此，仍然需要土地和资金的大量供给。目前

我们对房地产融资施行相对严格的规管，这中间涉及供需不平衡的矛盾。

2. 支持合理购房需求与防范价格风险的矛盾

中国购房首付比例（首套房 20%~35%，二套房 40%~80%）几乎是全球最高。而受限于贷款额度等因素，居民购房实际平均首付比例高达 50%~60%。我们的贷款政策在差异化要求方面也有诸多不合理之处，包括首套贷、二套贷的认定标准过于僵化，部分地区二套房首付比例过高等，实际存在对部分合理首置和改善需求的误伤。房贷的高门槛事实上制约了中低收入家庭的购房能力和置换意愿，而高收入家庭和"房二代"则有机会越买越富、越买越多，这加剧了贫富分化。

3. 开发商融资结构与控制杠杆的矛盾

中国开发商的杠杆水平偏高在很大程度上是高周转的商业模式使然，但高杠杆意味着风险集中，对控制宏观金融风险不利。近年来中国对房地产金融实施宏观审慎管理，控制房地产增量资金，但依然存在一些问题：一方面在于房企融资分配，中国开发商之间融资意愿和融资能力差异较大，部分企业尤其民企过度追求融资，导致"大而不倒"，潜在影响了金融系统稳定；另一方面在于表外融资，开发商往往采取非标融资、明股实债等方式，导致报表杠杆水平失真。

第八章 防范金融风险

（二）当前房地产金融生态中存在三大短板

1. 金融服务和金融工具均极度不发达

我国房地产金融体系的建设与住房市场化改革一脉相传，在当时住房质量严重低下、住房建设能力严重不足、住房市场化支付能力缺少金融依托的背景下，住房抵押贷款与开发贷款应运而生。如今国情与房情均不可同日而语，但相关金融服务和产品却几乎没有太大变化。金融市场的层次、金融产品的选择、提供产品和服务的金融机构，都跟若干年前别无二致，这显然难以持续有效地服务于实体。

2. 公共住房金融体系薄弱

我国目前仅有住房公积金勉强可归入公共住房金融范畴，但近年来其在支持公共住房建设、运营、管理等方面作用甚微。城镇化背景下中国最广大新市民（特别是中低收入家庭）的住房问题，本质上是需要公共住房体系（而非商品房市场）来解决的，这一领域的金融缺位问题不容忽视。

3. 缺少存量资产盘活机制，特别是在商业地产端

中国房地产市场正处于从增量和存量并重转向以存量为主的过渡阶段。目前房地产资产总存量有 300 万亿元（其中商业地产体量不低于 50 万亿元），但由于缺乏有效的投融资机制，存量资产的价值无法得到有效的市场化反映，在掩盖优质资产的同时也

庇护了不良资产。尤其是商业地产，近年来中国每年商业地产成交额（不包括一手销售的部分）仅 2 000 亿~3 000 亿元，相当于全球商业地产成交额（合计近 6 万亿元）的 5% 左右，且其中近一半投资由外资机构贡献，中国本土资本仅占不足 3%，这同我国经济体量的占比并不相符。从中长期看，商业地产的发展应当是中国房地产行业的核心驱动力之一（不走住宅开发的老路不等于一并遏制商业地产发展）。通过相关金融制度建设来盘活这些存量资产有一定的紧迫性。

二、沿着两条主线思考未来改革方向

综上，当前中国房地产金融的核心问题是平衡金融供给与金融风险，其症结在于资产价格（和预期）管理。

目前通过金融供给的宏观管控和因城施策框架下的行政政策调节平抑了价格变化，但并未从根本上解决长期趋势性压力。这一压力存在的根本原因有二：一是供应仍不充分，二是难以改变居民家庭资产配置行为。如不改革当前房地产金融制度，这两个痛点就无法改变，因为前者涉及土地与规划管理问题，后者涉及整体资本市场建设问题（目前房地产仍是为数不多的具有政府隐性担保色彩的资产）。

此外，从发展的视角来看，当前金融工具的欠缺非常明显。好在有利的一面是，不论是存量问题，还是发展问题，它们所需要的金融基础设施创新可能是一致的，这给予了我们同时有效解决历史问题和未来问题的可能性。因此，我们应更多着眼于以房地产金融发展改革来寻求问题的解决之道。

（一）中国房地产金融改革的着眼点

1. 服务宏观经济的需要

包括防控金融风险、控制杠杆水平、盘活存量资产、加大有效供应、引导资产合理定价、维护行业长期发展动能、稳定周期运行、保交楼稳民生等。

2. 顺应我国房地产行业自身发展内在趋势的需要

包括从增量供应向存量经营过渡、从相对简单的标准化开发转向复杂系统下的定制化开发、从住宅开发业务走向经营性房地产的多元化平台、从制造商角色向资产管理人进阶等。

3. 借鉴国际经验，创造有利于我国房地产行业长期健康发展条件的需要

包括提升房地产市场运行的透明度、创设一二级平台多渠道的资产盘活与风险分散机制、推广基于项目资质和信用的微观投融资架构、培育房地产长期股权投资人、促进房地产行业募投管退各个环节的专业化分工、实行严格的行业监管等。

（二）中国房地产金融的改革与发展的两条主线

结合短期突出问题与长期发展趋势，结合国内现实与国外经验的比较，结合私人部门与公共部门共同进步的需要，以"可持续发展"为中心思想，我们认为中国房地产金融的改革与发展应沿着以下两条主线展开。

1. 构建多层次的市场化房地产金融体系

包括推动以REITs为代表的二级市场工具创设，推动以房地产股权基金为代表的项目投融资架构，推动以保险、公募、养老金为代表的长线机构参与股权投资，进而拓展中国房地产行业的能力、内涵与价值边界，为其长期有效服务宏观经济，服务中国整体金融和资本市场发展奠定基础。

2. 探索创新型的房地产公共金融体制

重点在于推动更有效率、更具包容性、更易实现土地价值、有效回收的公共项目投资机制，以服务中国城市经济长期健康成长。其核心目标是推动城市更新和公共住房供应。

三、构建多层次的市场化房地产金融体系

时至今日，发达国家房地产资本市场的生态已相对成熟，养老金、主权基金、保险等长线机构是房地产市场主要的资金供给方，开发商和基金管理人往往是投资的执行者和代理人，REITs

则更多是终端的资产退出与运营管理平台,能帮助成熟资产长期保值增值。整体来说,美国在融资、投资、管理、退出等各个环节都形成了以不同机构角色为主体、高度分工和专业化的生态体系,这和当今中国开发商在专业职能上、银行在资金供给上大包大揽的格局完全不同。参考国际经验,我们认为中国在构建多层次的市场化房地产金融体系上将面临三个方面的进阶。

(一)从一级到二级——发展 REITs 市场具有重要宏观意义

发展证券化市场是近二三十年来全球房地产行业的主旋律,房地产证券化的发展契机是需要迫切改变行业融资过度依赖传统银行系统的局面。在间接金融体系中,商业银行作为中介机构,主要以债权的方式提供融资。但由于其不动产资产体量巨大,风险特性多样,生命周期长,如果不动产融资大部分由商业银行体系承担,业务内生存在期限错配、流动性错配和信用错配,将不动产的风险集聚在银行的资产负债表上,那么在宏观上势必增加整个金融体系的风险。因此,银行体系只可以解决部分不动产金融的需求。而房地产证券化的两大工具——房地产基金和 REITs,其本质都是直接融资,较间接融资拥有更好的风险识别和管理能力。

其中,发展 REITs 对中国来说更重要,并且其出台有一定的紧迫性。我们认为推行 REITs 在当前阶段至少具备四个方面的重要宏观意义。

1. 帮助地方政府、金融机构和各类企业有效盘活存量物业，改善资产负债表

对政府而言，REITs 可以使广义的实体经营性资产（包括房地产和各类基础设施）实现退出。我国公募 REITs 从 2021 年试点开启以来，已经成功发行超过 800 亿元，涉及领域包括交通基础设施、环保、能源、产业园区等，市场参与度高且具备持续扩容潜力，表明市场供求双方的需求都切实存在。

对企业而言，我们也了解到其希望将经营性物业售出，实现资金回收，以"轻装上阵"更好地满足投资主营业务的需要。这包括电商物流企业希望将自建的仓储设施出表，科技企业希望将自己的数据中心出表，以及一部分企业希望将自己的办公楼宇售后回租等（而第三项正是日本在推出 REITs 后市场上极为普遍的做法之一）。我们也期待我国公募 REITs 资产范围后续逐步扩大至商业不动产及市场化的长租房等领域，进一步助力企业端资产盘活。

2. 通过资产股权价值的充分释放来帮助控制宏观杠杆率

我们有大量的经营性物业资产以成本价值存放于各类企业的资产负债表中，而即使对于拥有高质量经营性物业的上市房企来说，这部分资产价值在当前二级市场上也往往体现得不充分。但如果将这些经营性物业单独分拆成立 REITs，令其独立定价并吸引额外股权资金，那么无疑对降低广义房地产部门的杠杆率有正向的贡献，这也符合当下中央强调的"改善房企资产负债表"的题中之意。此外，国际上 REITs 法案通常也对其资产负债率做出了严格的规定（一般在 45%～60%），REITs 本身就具备限制负债、承载股权价值的功能。

3. 逐步引导资产价格建立合理稳定中枢，减轻政府相关管理部门的压力

国际上物业资产定价转向收益率法则，主要是因为广大金融投资机构需要将房地产（尤其是二级市场上的证券化产品）作为大类资产纳入投资组合，以应用现代资产定价模型。如上文所述，定价收益率按照无风险利率加风险溢价的方式来确立，一般来说，风险溢价相对稳定，除非宏观经济和利率环境发生突变，物业资产的价格很少存在大起大落的现象。在这一定价法则下，房地产市场的"水位"更多由金融投资机构的资产配置策略决定，相对更理性，主要是因为资本市场有能力在物业价格发生明显偏离时较快地通过调节资产配置予以平衡（同传统一级市场倾向于"追涨杀跌"放大失衡相反），这将减轻政府在金融供给侧被动实施宏观调控的压力。当然，需要提醒的是目前物业资产一级市场的价格总体高于潜在的二级市场价格，收益率法则的运用可能对我国物业资产定价更多起到"纠偏"和适度"向下修正"的作用。但从构建长效机制的角度看，推进这一举措非常必要，否则房价管理可能始终处于被动状态，不利于行业良性发展（典型的反面教材便是香港地区）。

4. 创造长期投资标的，服务资本市场整体建设

我国目前资本市场上缺少长期稳定的投资标的，因此 REITs 的设立可以有效填补这一空白。REITs 作为一大类资产可能拥有非常可观的规模，我们预计中国 REITs 的市场规模可以达到 3 万亿～4 万亿元人民币，其承载的资产规模则可以达到 5 万亿～6 万亿元人民币。美国市场上的公募 REITs 在 2022 年底的总市值超过 1.27 万亿美元（其底层资产价值也只占到美国商业地产总存量的 10% 左右）。标普于 2016 年将 REITs 单独列为第 11 类大类资产（与一般股债和大宗商品等平行），也侧面反映出其重要地位。

（二）从债性到股性——鼓励推动房地产股权基金的发展

除了 REITs，我们认为房地产基金（尤其是股权基金）也是房地产金融体系生态中不可或缺的一环，是改善我国房地产投融资债性过重所必需的基础架构。

中国房地产投融资层面的债性较重，杠杆率高，且各类"明股实债"层出不穷。"明股实债"不仅令项目本身风险放大，也令企业资产负债表"失真"，通过"创造性的"管理报表藏匿负债，扭曲表观财务杠杆水平（例如大量少数股东权益名为权益，实为类债投资）。目前我国开发商名下的所谓"房地产基金"，也多是以股权投资之名行债务投资之实，这些同信托等非标投资一样，都是房地产公司变相加杠杆的外部融资渠道，且通常覆盖土地前端融资领域，显然同政策意志相悖。

之所以出现债性过重的现象，我们认为有多方面的深层次原因：一是行业尚未经历过真正出清，投资纪律性仍有待提高；二是资源过度集中于开发商，外部股权难以参与；三是投资机构专业能力欠缺，难以同股同权参与管理；四是整体股权市场不发达，资金期限普遍偏短；五是过去资本市场层面股权融资开放窗口期往往较短，也使得开发商对债权融资更为熟悉和依赖。

因而，中国房地产投融资由债向股的过程应当是渐进的，需要深层次改变行业生态，一方面，推动房企股权融资常态化，使得优质开发商可以通过股权融资引入战略和机构投资者补充权益，实现持续开源节流。另一方面需要实现资金和项目的分立，引导资金方由银行转向机构投资人，从而令资金由债入股、由短向长。具体举措上，需要在对非标投资（尤其是明股实债）继续保持较强监管的同时，引导开发商转向标准化的房地产股权基金（可备案、可监管）。同时需要对机构投资人参与房地产投资予以适当的鼓励，而不是让银行来对行业融资实行大包大揽。

（三）从实体到金融——以工具创新拓宽行业价值边界

金融工具创设对于行业本身价值的拓宽作用，着眼于两个方面：一是从投资角度，引导金融机构和个人家庭投资从实体购置更多转向资本市场；二是从商业模式角度，允许开发商逐步从制造商角色向资产管理人角色进阶。

从国际视角审视，中国房地产公司的形态演变和价值进阶才刚刚起步。国际上的房地产公司按原型大致可以分为三类：建造商、资产持有人、资产管理人。

我国目前绝大多数的房企实质上属于建造商的角色。这在海外语境中指的是为一般大众提供相对标准化的住房设施的企业，这些企业在后城镇化时代实际上是房地产市场相对边缘的参与者。

当然，也有少数龙头房企在向资产持有人形态靠拢。资产持有人，或者说海外语境下的开发商通常指建造商以外的，以高端住宅、商业地产、城市更新改造为主营业务的，从事定制化物业开发和持有经营的专业机构。美国、日本、欧洲的开发商属于这一范畴。中国香港的开发商可以被认为是以上两者的混合体，中国内地接近这一形态的公司尚屈指可数。

我国房企尚不存在资产管理人的角色。房地产公司的高级形态当数以新加坡凯德集团为代表的资产管理人（或者说投资管理机构）。凯德集团的运作模式可以简单概括为：通过房地产基金撬动外部股权资金，在亚太和欧美地区广泛实施物业开发和收购，而后将资产注入其控制管理的 REITs 平台或核心基金，实现退出和资本循环。新加坡 REITs 市场上最大的几只单体 REITs（如雅诗阁、凯德商业信托等）都是凯德集团用以实现投资退出的平台，凯德集团后续通过这些资产管理平台，持续获得管理费收入，以及与其股权部分对应的分红收益和增值收益，实现可持续发展。通过这种模式，凯德集团实际控制的资产管理规模从 21 世纪初的不足 200 亿新元，扩大至如今超过 1 300 亿新元，完成了从传统住宅开发商向资产管理人的蜕变。

其实我国过去也出现过很多凯德集团的效仿者，聚焦于成为轻资产模式管理人，但在实际运营过程中，受制于资管政策、融资成本、退出渠道等，导致管理规模一直难以扩大。所以，中国的房地产企业应当从原始的住宅建造商向现代的资产管理人转型，但前提是必须有金融基础设施。如果不能完成这一商业模式进阶，那么房地产行业的价值将日渐式微，大量存量资产的保值增值便无从谈起。

四、探索创新型的房地产公共金融体制

中国整体住房市场的发展应围绕更好地搭建"住房阶梯"来展开，架构上宜"商品房＋公共住房"双轨并行。

（一）商品房市场发展的主要方向在于构建差异化的住房信贷支持体系，MBS是必选工具

政府应打破目前相对单一的住房信贷政策，对不同收入人群采取差异化的按揭贷款利率标准和首付比例要求。对中低收入家庭，政府可以通过信用担保、向商业银行贴息、直接提供低于市场化利率的政策性贷款等方式帮助其获得低息贷款，同时在控制风险的范围内适当调低其最低首付款要求，甚至直接对购房首付款予以补贴，还可以通过税收减免等方式提升其支付能力。对于这些低首付、低利率的按揭资产，则应当让银行（或专门的政府金融机构）通过向资本市场发行MBS（抵押支持债券），并以政府信用作为投资担保的方式来实现充分融资和分散风险。

中国要想设计和践行 MBS 制度［这里主要指住房抵押贷款支持证券（RMBS），不包括商业房地产抵押贷款支持证券（CMBS）］，应当坚持三个主要定位：第一，精准服务夹心阶层，主要针对收入在三至五分位的人群；第二，坚持计划导向，实行额度管理，将 MBS 发行置于信贷供给的宏观管理框架之下；第三，以政府信用对 MBS 产品收益作为担保，确保贷款利率优惠。

（二）公共住房的主要发展方向在于租赁产品，建议构建以 REITs 为核心的投融资体系

地方政府原则上可以低价或无偿提供租赁住房建设用地，建设资金可以先期以财政支持或借款方式筹集，建成的公共住房产权归属地方政府，原则上只租不售，打包资产发行 REITs 在二级市场再融资。该模式由于地价较低，资产证券化的收益率要求能得到满足，亦可有效补充项目资金，减轻地方财政负担。目前国内已经有部分核心城市推动优质住房租赁相关公募 REITs 上市，但整体租赁市场普遍面临收益率偏低等问题，符合上市条件的项目依然有限。相关部门宜加快推进 REITs 相关税收安排的政策改革，参照国际通行标准予以适当减免，尽快建立以真 REITs 为代表的住房金融二级市场。

（三）城市更新方面，建议探索适合中国国情的土地价值回收机制

这里所探讨的"城市更新"是指对城市的存量片区实行再规

划（涉及土地容积率和使用性质的调整）、再设计（涉及空间网络的重塑）、再开发（涉及拆除重建或深度改造）。具体的议题是如何以房地产为载体向公共投资（尤其是公共基础设施的投资）提供价值回收，实现城市局部更新的自融资。

  总体来说，依靠以往的大拆大建和土地套利来实现财政收益的机会可能会越来越少，这种方式在公平性和外部性上也欠佳。我们在城市更新过程中既要通过有效的空间改造来提升人居环境质量，又要充分考虑当地居民的利益保护和社区网络的留存，同时能够积极引入新鲜产业"血液"，进一步提升社区活力。因此，未来的城市更新既要在城市规划中做好统筹，又要在公共财政端建立可持续的自融资机制，在具体操作层面，对专业管理人的动员和金融工具的运用（如 REITs）也必不可少。